Minerva Shobo Librairie

社会システム
集合的選択と社会のダイナミズム

生天目章
[著]

ミネルヴァ書房

まえがき

　日常的に数多くの新製品が発売される中，ヒット商品として社会に認知されるのは，ごく一部である．たとえ売れ行きを伸ばすことに成功したとしても，売り上げが急激に落ちる運命などが待っており，成功者としての栄光の座に長くとどまることは難しい．そして，繁栄と衰退のサイクルはますます短くなっている．株価の変動や内閣支持率などの変化も大きい．私たちは，このように変動の激しい社会を生きているが，そのことは個人に対してどのような影響を与えているのであろうか？　また，私たち一人ひとりの判断や行動は，急激な社会の変化を作り出すのにどのように関与しているのであろうか？

　情報技術の進歩によって，ありとあらゆるものがネットワーク化され，社会の効率化が一層進んでいる．それに伴い，さまざまな社会システムの相互関連が複雑化して見えなくなっている．高度情報化社会が抱える深刻な問題は，何か不具合が起きた時の影響が想像を超えて連鎖して広がることである．今までは，地球の裏側で起きたことが自分たちの住む社会に影響及ぶことについて，あまり心配する必要はなかった．だが，ネットワーク化が進む中，世界のどこかで起きた障害から何らかの影響を受ける．大規模なレベルで，人，もの，金，情報などが国境を越えて行き交うことで，新たな脅威にさらされる危険性が増している．中でも，新しいタイプの感染症の流行や金融危機などの問題はグローバル化し，一国だけで解決することは困難である．

　本書は，社会現象や社会問題を読み解くための入門書である．社会が絶えず変化をし続けている中，私たちに共通する社会の関心事や問題意識も変化している．そのような中，社会現象のメカニズムやさまざまな問題の因果関係を探るための方法論を展開している．社会現象を理解するため，人間行動の根底に共通にあるもの，そして個人間の相互作用などに焦点をあて，モデリングシミュレーションの手法を駆使して読み解くための方法論を展開している．私たちの生きる社会は複雑かつ多様であるので，社会のどの部分に焦点を当てるかに

よって，社会のとらえ方も多様である．他者から影響を受けた個人の選択の集約が，どのような社会現象を生み，一方で社会のダイナミズムは個人に対してどのような影響をもたらすのかモデルを構成し，シミュレーションによる解析を進めるという分析過程を，できるだけ丁寧に，そしてわかりやすく説明することに心がけた，つもりである．

　社会の営みの相互依存性，理解しがたい複雑さ，不安定性などを直視しながら，想像を超えた大きな事象が前ぶれもなく襲いかかり，時には大混乱を招く．それらが過ぎ去った後になって，突拍子もない事象の裏に隠された因果関係などは明らかになる．そのために将来を予測することは困難で，完璧な社会システムを構築することは困難である．しかしながら，一時的な混乱による衝撃を吸収し，しなやかに状況の変化に適応できるレジリエンスの高いシステムを構築することはできよう．変化と混乱が絶えない時代にあって，自分たちの住む社会そして地球全体のために，さまざまなショックに対する緩衝装置を備えた社会システムの構築を目指すことことは大切であり，そのための方法論を展開している．

　ビッグデータ時代と言われ，統計学がブームを巻き起こしている．統計学を使いこなすデータサイエンティストと呼ばれる専門職が人気を集め，多くの企業から引く手あまたの状況だという．あふれる情報の海から確かな針を探し出す力がデータサイエンティストには求められる．データ分析から知られざる事実を解明し未来を予測するためには，統計学のスキルだけでなく，さまざまな事象をモデル化する能力を備えることはもちろん，多くの分野にまたがる情報の相互関係などを読み解く知力も必要である．そういう意味で，本書はデータサイエンティストを目指す人にも役立つはずである．

　トーマス・クーンは，『科学革命の構造』の中で，科学の歴史は累積的なものではなく，断続的に大きな変化（革命的変化）すなわち"パラダイムシフト"が生じると指摘した．また，ある科学が疑問を生成し，それを解くためのシステマティックなアプローチであるとき，またそのときに限って，連続的に発見が生産されていくために自ずと累積的になり，通常の科学になると述べている．本書で扱ったテーマが礎となり，さまざまな社会データを大規模なレベ

ルで収集し，モデリング・シミュレーションを中核とする方法論がトーマス・クーンのいう通常科学として発展するならば，この上ない著者の喜びである．

　本書を執筆するにあたって，多くの方々から計り知れない学恩や協力を受けており，知的刺激や貴重な教えをいただいた方々に深く感謝したい．また，本書の源泉は，著者が教鞭を執っている大学での講義やゼミ等を通じた，人間性豊かな多くの学生たちとの相互作用の成果である．特に，研究室の学生であった，小松孝紀君，座間味良太君，松山和史君，古木秀和君，川口賢二君等との研究の成果などもベースになっている．本書の執筆の機会を与えて下さり，校正作業等に丁寧な助言をいただいた，ミネルヴァ書房編集部浅井久仁人氏に深く感謝したい．

　　平成25年8月　　　　　　　　　　　　　　　　　　　　　生天目　章

目　次

まえがき

第1章　社会のダイナミズム ……………………………… 1
　1.1　社会現象としての流行と社会の関心事 …………… 1
　1.2　社会をシステムとしてとらえる ……………………… 5
　1.3　個人（ミクロ）と社会（マクロ）の結びつき ……… 11
　1.4　モデリング・シミュレーション …………………… 16

第2章　個人の行為 ………………………………………… 24
　2.1　合理的な選択とインセンティブ …………………… 24
　2.2　限定合理性と選好の形成 …………………………… 30
　2.3　個人の選択と外部性効果 …………………………… 34
　2.4　個人の選択と社会的影響力：現状維持の力 ……… 40
　2.5　合理的な推論と情報カスケード …………………… 44
　2.6　最良のパートナー探し ……………………………… 55

第3章　集合体としての行為 ……………………………… 63
　3.1　集合行為：群衆行動 ………………………………… 63
　3.2　集合行為：閾値モデル ……………………………… 66
　3.3　社会の消費行動 ……………………………………… 70
　3.4　イジングモデル ……………………………………… 74
　3.5　ランダムウォーク …………………………………… 83
　3.6　回遊行動と群れ行動 ………………………………… 93

第4章　社会の拡散 ………………………………………… 99
　4.1　社会の感染：マクロモデル ………………………… 99
　4.2　社会の感染：ミクロモデル ………………………… 106

4.3　社会の普及：マクロモデル……………………………………………………112
　4.4　社会の普及：ミクロモデル……………………………………………………120
　4.5　現実データの解釈………………………………………………………………125

第5章　社会の選択……………………………………………………………………131
　5.1　個人の同調性と社会の選択……………………………………………………131
　5.2　社会ネットワーク………………………………………………………………143
　5.3　社会の選択に及ぼすネットワークの影響……………………………………153
　5.4　社会の極化………………………………………………………………………160
　5.5　社会のトレンド：成長と衰退のサイクル……………………………………164

第6章　社会の合意と集合知…………………………………………………………172
　6.1　合意形成と阻害要因……………………………………………………………172
　6.2　意見の集約………………………………………………………………………177
　6.3　大数の法則と集合知……………………………………………………………181
　6.4　意見集約における個人の影響力………………………………………………183
　6.5　意見集約の誘導…………………………………………………………………187
　6.6　不確実性と集合知の困難性……………………………………………………193

第7章　社会のリスク…………………………………………………………………199
　7.1　リスクの伝搬……………………………………………………………………199
　7.2　脆弱なノード……………………………………………………………………208
　7.3　個人の安心と社会の安全………………………………………………………211
　7.4　カスケード障害…………………………………………………………………216
　7.5　金融危機の連鎖…………………………………………………………………224
　7.6　べき分布型のリスク……………………………………………………………229
　7.7　リスクの共有……………………………………………………………………235

第8章 社会の最適化 … 245
- 8.1 社会拡散の最適化 … 245
- 8.2 社会の合意の最適化 … 253
- 8.3 カスケード（連鎖現象）の最適化 … 258
- 8.4 不確実性と最適化 … 263
- 8.5 社会のレジリエンス … 267

参考文献
索　引

【補足ノート】

1-1 用語の解説 … 23
2-1 ロジットモデル … 29
2-2 ベイズの定理 … 49
2-3 情報カスケードのメカニズム … 51
2-4 最適な停止ルール … 62
3-1 イジングモデルの応用 … 78
3-2 グラウバー・ダイナミクス … 80
3-3 ランダムウォークとその性質 … 88
3-4 確率行列の性質 … 89
3-5 ネットワーク上のランダムウォークとその性質 … 91
4-1 代表的個人への集約化 … 105
4-2 バスモデルの解析 … 119
5-1 マルチンゲール … 139
5-2 壺モデル … 141
5-3 ランダムネットワーク … 149
5-4 スケールフリーネットワーク … 151
5-5 ネットワーク上での意見の集約 … 158
6-1 個人情報の共有と集合的信念の形成 … 196
7-1 ネットワーク上での確率的拡散 … 206
7-2 カスケードの条件：変化し易いノードとそのつながり … 221
7-3 確率行列で規定される線形ダイナミクスの性質 … 243
8-1 固有値の性質 … 249
8-2 最大固有値に着目した拡散の最適化 … 251

第1章

社会のダイナミズム

　新しい商品が次から次へと発売される中，ごく少数だけが生き残り，大多数は競争に負けて市場から追い出される．激しい競争を勝ち抜き売れ行きを伸ばしても，勝利者としての座に長くとどまることはできない．その後，売れ行きが急速に落ち，それまでの栄光が嘘であったかのように衰退する運命が待っている．社会における流行や共通の関心事も，熱狂的なブームと衰退を繰り返し，そのサイクルは，ますます短くなってきている．本章では，社会現象は個人行為の積み重ねであるという視点から，また社会のダイナミズムに焦点をあてながら，さまざまな社会現象のメカニズムを探るための方法論を見ていく．

1.1 社会現象としての流行と社会の関心事

　ファッションの流行，新商品や本の売り上げなどは，変化の激しい社会現象である．新商品は，市場に投入された当初はなかなか売れず，何度も改良を加えられた後，やっと普及し始めるケースが多い．商品の開発に着手してから長期間経た後に，やっと社会に浸透し始める．また，毎年すさまじい数の本や音楽が新しく発売される中（年間に，新本として発行される書籍は約8万点，発売されるCDの作品数は約1.5万点とされる），売れ筋として社会に認知されるのは，ほんのわずかである．残りの大多数は，社会からほとんど認知されることなく消え去る．運よくヒットしたとしても，成功者としての地位は長続きしない．ある一定期間が過ぎると，それまでの好調ぶりが嘘だったかのように売り上げが急激に落ち，その地位は新しい商品にとって代わられる．

　流行や人々の関心事 (attention) は，なぜ急激に移り変わるのであろうか？人々の関心が集中するとき，人々が本来もっている考え方や嗜好などの多様性は一時的に失われる．これは，一人ひとりに周りに同調しようとする心理が働

くのか，あるいは社会には人々の関心を集中させる何らかのメカニズムが存在するからなのであろうか？　また，人々の関心を集中させたことは，なぜ急速に忘れ去られるのであろうか？

　一人ひとりが他人の目を強く意識するために流行は生まれる，という説がある．もし，個人が他人の視線をあまり気にしなければ，流行は生まれない．個人は，次のような相矛盾した心理的な特性を併せもっているとされる．一つは，他の人と差別化を図り個性的でありたいという心理．もう一つは，自分らしさを追求しすぎるあまり，周囲から特異な存在として映ることを恐れる心理である．また，個人は社会的ブームになりそうなものに対し高い関心をもっている．一方で，いったん社会に広がってしまうと急に関心は冷めてしまう．このように，個人の関心事は長続きすることはなく，新しいものが出現すると，すぐに関心は移る．このことから，流行の発生と消滅のメカニズムを明らかにするためには，人々の関心事の移り変わりの様相，特に他者の目の存在や他者行為を模倣しようとする個人心理の働きに焦点をあてる必要がある．

　水面にインクを落とすと，インクは中心からどんどん外側に向かって拡散していく．このとき，インクにはあたかも意思があり，なるべく込み合っていないところに向かうように見える．このような拡散現象は，物理現象だけではなく，社会現象にも数多く見られる．人々の行動は，多くの仲間と何らかの相互作用をすることで，ある臨界状態を超えると突然なだれを打ったように，同じ行動をとる人の割合が急激に増加する．流行やパニックが起こることや社会の関心事の集中化などは，この原理を使うことで説明することができる．

　評判の良い店の前などにできる長い行列は，日常的に起こる社会現象の一つである．評判の良いものに対する個人の関心は，強い．そして，一部の人の目にとまることで，その店の評判が高まると，さらに多くの人の関心が惹きつけられる．人々の関心を集めることに成功した店には，より多くの人々に選択が積み重ねられるという正の連鎖が働き，それに失敗した店には，負の連鎖が働く構図になる．

　景気の動向は，多くの消費者の選択結果の反映である．一人ひとりの消費者は，他の消費者行動に関心をもち，社会全体の動向にも敏感である．そのよう

な周囲の状況に依存する個々の消費者行動が集積されると，社会全体の景気はプラスあるいはマイナスの方向に変動する．このとき，個々の消費者が周囲の動向に敏感になればなるほど，全体の動向は安定することなく大きく変動する．

経済活動は，個人の消費行動や企業の投資行動の累積である．個人（ミクロ）と社会全体（マクロ）の活動は相互依存関係にある．このとき，ミクロとマクロの二つのレベルでの活動を相互に促進させるとき，正の連鎖（ループ），相互に抑制するとき負の連鎖（ループ）がそれぞれ働く．経済活動は，正と負のループが存在し両者のバランスがとれるとき，安定に向かう．しかしながら，安定した経済状況が長く続くことはあまりなく，複雑な様相を呈しながら絶えず変化をし続ける．

内閣の支持率なども，短期間に劇的に変化する．世論調査が頻繁に行われ調査の間隔が短くなると，支持率の変動幅がより大きくなる傾向がある．この種のアンケート調査において，個人の考え方は比較的安定しており，一人ひとりが自らの主張に基づき回答をするのであれば，調査結果が短期間で大きく変わることは考えにくい．一方で，個人が周りの意見や前回までの調査結果に強く依存して自らの態度を決めるとき，世論の動向は短期間で大きく変動するようになる．

私たちは，変動の激しい社会の中で日々の生活を送っている．情報化社会の深化と拡大によって，多くの人が社会の動向に関する情報を容易に入手できるようになってきている．そのことで，以前に増して社会の変化に対して敏感になっていることも劇的な変化を生み出す大きな要因になっている．

私たちは多くのことを予測でき，その予測に基づき計画をたて，適切な行動をとることによって，いろいろなことをうまくコントロールできるという考え方は，一人ひとりの意識を支配している．そのために私たちは，目標を立て，それを達成するために最適な方法を選択し，その方法の実現のため最大限の努力をする．個人レベルでは，たいがいの場合，そのことはあてはまり，またそのように合理的に振る舞わなければ，他人との競争に負けてしまい，成功はあまり望めないであろう．

ところが，組織や社会のように個人の集合体になると，成功するかどうかは，

目標を立て，その実現のために最善を尽くしたかどうかで決まるわけではない．組織などの個人の集合体を合理的な方法でコントロールできるというのは，幻想（illusion of control）に近い．また，企業の商品開発競争のように，どちらかが勝てば，もう一方は負けるというゼロ和ゲーム的な状況では，成功と失敗は隣り合わせであり，勝敗を支配するのは，多くの場合，偶然の力である．

ファッションや商品などが爆発的なヒットをするとき，ファッション性に優れている，あるいは性能や価格の面で有利という条件が働くというよりは，一部の先駆者による気まぐれ的な選択が成功のきっかけとなったケースは少なくない．ある偶然がきっかけとなって，売り上げ競争において相手から頭だけ少し抜けだすと，より多くの人々の関心を呼び込む正の連鎖が働き，爆発的なヒットにつながることがある．

一般に，社会現象を理解するとは，複雑に見える現象の背後にある何らかの規則性や法則性などを見つけることである．私たちの社会的な営みは，どのようなものであり（社会の静的な描写），どのような方向に変化していくのか（社会のダイナミズム）を理解することを通して，社会の営みを望ましい方向に向かわせるための方策などを生み出すことにつながる．さらには，将来に起こりうるさまざまなリスクを予測し，それらを未然に防ぐための対策を講じることにもつながる．

組織に主体性がなく，今までのやり方を踏襲するだけならば，組織のダイナミズムは失われてしまいかねない．強い組織とは，慣性に打ち勝ち，環境の変化に合わせて戦略を立て直し，自らを変革していけるエネルギーを内部にもつ組織のことである．同じことは，社会にもあてはまる．社会全体から見れば個人は極めて微力な存在であるが，社会の営みが望ましい方向に進むための大きな変動を起こす原動力は，多くの場合，個人から生まれる．社会の営みがより良い方向に進むためのダイナミズムは，どこから，どのようにして生まれるのかについて，私たちはどのようにして理解することができるのであろうか？

社会を動かす力は，どこに，どのような形で存在しているのだろうか？"神は細部に宿る"という言葉で表されるように，世界遺産や国宝など多くの人々を魅了させるものは，壮大なスケールをもつだけでなく，中の細部に至るまで，

こだわりをもって創られている．そのことで，あたかも神が宿っているような印象を人々に与える．数々の世界遺産は，当時の権力者が強制的に作らせたものではなく，多くの職人が，一つひとつを細部にわたって魂を込めて作る過程で，芸術の世界を超えて創造したものである．同じように，社会にとって望ましい営みとは，無名に近い多くの人たちの力や英知が結集されるプロセスであるといえる．"神は細部に宿る"は，全体あっての細部，細部あっての全体である，という意味合いをもっている．社会を動かす力の源泉を，いわば"神は細部に宿る"という側面に着目をして，多くの人の小さな働きが結集されるメカニズムに焦点をあてながら調べていく．権力者や社会全体の力と比較して，個人の力は小さいが，数多くの人の力が結集されるとき，社会を大きく変える原動力となる．

　長い歴史を振り返ると，社会は長い年数をかけて徐々に連続的に変わってきたというよりは，非連続的に大きく変化してきたといえる．このような非連続な変化の仕組みを裏付けるのが，相転移という概念である．氷，水，そして水蒸気といった異なる状態間での変化を相転移という．社会にも，このような相転移現象は数多く見られる．社会内部に変化に必要なエネルギーなどが蓄積され，ある閾値に達するとき，そして偶発的なことがきっかけとなって，社会は大きく変化していく．

1.2 社会をシステムとしてとらえる

　社会をシステム的な視点でとらえるアプローチを，社会システム論という．多数の要素もしくは複数の部分が相互に関連し合いながら一つの集合体を形成するとき，一般にシステムという．システムの概念は，領域や分野を問わず，さまざまな場面で使用される．アメリカの情報技術分野のコンサルタントとして草分け的な存在であるワインバーグ（G. Weinberg）は，著書『一般システム思考入門』の中で"システムとは物の見方である"と述べている．"システムとは何か？"について統一的な見方があるわけではなく，何を要素や部分とするかによって，異なる視点からのシステムとして表現することが可能になる．

社会が成立するためには、価値観の異なる多くの人たちの間で何らかの秩序が生み出されなければならない。それが一体どのようにして可能なのかは、社会学における基本的な問いの一つである。この問いに答えるために、自然現象を扱うためのさまざまな手法の適用が試みられてきた。自然科学が大きな進歩を遂げた理由は、要素還元主義と数学を使った論理の厳密化によることが大きい。要素還元主義とは、物質の性質などを調べるために、それを分割して構成している部分を調べる方法である。例えば、分子を理解するために構成要素である原子を調べると、なぜ分子ができたのか、そして分子としてのさまざまな性質などが分かる。

社会を構成する人間は、細胞からつくられており、細胞は分子からできているので、社会現象も物理現象を扱うのと同じ方法が適用できる、という見方がある。要素還元主義の立場では、人間行動に関する法則が分子に関する物理法則と同じ方法で導き出せると考える。社会をシステムとしてとらえるとき、構成要素には、複数の人間の関係（あるいは相互作用）も含まれる。人間関係は最小単位である二者の関係にはじまり、集団や組織、さらには社会ネットワークによる広がりを含む。それは、社会全体そしてグローバルな世界にまで及ぶが、人間関係に現れる共通の法則性などは、統計物理学の手法などを使って導き出せる可能性はある。

一方で社会には、部分の和が全体にはならないで、全体は部分の和以上の働きをすることが数多く存在する。このような認識に立ち、還元主義的な立場とは異なる、そして社会をシステム論的にとらえるアプローチが生まれた。一般にシステム論 (system theory) では、構成要素の全体であるシステムとそれ以外のものを環境として区別する。個々の構成要素の維持、発展、消滅、新たな構成要素の生成、そして自己組織性といった枠組みによってとらえる。社会システム論では、さまざまな社会現象、社会機構、そして制度の働きなどをシステム的にとらえることになる。

社会科学におけるシステム的なアプローチの萌芽は、オーストリアの生物学者ベルタランフィ (L. Bertalanffy) の著書『一般システム理論』に見出すことができる。その著書の中で、ベルタランフィは世界や社会をシステムとしてとら

える方法論を展開している．コンピュータなど機械的なシステムばかりでなく，生きものもシステムである．ベルタランフィの言うシステムは，相互作用する要素から成り立つ全体であり，要素還元主義では説明できない全体的な機能をもったシステムのことである．つまり，全体は部分の総和以上の働きをすることは，機能を部分に還元する方法では解明することはできない．こうした特徴は，人間社会をはじめ，生体の生理学的機能や細胞の代謝などに幅広く存在する．一般にシステムは，上位システムから下位システムに至るまでに複数階層をもっており，異なる階層及び同じ階層の構成要素が相互に作用し合うことで，全体的な目的を達成するための機能をもつ．また，多くの構成要素の働きのバランスによって全体の調和を保っている．

勝又正直は「社会システム論」の中で，社会システム論の発展を，人間の行為モデル，最適化モデル，サイバネティクスモデル，自己組織化モデル，オートポイエーシスの4段階に区分している．人間の行為モデルに基づく社会システム論は，アメリカの社会学者パーソンズ（T. Parsons）に基づくものである．パーソンズは，社会を人間の行為システムとしてとらえている．人間の行為システムは，行動有機体（身体）システム，パーソナリティ（人格）システム，社会システム，文化システムの四つの下位システムから構成され，これらが相互に関係し合うことで，人間の行為が生み出される．パーソンズは，社会システムを，複数の行為者と彼らの行為によって生みだされる集合体としてとらえ，一人ひとりが自己の利益だけを考えて功利的に振る舞うならば，無秩序な状態を招くことになる．このような無秩序状態から，人々を救い出すための秩序がいかにして生まれるかなどの問題に取り組んだ．

最適化に基づく社会システム論は，イタリアの経済学者パレート（V. Pareto）によるパレート最適の概念に基づくものである．パレートは，自由な競争市場の下で，各人の利益が高まるよう財を自由に交換し合うとき，社会の構成員全員にとって望ましい形態で資源配分が行われると考えた．すなわち，個人の功利主義に基づく行為は，社会にとって最適な状態（パレート解）に結びつくという考え方である．

サイバネティクスモデルに基づく社会システム理論は，アメリカの数学者ウ

ィナー（N. Wiener）によるサイバネティクスの概念に基づくものである．すなわち，システムはフィードバックループをもち，システムの出力の一部がシステムの入力にもどることで出力が自動的に制御されるという点に着目する．サイバネティクスの概念を体系化したのは，イギリスの医学・生理学者アシュビー（W. Ashyby）である．アシュビーは，複雑に変化する環境の中でシステムが自己維持を図るためには，環境の変化に適応するための多様性をシステム内部にもたねばならないとする，"最小多様度の原理"を提唱した．すなわち，環境の多様性に見合うだけの多様性をシステム内部にもたなければならない，という考え方である．

　自己組織化モデルに基づく社会システム論は，サイバネティクスモデルに基づく社会システム論の拡張である．自己組織化とは，システム内部に組織を形成し，自らの力でそれを変化させていくことをいう．システムの自己組織化には，フィードバックループが重要な働きをする．そして，システムの出力を増大させるとき正のフィードバック，逆に出力を抑制するとき負のフィードバックが働くという．システムは，正と負のフィードバックによってダイナミックに変容していく中で，秩序などが形成されるという点に着目する．

　オートポイエーシスに基づく社会システム理論は，チリ出身の神経系や免疫系の研究者マトゥラナ（R. Maturana）とヴァレラ（J. Varela）が提唱したオートポイエーシス（autopoiesis）に基づくものである．神経系や免疫系は，外部にあるものをそのまま認識するのではなく，系の中で形成されるネットワークを使って認識しているとされる．このような視点から，サイバネティクスモデルでは，環境は観察者によって決定されるというとらえ方をする．アシュビーの最小多様度の原理に基づくならば，環境はシステムが内部にもつ多様性によって把握されるが，オートポイエーシス論では，環境とシステムの間に境界はなく，システム自身の再生産という働きによって境界が生み出されるとしてとらえる．自然科学では，境界条件が定められた閉鎖的なシステムを扱うのに対して，オートポイエーシスに基づく社会システム理論では，社会を開放的なシステムとして扱うことを強く意識している．

　ドイツの社会学者ルーマン（N. Luman）は，自分で自分を産出していくとい

う循環の輪に着目し，オートポイエーシス論を取り入れた．ルーマンの視点は従来の社会システム論とは異なり，社会システムの基本要素をコミュニケーションとしてとらえる．社会システムは孤立した存在ではなく，外部環境が存在することで意味をもち，内部と外部を区分することで自己を維持する．このような視点で社会をとらえるとき，人間の行為というミクロレベルから離れることができなくなり，社会全体をマクロにとらえることができない．一方で，社会の要素としてコミュニケーションに着目することで，コミュニケーション（ミクロ）と社会システム（マクロ）の関係，そしてミクロ-マクロ・ループという新しい視点に立って，社会をとらえ直すことができる．

　社会は，さまざまな危機に直面するが，それらの危機の要因が社会内部に潜んでいる場合，それらの危機から逃れることは難しくなる．このとき，社会危機の多くは，社会の権力者や関係者の責任回避などを含め，社会システムの仕組みの中に包含されてしまうことになる．アメリカの社会学者ライク（C. Reich）は，著書『システムという名の支配者』の中で，私たちは，さまざまな社会システムの支配下にあり，危険なまでにシステムを信用してしまい，個々の人間が本来もっている可能性をすっかり忘れてしまっている，と警告している．また，システムの部品として人間の価値が判断され，システムの目的を達成するために訓練され，機械の部品と同じように不要となると切り捨てられる社会と，人間としての個人の存在こそが社会の究極の目標であり，人間として洗練されるほど人間としてますます豊かになっていく社会とでは，天と地ほどの違いがある．このような両極端な社会を作り出すのも，社会システムであると述べている．

　レズニック（M. Resnick）は，著書『非集中システム』の中で，社会現象をシステムとしてとらえることには限界がある，と指摘している．何らかの方法を使って社会の挙動を予測し，その挙動を制御することは可能であるという見方は捨てるべきである，とも述べている．社会システムは，一定の安定した状態に長くとどまることなく絶えず変化し続け，いわば"生きた状態"として特徴づけられるからである．

　人間が織り成す社会を，機械系ではなく複雑適応系（complex adaptive systems）としてとらえるアプローチが生まれた．相互に影響し合いながら適応や学習を繰り返す多数の要素の集合体を，複雑適応系という．複雑適応系の考え方は，さまざまな生命体の集合体が生み出す知能の解明などに関する研究の中から生まれた．大きく変動する環境の中で生き抜くための知恵は，個体間の相互作用の中から，いわばボトムアップ的に生まれる．集団を作り他の仲間と共同作業することなどにより，個々の能力を超えた優れた知恵を生むことになる．

　要素同士で相互に作用し合うことで全体的な性質が出現することを，創発（emergence）という．創発をシステム的にとらえるならば，要素同士の局所的な相互作用によって質的に異なる高次な性質が上位レベルに現れることである．自然界には，創発現象は数多く見られる．多数の小さなアリは，数メートルを超える大きなあり塚を作る．鳥や魚の社会では，全体を指揮するリーダーがいなくても群れは形成される．群れを形成することで，餌を見つけて巣まで効率的に運搬することができ，また子孫繁栄のために伴侶を得ることも容易にする．また，群れの全体像を把握する手段をもたないのに，全体の利益に貢献するための行動を個々にとることができる．このとき集団レベルで現れる生存を高めるためのさまざまな工夫が，創発される．群れを作ることで捕食者に見つかる危険度は高まるが，敵に襲われると，一つの生命体のように一瞬にして向きを変え，一時的に群れを壊して分散することで敵を攪乱し，しばらくすると，また群れを作る．このように，自分の行動を状況に応じて臨機応変に関係づけることで，お互いに助け合っている．

　人間の社会に目を向けると，個人は周りの人から何らかの影響を受け，また周囲の人たちに影響を及ぼしている．例えば，個人が何か選択をするとき，周りの人の動向を考慮する．そのことで，周りの人や社会から影響を受ける．社会を複雑系としてとらえるとき，個人（ミクロ）と集合体（マクロ）の間に双方向的な作用が働くとき，個々の働きからは説明できない現象や性質が全体に現れる．例えば，個々のドライバーの車間距離の取り方などのわずかな違いが共鳴し合うことで，交通渋滞が発生する．ある商品が爆発的にヒットしたり，風評などによって市場から急に閉め出されたりするのも，消費者同士の相互作用が生む創発現象としてとらえることができる．

1.3 個人（ミクロ）と社会（マクロ）の結びつき

　社会は，相互に関連しあった個人の集合体である．社会現象を扱うには，個々の要素（個人）の挙動を詳細に観察するミクロ的なアプローチと社会全体の挙動を観察するマクロ的なアプローチがある．ミクロはシステムを構成する個々の要素，マクロはシステム全体を指すが，両者の関係は，あくまでも相対的である．不確実性原理を発見したドイツの物理学者ハイゼンベルク（W. Heisenberg）は，"部分は全体に影響を与え，全体は部分に影響を与える"とも述べている．

　一方で，個人（ミクロ）と社会（マクロ）に分けてとらえるのではなく，ミクロとマクロの間に働く作用についても知る必要がある．人間社会に目を向けると，個人の行為は周りの人や社会の動向から何らかの影響を受けるが，その行為は周囲の人たちにも影響を与える．個人の行為のきっかけになるのは，その人の動機である．個人に何らかの欲求が生じると，その欲求を満たすために，その状況の中で最も高く動機づけられた行為が生まれる．このことから個人の行為は，その人が置かれた状況を入力，その人の動機を内部状態，そして行為を出力とする行為システムとしてとらえることができる．そして，同じような状況で（入力が同じ），その人の動機が変われば，行為（出力）は異なったものになる．

　オーストリアの精神分析学者フロイト（S. Freud）は，周りの人たちの働きにより，個人の行為が変化することはない，と考えた．集合心や集合行為といった集合的な概念は存在せず，個人がそのような実体のないものと関わり合いをもつこともない．あくまでも，個人は実世界の中で関わりをもつ人たちとの間で社会を構成し，自分と関わりをもつ人たちがその人の考える社会を代表していると考えた．

　私たちは，お互いに関わり合いをもたず個々に独立して暮らしているのではない．一人ひとりが実に多くの人とさまざまな関係をもって共同の生活をしている．そのために，個人が何かをしようとする場合，他者の存在や視線を無視

することはできなくなる．また，多くの人が共通した価値観や共同意識をもって生活をしているために，考え方や行動様式なども似たものになり，そのことで社会には秩序が生まれ，維持される．

　オーストリアの数学者・哲学者フッサール（E. Husserl）によると，私たちが見ている世界は次の三つの層に分けることができる．
　(1) 具体的経験の世界（目で見たり，手で触れたりできる世界）
　(2) 伝聞・情報の世界（経験可能の世界）
　(3) 神話，あるいはフィクションの世界（経験不可能で憶測の世界）
昔の人は，人生のほとんどを(1)の世界で生きたが，情報化社会の中で生きる私たちは，(2)や(3)の世界の中でも生きている．そのために，直接的な経験と間接的な経験との区別ができなくなっている．

　私たちは，自分で意識している以上に，周りから孤立することを恐れている．無意識的に周囲の反応を知ろうとし，また周りから孤立していないか絶えず意識している．私たちは，相互に心理的な関与を高めながら生きている．そのために何か行動を起こそうとするとき，周りの人から心理的な圧力を含むさまざまな影響を受けることになる．

　私たちの行動には，周りに仲間がいる場合，単独で行動する場合と比較して，顕著な違いが現れる．同じ作業に従事する仲間がいるとき，一人で作業する場合と比較して仕事の処理上の効率性が高まることは，共同作業に現れる"促進効果"として知られている．同じ仲間の存在によって一種の覚醒効果が現れ，個人の動機が高まるからである．多くの人が同じような行為をとるようになることを，同調という．同調現象は，お互いに暗黙の圧力を及ぼし合うことで現れる．

　アメリカの社会学者シェフ（T. Scheff）は，個人とその人を取り巻く周囲との関係を表わすために，"社会的絆"という概念を生み出した．社会的絆は，個人にとって最も尊ぶべきものであり，いかなる犠牲を払うことになったとしても，保持したがるものである．社会的絆の両端には，恥と自尊心がある．恥は，個人が自分の社会的絆から脅威を受けることであり，自尊心とは，社会的絆が良い状態で保たれていることである．社会的な絆は，見知らぬ人たちの間

第1章 社会のダイナミズム

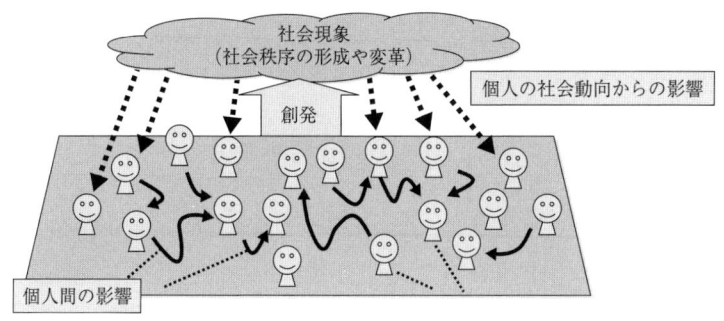

図1.1 個人と社会の間の循環的な相互作用：ミクロ−マクロ・ループ

で協力関係を生むための原動力にもなる．

　個人は，自分を内面から観察する目と外側から観察する社会の目をもっている．一人ひとりの意識の中では，自律した存在に憧れ，誰にも頼らず決断した自分を褒める．一方で，自分の置かれている状況では何が支配的なのか（その場の空気）を敏感に察知する．他の仲間から好かれること，また仲間外れにされないかなどを意識している．そして，何は主張して良いのか，何に固執するとまずいのか，何が状況に適しており，何は適していないかなどを瞬時に見極める．そのような能力は，その人の"社会的皮膚（social skin）"の働きによるものである．社会現象の深層を知るには，個人が社会的皮膚によって感じる社会と現実の社会との関係が重要な鍵を握っている．

　個人は，自身を守るためにも集団を必要とし，集団は個人によって維持される．このような相互依存関係が大きなスケールで現れ，さまざまな集団や組織が多重に連結されているのが，社会である．このような社会の成り立ちにおいて，個人（ミクロ）は社会というマクロ（巨視的）な存在に連結され，個人の行為は社会状態の推移によっても特徴づけられる．このことから，人間の行為は社会と切り離してはありえない．短期的な視点で個人の行為をとらえても，人間の行為（ミクロ）は全体の行為や社会の状態（マクロ）に深く関係している．社会の構成単位としての個人の行為は，その人の心理的な条件，それまでの個人的な経験や知識に依存している．と同時に，社会の巨視的な状態にも規定される．このようにして生まれる個人と社会の間の循環的な相互作用を，ミ

クロ-マクロ・ループという (図1.1).

例えば,何かを選択しなければならないとき,個人の心が揺れ動くのは常であるが,最終的には自分の態度を決めて選択をする.そして,多くの人の選択が集約されると巨視的なスケールでの社会的な態度が形成される.個人の選択は,本来は自らの選好に基づくが,社会の巨視的な状態によって暗黙のうちに規定される.このことから,ミクロとマクロとの間に成り立つ関係について丁寧に調べていく必要がある (図1.2).

ミクロとマクロの循環的な相互作用により,自己組織化と呼ばれる性質が生まれる.例として,集団の形成や離合集散などがある.思想・信条や感性を共有する人々が集まって集団が形成される.集団が大きくなると,部分系が機能していくつかの派閥ができ,やがて主導権争いや連合が起きる.そして,さまざまな集団が,生命体の集団のように,生成・発展・消滅を繰り返していくことになる.

世論形成や流行など,実体としてとらえにくい社会現象,また株式市場での値動きなども,自己組織化の範疇に入る.社会が生むダイナミズムは,寿命の長短の違いこそあれ,外部条件の変化と内部での変化が複雑に絡み合うことで決まる.外部での変化が内部に吸収されてしまうときには,変化は生まれないが,小さな変化が累積されると社会に不連続的な変化をもたらす.特に,外部の変化によってシステムがとりうる状態が確定的に決まらないとき,ある小さな変化がきっかけとなって別の新たな状態に不連続的に遷移していく.

社会現象をミクロとマクロの視点だけでとらえるのではなく,個人間のつながり方,すなわち社会ネットワークに着目したアプローチが最近になって注目をあびている.個人の集合体が集団や社会を形成しているというより,個人同士の特定なつながり方によって社会は形成されているという視点に立つ.アメリカの医学者・社会学者,クリスタキス (N. Cristakis) は,著書『つながり:社会的ネットワークの驚くべき力』の中で,人間を知るには,その人を取り巻く社会ネットワークを理解することが不可欠であると述べている.他人から完全に独立した個人など存在しない.家族,上司,同僚,友人,ちょっとした知り合い,知り合いの知り合い,同じ地域で暮らしている人たちなど,私たちは

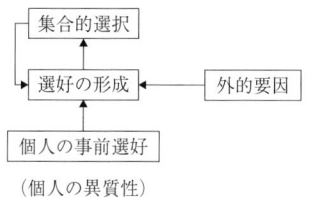

図 1.2　個人の選択と社会の選択の双方的な関係

　さまざまな人とのつながりをもち，つながりのある人から影響を受ける．と同時に，その人たちに対して影響を与えている．私たちは，何でも自分で考えて決定していると思い込んでいたとしても，それは根本的に間違っている．自分では気づかないうちに，友人や知人どころか，見知らぬ人たちの価値観や道徳観，さらには彼らの選択行為や経験から影響を受けている．

　クリスタキスは，感情の伝染，パートナー探し，人々の政治的態度の推移，インターネット上での絆などを調べ，人から人へと伝染するのは，感染症のようなものだけではなく，投票行動，感情，そして肥満や喫煙の習慣の形成などにおいて，他者の行為が伝染することを示している．また私たちは，友人の友人，そのさらに友人など弱いつながりでしかない人の行動をも模倣し，彼らと比較して自分の幸福度などを測っていることを，多くの事例研究により紹介している．個人は，自らが属している社会ネットワークから，自分で意識している以上の影響を受けている．そして，社会や政治問題に対する個人の意見も，どこまでが自分のもので，他人からの影響はどこまでかを厳密な意味で区別することはできない．また，個人が社会ネットワークの位置する場所によっても，その人の行為が大きく変わってくる．

　人間はネットワークの中で生きる存在であるととらえるのが，ネットワークという視点で人間を理解する方法である．人々の人気度の反映であるファッションや商品の流行現象，感染症や金融不安などのリスクが伝搬していくことについての理解を深めるためには，人々のつながり方に着目することが重要である．個々の小さな力がネットワークを介してつながるとき，驚くべき偉業を成し遂げることがある．このメカニズムを明らかにする上で，ネットワークは新しい視点を提供してくれる．ネットワークからの視点は，個人（ミクロ）と社

会（マクロ）の中間層としてメゾスコピック（mesoscopic）の存在を明確にしながら，中間層における働きに着目するアプローチである．

1.4 モデリング・シミュレーション

現象という用語は，いくつかの意味で用いられる．一般には，自然界や社会において，人間が知覚できる形で現れるもので，背後にあるものはあまり問題にせずに見える形で観察されたものとして扱うとき，現象と呼ぶ．社会現象とは，社会において観測された全ての現象のことであるが，社会において際立った特徴のある現象を指すことが多い．

社会現象などの事象を説明するとは，それがなぜ起こったのかを説明することである．説明しようとする事象の原因として，それよりも前に起きた事象をあげ，これらの事象を結び付ける因果関係のメカニズム（mechanism）を説明する．メカニズムは，構造，しかけ，仕組み，手順，手法，そして技巧などを意味する．一般に法則性は，ある一定の入力が与えられれば一定の出力があるような関連性を指す．事象が現れるのに法則性があれば因果関係の説明は容易であり，法則性に基づく解釈は論理的に妥当性なものになる．

科学的なアプローチとは，対象から何らかの普遍的な規則性を導き出す営みである．その対象が自然であれば自然科学となり，対象が人間社会の場合は，社会科学となる．そして科学的アプローチの根幹をなすのは，データや事実の収集，法則や理論の導出，そして解釈や予測である．現象などを科学的に理解するとは，複雑に見える現象の背後にある規則性を見つけ，その規則性を規定している法則を見つけることである．対象とする現象が自然界に関することであれば，自然則が導かれ，社会現象に関することであれば，経験則が導かれる．法則や理論が大切なのは，さまざまな現象の解釈や予測に役立つからである．データや事実から現象に関する何らかの法則性や理論を導くことを，帰納的推論，法則や理論を使って予測や解釈をすることを，演繹的推論という．

自然科学が社会科学と際立って異なる点は，多くの場合，方法論が確立していることである．特に，実験や観察をとおして，背後にある法則性を導く帰納

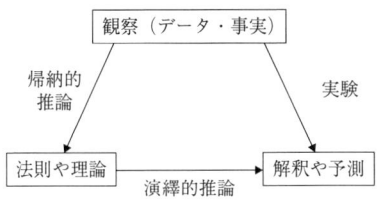

図1.3 科学的方法の関係

的推論と，ある法則性から実際の自然現象を説明する演繹的推論があり，両者がうまくかみ合って自然科学の進歩を支えてきた．実験や観測には不確実さがつきものであり，真の値は誰も知らない．それを認めたうえで，どのようにして観測値や実験値から有意義な観測結果を引き出すかなどについての方法論が確立している．また，どの理論がより良いのかという点に関しても客観的な判断基準が存在する．理論は，どのように観測をして実験をすれば，その理論の正しさを検証できるのかという判断基準がある．そして，自然科学の理論が優れているのは，イギリスの哲学者ポパー（K. Popper）が指摘したように"反証可能性"をもっているからである．

　一方で，社会科学の対象は，自然科学のように規則性を見つけ出すことは非常に難しい．人間の振る舞いは状況によって変化するため，実験などで再現しようとしても同じ結果は得られない．社会現象の多くは突発的に起き，ある方向へ向かうと，そこで安定することなく，また別の方向に向かって推移していく．社会は一つの状態にとどまることはなく，それまでの状態が突然崩壊し，新たな別の状態に向かうことが常である．社会のダイナミズムは，多くの場合，個人と個人，個人と全体（社会）との相互作用によって生まれる．個人は，周りの人や社会から影響を受ける．と同時に，周りの人や社会に影響を及ぼす．このような個人と社会の循環的な相互作用が，社会のダイナミズムの源泉になっている．その際に，偶発的なことをきっかけとして，個人と社会の循環的な相互作用は想定外の展開になるために，社会のダイナミズムには法則性などはなく，理論に基づく演繹的な推論は適用できなくなる．

　自然界の底流に存在する普遍的な法則性や性質を定めることは，物理学者などにとって究極的な目標である．同じように人間関係が織り成す社会にも，普

遍的な法則性や性質は存在するのであろうか？　社会の現象は複雑であるがゆえに，数学的な手法を使って扱うということは，なかなか受け入れ難いかもしれない．河野光男は，著書『社会現象の数理解析』で，次のように述べている．「我々の認識の深化の過程は常に具象を踏まえたものであり，具象から抽象へ，個別から一般へと向かい，普遍性の中に法則を見つける作業が知的活動である．この認識の深化の過程が示されないで結果としての法則を突き付けられ，それの受け入れを強制され，論理的思考の育成とは名ばかりの決められた時間内に答を出すための機械的・反射的反応の訓練に対するアレルギーが存在することが，知的活動の妨げになっている」．

　社会現象は，社会を構成している一人ひとりの個性的な振る舞いに依存しているが，個人の振る舞いを科学的に正確にモデル化することは困難であるという見方が強い．一方で，社会現象において扱うべき対象要素の規模を拡大していくと，個々の要素の違いが相対的に薄れて規則的な振る舞いや全体的な性質が見えてくることがある．そして，大量のデータを統計物理学の手法などを使って分析し，社会現象の法則性を導こうとする，"社会物理学"という研究分野がある．社会物理学では，個々の人間の行動を原子的な動きとみなし，大規模な人間（社会の原子）の行動の集合体に現れる全体的な性質を解明する．人間の行動が複雑なために社会現象も複雑であるという中で，社会物理学では，人間行動をできるだけ簡素化して扱い，単純化された大多数の動きを集約することで現れる，全体の法則性や性質を求めようとする．

　自然科学と技術は，相互補完的である．自然科学の主な狙いは，新しい法則を得ることで物事の本質を理解することにある．また，理論の正当化を重んじ，さまざまな実験を繰り返し，実証しながら首尾一貫した法則の体系化を図ることである．一方で，技術の狙いは，その挙動を予測しながら，適切に動作するシステムを作ることにある．しかしながら，誤りなく動作する完璧なシステムを作ることは不可能に近い．このために，モデリング・シミュレーションの手法を駆使して試行錯誤を繰り返しながら，望ましいシステム構築を目指すことになる．一般には，モデリング・シミュレーションには，次の五つの段階がある．

(1) 観察をする：現象やシステムの挙動などに関するデータを収集する．
(2) 解釈をする：データを解析することで，現象の本質について解釈する．
(3) モデルの構築：現象の観察データを解釈することで，現象の根底にあるモデルを構築する．
(4) モデルの評価：モデルの妥当性を評価するためのデータの収集．
(5) 設計と制御：構築したモデルに基づき，システムの挙動をうまく制御するための方法の設計．

　観察データや事実から，何らかの法則性や理論を導くには多くの困難が伴う．特に，社会現象には明確な法則性が成り立たない．この場合，観察データから背後にある事実関係を理解しながら，社会現象を解釈することが必要になる．このプロセスを妥当なものにする方法が，モデリング・シミュレーションである．私たちは社会の一員であることを意識しながら，全体を見る目をもっており，それを世界観という．個人は社会を見る目を個々にもっていることから，人間の行動を"社会の原子"として均一的に扱うのではなく，個々に自由な意思をもつ主体（エージェント）として扱い，個人と他者あるいは社会との相互作用をモデル化するアプローチをとる．

　アメリカの社会科学者アクセルロッド（R. Axelrod）は，モデリング・シミュレーションを，演繹的推論と帰納的推論につぐ社会科学における第3の科学的手法として位置づけている．モデリング・シミュレーションは，仮定から始めて，実験的方法を用い，帰納的に分析できるデータを生成するという新たな科学的アプローチを提供する．アクセルロッドは，モデリング・シミュレーションのもつ力は，私たちに思考実験の機会を与えることにあるとしている．シミュレーション結果と現実データを照らし合わせながら，モデリング・シミュレーションを試行錯誤的に改良しながら，現実の世界を解釈するための適切なモデルを開発するという"思考実験"を繰り返すことで，社会の営みが生むさまざまな現象の理解を深め，またより望ましい社会の仕組みや制度を作り上げるために役立てることができる．

　社会現象を扱うモデルの構築において，本質的と思われる複数の要素を抽出し，要素間に存在する因果関係などを記述するという手順をとる．このとき，

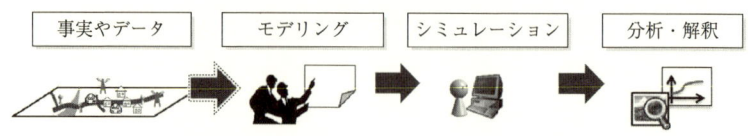

図 1.4 モデリング・シミュレーションの流れ

現実をできるだけ抽象化することによって，複雑な現象を生む本質的な部分を探ることができる．抽象化とは現実を近似化し，多くの要素の複雑な動作を集約的に記述することである．その際に，できるだけ枝葉的なことは切り捨て，本質的な部分だけをうまく取り出す作業が必要になる．そのためには，優れた知恵や経験を必要とするが，何を切り捨て何を重要なものとして取り出すかは，大変難しい．

大所高所から社会現象の全体像をとらえる必要がある．だが，「木を見て森を見ず」という言葉にあるように，問題の全体像を描くには多くの困難や知的限界が伴う．特に私たちは，ものごとをトップダウン的にとらえる傾向が強いことから，集中的な思考法から脱却する必要がある．そして，荒削りながらも問題の全体像をとらえ，モデリング・シミュレーションを改良しながら，多くの要素間の因果関係を明らかにすることで，社会現象のメカニズムが見えてくるようになる．

問題を分析し，将来を予測するなどの知的な作業の中心的課題は，問題の定量化である．社会現象の定量的記述のためには，現象を支配している変数の特定という作業が必要となる．人間は，言葉によって自己を表現し，また他者を理解するのと同じように，モデリング・シミュレーションの手法を使うことで社会を理解することになる．このとき，社会現象の背後にある本質なことを見い出し，そのメカニズムを明らかにするには，さまざまな視点でモデルを構築し，それらを練り直す必要がある．現実のデータを再現するためのモデル構築し，モデルをプログラムとして具現化し，現実的な条件設定のもとでシミュレーションを行い，現実のデータの再現性を評価しながら，モデルをさらに改良していく図1.4に示す一連の知的作業が，モデリング・シミュレーションである．

表1.1 問題領域の分類と本書で扱う内容の分類

	データあり	データなし
モデルあり	(1)研究分野：自然科学 (2)問題領域の例 　・交通渋滞 　・気候変動 (3)本書の扱い：2章－5章	(1)研究分野：シミュレーション (2)問題領域の例 　・リスク研究 (3)本書の扱い：7章
モデルなし	(1)研究分野：社会科学と統計 (2)問題領域の例 　・感染爆発 　・地球温暖化 (3)本書の扱い：6章	(1)研究分野：哲学や心理学 (2)問題領域の例 　・未知の未知の問題 　・予測学 (3)本書の扱い：8章

　私たちは物事を理解するときに，頭の中に自分なりのモデルをつくり，それをもとに理解している．日常生活だけでなく，科学や創作の分野でも，同様にモデルは重要な役割を果たしている．モデルをつくるには，対象から本質的に重要だと思う部分を抜き出して記述する．この作業がモデリングである．モデリングを通じて，その対象についての理解を深めることができる．また，同じ問題に関心をもつ他の人との協力や共同作業にも役立つことになる．モデルを具現化するのが，シミュレーションである．シミュレーションによって，現象を数値化し，また可視化できるという利点もある．モデルを構築し，シミュレーションによって実験をして結果を目に見える形にし，対象にしている現象とモデルの整合性を評価しながら，モデルを洗練させていく．これらの一連の作業の中で新たな発見へと導き，一般化された理論モデルに発展できることがある．

　モデリング・シミュレーションは，モデルとモデルのパラメータの設定を変えることで，どのように現象が変化するかを観察することである．シミュレーションを繰り返し行い，モデルを改良しながら，実世界での現象を生み出している因果関係や問題の本質を探ることができる．一方で，社会現象の深層には多くの不確実な要素が潜んでいることから，偶発的な要因の扱いも大変難しいが，大切になる．

　社会には未解決の問題や課題が多く存在するのは，問題や課題を解決するための方法論がないというより，適切なモデルやデータがないことに起因してい

る.今までは計測することが困難で必要とするデータが少ない領域において,ICT（情報通信）技術の発展の恩恵を受け,多くのことが計測可能となり,さまざまなデータが蓄積され,多くの人が共有できるようになってきている.大規模な社会データを収集しながら,モデリング・シミュレーションを中心に位置づける計算論的な社会科学の確立を目指して,新しい学問領域の知的挑戦が世界中の大学や研究機関で精力的に進められている.

　科学的アプローチには,モデルとデータが必要とされるが,妥当性の高いモデルがあるかどうか,あるいは十分なレベルのデータが蓄積されているかによって,問題の領域を大きく四つに分類できる.これらの領域に分類される代表的な問題と本書で扱う章毎のテーマを,表1.1に示す.

補足ノート 1-1　用語の解説

KISS 原理　米国の社会学者アクセルロッド（R. Axelrod）は，モデリング・シミュレーションの基本原則として，KISS（Keep It Simple, Stupid: 当たり前だけど，簡単なモデルの方が良い，という意味）というスローガン的な原理原則を提唱している．これは，14世紀の哲学者のオッカムが多用したことで有名になったといわれている"オッカムの剃刀"と同じ考え方である．オッカムの剃刀とは，ある事柄を説明するためには，必要以上に多くの実体を仮定すべきでない，という考え方であり，ケチの原理ともいう．

事実　事実は，観測されなかったものを含む全ての起こった現象に対して適用される表現であるが，現象として観測された事柄を指すことが多い．観測されなかった現象は，事実ではあっても認識されていない以上，その存在が証明できないだけでなく，観測者の意識にも残らないためである．事実と認識されるのは，それが検証できることが前提になる．

反証可能性　反証可能性とは，イギリスの科学哲学者のカール・ポパー（K. R. Popper）が提唱したもので，検証されようとしている仮説が実験や観察によって反証される可能性があることを意味する．一般的な意味では，どのような手段によっても間違っていることを示す方法がない仮説は科学ではない，あるいは科学が覆されるのは科学のみであるとして説明されることが多い．
　科学理論の客観性を保証するためには，その仮説が実験や観察によって反証される可能性がなければならない．つまり，科学理論は反証される潜在性をもつ仮説の集まりであり，反証に対してきちんと反論できるものが信頼性の高い科学理論である．ポパーによると，世の中の科学には，"間違った非科学的なもの"，あるいは"反証可能性のある不完全な科学"の2種類しか存在しない．

第2章

個人の行為

　ソクラテスによると,「知とは無知を知ることである」．個人の行為は，その人の思念や内省に基づく熟慮された意思に基づくと考えるのが，合理的な行為モデルである．個人が自らの目的や欲求を満たすための選択肢を列挙し，その中から最善なものを選択するとき，合理的であるという．一方で，個人の行為には，他人や全体の利益につながる利他的な行為，感情に基づく行為，気まぐれな行為など，合理的な視点では理解できない行為も数多く見られる．本章では，個人の行為をさまざまな視点からとらえるためのモデルを紹介する．

2.1　合理的な選択とインセンティブ

　社会生活の基本単位は，個人の行為である．さまざまな社会現象，文化や慣習，そして社会の仕組みや制度などが，個人の行為や個人と個人の相互作用の中から生まれるとして理解するアプローチを，方法論的個人主義という．

　人間行為の多くは，選択である．合理的な行為モデルでは，個人は自らの目的や欲求を最大限に充足しようとする動機をもち，そして一貫した選好基準に基づき最適な選択をする，としてとらえる．個人の最適な選択には，候補となり得る選択肢をすべて知り，それらがもたらす便益などを事前に評価できることが前提になる．

　商品の購入を例に取り上げ，個人の合理的な行為について考える．商品を購入するかどうかは，その商品に対する個人の価値や便益によって決まる．その価値を，その人が商品を購入しても良いと考える価格とし，商品を購入しても良いと考える価格と実際の価格との差を，その人の効用とよぶ．個人は，その商品が売れ筋かどうかなども考慮するが，それらの影響は小さいとする．

　個人が購入を検討しているAとBの二つの商品があり，それらの商品に対す

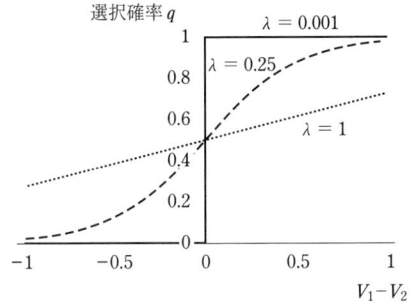

図 2.1 個人の合理的な選択（商品Aの選択確率）

る効用を V_1 と V_2 でそれぞれ表わす．個人がどちらの商品を選ぶかは確率的に決まり，商品Aが選ばれる確率 q を二つの商品の効用の差の関数として次式で与える（補足ノート 2-1）．

$$q = \frac{1}{1+\exp\{-(V_1-V_2)/\lambda\}} \tag{2.1}$$

商品Aが選択される確率 q を図 2.1 に示すが，この式のパラメータ λ は，個人選択のあいまいさを表わし，その値が大きくなると，個人の選択にはランダム性をおびてくる．このときの個人の合理的な選択は，以下のようになる．

(1) $\lambda = 0.001$ のとき：効用の大きい商品が選択される．
(2) $\lambda = 0.25$ のとき：効用の大きい商品が選択される確率は高いが，効用の小さい方が選択されることもある（確率 $1-q$）．
(3) $\lambda = 1$ のとき：効用の大きい商品が選択される確率は高いが，効用の差に関係なくランダムに選ばれるのと近くなる．

次の例として，個人投資家による株式投資を取り上げる．個人投資家は，ある銘柄の株を"買い"または"売り"の選択を行う．このときの効用を，次のように与える．

$$\text{買い}: U_1 = V_1 + \varepsilon_1, \qquad \text{売り}: U_2 = V_2 + \varepsilon_2 \tag{2.2}$$

買いを選択したときの利得を V_1，売りを選択したときの利得を V_2 で表わし，すべての投資家にとって同じ値とする．投資家による違いを確率変数 ε_1 と ε_2 で表し，これらの密度関数をガンベル関数で与えるとき，多数の投資家

の選択行為を平均すると，(2.1)式を得る（補足ノート 2-1）．このようにして多数の投資家の選択行為を"一人の代表する投資家"の合理的な選択行為に集約できることは，"市場の動きは代表的な個人の行動として扱うことができる"とする経済学の基本原則の一つである．

　お金を相場で運用して利ザヤをとり利益を上げることを，マネーゲームという．為替相場，商品相場，株式相場などは，実際には商品の売買をしないで，価格の動きを利用して利益を上げようとする，マネーゲームである．このようなマネーゲームでは，個々の投資家は他の投資家の行動から強く影響を受けるが，同時に他の投資家にも影響を与える．特に，玄人筋の投資家は，どのような銘柄に投資をするのかお互いに読み合いながら投資行動を決めるために，企業の業績や将来性などに関する情報に基づくことなく，他の投資家の行動に同調して決めるという側面が強くなる．

　20世紀の学問史上，最重要な人物の一人であるイギリスの経済学者ケインズ（J. Keynes）は，相場とは一種の"美人投票ゲーム"，であるとした．ケインズ自身も熱心な株式投資家であり，奉職するケンブリッジ大学の基金を投資運用していたことは有名である．ケインズは，玄人筋の行う投資は，"100枚の写真の中から最も容貌の美しい6人を選び，最も多くの投票を集めた人に投票した人には商品が与えられる"というルールの下で行われる，"美人投票ゲーム"に似ているとした．多くの投資家が"多くの人が美人であると評価する銘柄"に投資するとき，その銘柄に対する需要は強くなる．多くの買い手を集めることに成功した銘柄は，企業業績や将来性とは関係なく，株価は急激に上昇する．その逆もあてはまり，投資家の読み合いから外れた銘柄は，買いの需要は少なくなって株価は下落していく．

　個人の行為は，その人の欲求や動機から生まれるとして，欲求や動機を原因（入力）とし対象とする行為（出力）を生む因果関係によって説明ができる．個人の動機は，その人の内面にある意欲に基づく"内的な動機"と報酬などに基づく"外的な動機"に分けられる．前者は，モチベーション（motivation），後者は，インセンティブ（incentive）としても区別できる．モチベーションは，その人の内面からの動機づけであるのに対して，インセンティブは外側からの

動機づけである．個人が内的な動機づけを自発的に起こすことを念頭に，インセンティブが使われることもある．

アメリカの経済学者レヴィット（S. Levitt）は，著書『やばい経済学』で，インセンティブの学問として経済学をとらえ，インセンティブを"経済的インセンティブ"，"社会的インセンティブ"，"道徳的インセンティブ"の三つのタイプに分類している．経済的インセンティブは，報酬など金銭的なもの，社会的インセンティブは，周りから認められたい，あるいは悪い奴だとは見られたくないと考えることである．道徳的インセンティブは，社会的に良いことは行い，悪いとわかっていることはやりたくないと考えることである．実際には，これらのインセンティブが複雑に絡み合って個人の行為を支配している．

レヴィットは，経済学者によるイスラエルの保育園での調査研究を例に取り上げ，これらのインセンティブは容易に変わり易いことを紹介している．保護者が園児を迎えに来る時間がたびたび遅れるという問題を解決するために，保育員側が遅延者に少額の罰金を科したところ，遅延者はさらに増えたという．罰金制度が導入された当初は，多くの保護者に道徳的インセンティブが働き，園児の迎えに遅れてくる人は少なくなった．ところが，少額の罰金を科すことで道徳的インセンティブは経済的インセンティブに変わり，ペナルティを払えば遅れることは正当化されると考える人が増えたためである，と結論づけている．

アメリカでは，小・中学校において"一人も落ちこぼれを出さない"（no child left behind）という制度を2002年に導入したが，教師が不正をして成績を意図的に上げる事例が続出したという．この事例も，インセンティブは容易に変わることを示している．その後，不正をする教師は大幅に減少した．主な理由は，教師が児童の成績を意図的に上げることを自動的に見つけるコンピュータ・アルゴリズムが開発されたからである．このことは，人間の行為を客観的に観測できる技術によって，多くの人の行為は制御されることを示唆している．

アメリカで一時期的に流行った，視聴者参加番組「ウィーケスト・リンク」における参加者の行動を例に取り上げ，他者との競争の場面に直面すると個人のインセンティブが大きく変わることを，レヴィットは紹介している．この番

組は，8人の参加者が次から次へとクイズに答えていきながら，賞金がもらえる最後の一人の勝利者を目指して競い合うゲーム番組である．賞金は，誰かが正解したときに増額される．また，一番正解の多い挑戦者が先に進めるとは限らず，ラウンド毎に参加者全員で投票を行って，挑戦者一人を降ろす．

このゲームでの個人の投票戦略は，ゲームが進むごとに変わっていく．賞金は誰かが正解したときに増えるので，初めの方の数ラウンドでは，挑戦者たちは答えを見つけられない成績不良者を降ろそうとする．これは，個人にとって妥当な戦略である．ところがゲームが進むと，個人のインセンティブはひっくり返る．勝ち残った挑戦者たちは，賞金を増やすことよりも最後の勝利者として賞金を勝ち取ろうとする欲求が強くなり，自分よりも強いと考える挑戦者（それまでに最も多くの正解をだした実力者）を引きずり降ろそうとする．すなわち，多くの挑戦者は，ゲームが始まった最初の数ラウンドでは弱い挑戦者に投票して降ろし，後の方のラウンドでは，強い挑戦者を降ろすべく投票する．その結果，最後に賞金を勝ち取った勝利者は，それまでに多くのクイズに正解した最優秀者とは限らなかったのである．

「ウィーケスト・リンク」の番組で多くの挑戦者たちがとった方法は，選ばれる側と選ぶ側が同じである場合に現れ，それは個人にとって合理的であろう．一方で，そのような個々の思惑によって選ばれて勝ち残った人は，必ずしも実力の伴う優秀な人とは限らない．このことは，組織の人事評価などにもあてはまるのではなかろうか？

補足ノート 2-1　ロジットモデル

二つの商品に対する個人の効用を指数関数で表わし，製品Aが選択される確率を効用の比として次式で定義する．

$$q = \frac{\exp(V_1/\lambda)}{\exp(V_1/\lambda) + \exp(V_2/\lambda)} \tag{1}$$

(2.1)式の選択確率は，この式から求まり，この式をロジットモデル（logit model）ともいう．ロジットモデルは，人間行動に関する理論研究や実証研究などに幅広く使われている．

(2.2)式における個人の誤差項を表わす $\varepsilon_1, \varepsilon_2$ を確率変数として表わす．効用関数に確率変数を含むとき，個人の合理的な選択は確率的に決まる．そして，製品Aが選択される確率は次式で与えられる．

$$q = P(U_1 > U_2) = P(V_1 - V_2 > \varepsilon_1 - \varepsilon_2) \tag{2}$$

確率変数 $\varepsilon_1, \varepsilon_2$ の密度関数を正規分布関数で与えるとき，プロビットモデル（probit model）という．製品Aが選択される確率を求めることは複雑になることから，次のガンベル分布関数を使うことが多い．

$$F(x) = \exp[-\exp(-x/\lambda)] \quad (\lambda > 0) \tag{3}$$

このとき，商品Aが選択される確率は (2.1) 式で求まる．

(1)式のロジットモデルにおいて，効用（V）をエネルギー，個人選択のあいまいさを表わすパラメータ（λ）を温度として解釈するならば，粒子運動などを記述するための，第4章で取り上げるグラウバーモデル（Glauber model）とも一致する．

2.2 限定合理性と選好の形成

　個人の欲求や動機など，内面で働くことを外部から推量することは困難である．また，個人の内面の働きには，その水面下で，自分で内省できない無意識の働きが存在している．このことから，個人の行為は欲求や動機などの誘因によるのか，報酬や外部からの刺激によるのか，あるいは彼・彼女をとりまく環境要因によるのかを区別することは，大変難しい．

　個人の行為を，その人の内生的な要因に基づくとして説明するのとその人の人間関係や社会環境から説明するのでは，全く異なる解釈が可能になる．このことは，"氏（nature）または育ち（nurse）か"の問題と似ている．個人の能力や人間性は，生まれつき備わっている資質によって決まる，あるいは育った社会環境が決めるという二つの見方に決着をつけることは困難であり，同じことは，個人の行為の解釈にも当てはまる．

　現実の世界は，不透明である．情報は，集めれば集めるほどよいものではなく，その中には矛盾するものも多く含まれ，集めた情報を総合しなければ，正しい意思決定を行うことはできない．また，私たちは情報の洪水の中にあり，一人ひとりの処理能力を超えた大量の情報に囲まれている．個人があらゆる情報を受容するためには時間的な制約があり，必然的に情報の選別を行っている．そして，興味のないことには受容力を低下させ，興味をもつことには受容力や記憶力を高めるという，仕組みを使っている．個人が限られた情報処理能力を効率的に使うために，重要でないことは手抜きをすることを，"認知的ケチ"という．認知的ケチにより節約した情報処理能力を，個人はより大切な案件の処理に割り当てている．

　合理性の限界とは，理論的には解ける問題でも，人間の情報処理能力がネックとなって制約された時間内に解が求まらないことをいう．個人は万能ではなく，さまざまな面で限界がある中で，できるだけ合理的な存在であることを目指すという考え方を，限定合理性という．個人は，外に働きかけることで外との関係を変えようとするが，個人が変えられるのは限られている．また，外部

の大きさに比較すると個人の力が及ぶ範囲はわずかである．限定された範囲では，個人は全知全能の存在であり，状況を正しく把握して合理的に振る舞うことができるが，現実には社会のごく一部を見ているにすぎず，全体を把握することは不可能である．個人が合理的に振る舞うことを困難にしているのは，社会の複雑さに比較して個人の能力に限界があるからである．

個人の選択は，決定したことを実行する前の事前選択を指すことが多い．個人があらゆる選択肢を比較し，その中から最良のものを選ぶとき，合理的であるという．ところが，あらゆる選択肢を比較するための情報を入手することは困難である．また，時間的な制約などにより十分な比較検討をすることなく，それまでの経験や周りからの評判に基づき選択することも少なくない．

新堂精士は，時間の稀少性に着目しながら，多くの消費者は商品に対する関与度によって選択の仕方を変えているとしている（新堂，2002）．消費者は，高関与な商品を購入する際には，時間をかけて多くの情報を収集し多角的に検討しながら選択を行う．一方で，低関与な商品については，情報収集にあまり時間をかけないで，売れ筋かどうかで決める．このことから，多くの消費者は，商品に対する自らの関与度に応じて優先度をつけることで，時間の稀少性の問題に対処しているという構図が読み取れる．特に，インターネットの普及などにより，さまざまな商品の宣伝や評判などに囲まれた生活をする中で，高関与の商品には時間をかけて熟慮するが，低関与の商品は，これまでに買っている，広告で見た，あるいは売れ筋であるなどの理由で簡単に購入を決める．

選択行為が事後的に評価されることもある．例えば，新商品の発売に至るまでには，経営上のさまざまな判断を含め，多くの局面でさまざまな意思決定が行われる．商品の着想から複数候補案の検討，数多くの技術的な課題の克服，数多くの試行とそれらの結果に基づく改善，生産方法の検討，安全性のチェック，市場調査，価格の決定など，さまざまな局面での判断をパスできたとき，発売にこぎつけられることになる．

選択行為の善し悪しを事後の結果に照らし合わせて議論するのが，進化論である．進化論では，生命体は発生段階で選別されるとは考えない．生態系に働く競争原理に適合した行動や形態をもつ生命体が生き残るととらえる．したが

って，選択行為は事後的に評価される．進化論での自然選択の考え方に立つとき，市場での成功は供給側の判断の善し悪しで決まるわけではない，という見方が成り立つ．それは，商品の存在を広告や店頭等で知った多くの消費者が，どのように判断するのかに依存して決まる．特に，発売当初の消費者の評価に合格できなければ，その商品は売れない．また，消費者は商品を実際に使用してみて，さらには他消費者の評価や売れ筋などを考慮して，再び購入するか，あるいは別の商品に切り替えるかを判断する．このような消費者の評価テストをうまく通過できたとき，市場で成功することができる．

　心理学や脳科学の領域では，私たちの好みの形成には，実際の経験が影響を及ぼすことが知られている．最初は全く関心のないものでも，目にふれる機会が増すと好意的な気持ちを抱くようになる．このことは，心理学では単純接触効果として知られている．心理学における代表的な理論の一つである認知的不協和理論によれば，個人は，自分の過去の経験や選択を正当化するために反対の意見を聞くことを避ける，あるいは都合の悪い意見を疑ったりしようとする．例えば，自動車の通勤者は，公共交通機関での通勤は不便であると考える傾向が強いことを，藤井聡は報告している（藤井，2011）．

　単純接触効果や認知的不協和理論が示唆することは，個人が同じ選択をするたびに，その選択肢に対して肯定的な選好を形成し，競合する他の選択肢には否定的な選好を形成するようになることである．個人の選好は最初から決まっているわけではなく，選択が積み重ねられる中で形成されていく．個人の習慣は，同じ行為の選択を繰り返すことで形成される．選択を繰り返すことで個人の習慣が形成されていく仕組みについて，図2.2に示す．

　例えば，国政選挙における投票率の低さは，いつも話題になる．多くの人は，投票権をもてるようになったとき投票に行こうとする気持ちをもっているが，投票の機会のたびに投票に対する選好は変化していき，個人の習慣が形成される．その結果，必ず投票に行く人とほとんど投票に行かない人のグループに分かれるため，選挙毎の投票率にあまり大きな変化は現れないことが多い．

　前節のロジットモデルは，個人の選好は変化しないことを前提にしている．次に，消費者の選好は不変ではなく，時間の経過や選択を繰り返すことによっ

第2章　個人の行為

```
    ┌──→ 個人の選好の強化
    │         ↑
    │      個人の選択
    │         ↑
    └───── 個人の選好
```

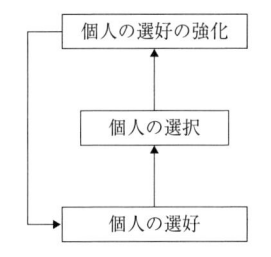

図 2.2　選択の繰り返しと習慣の形成

て変化していくことを見ていく．特に，個人の選好がどのように定まっていくのかを調べる．個人は，商品AまたはBのどちらかの選択を繰り返す．AとBの商品に対する個人の効用を正規化し，その差を $2a-1, (-1 \leq a \leq 1)$ で表わし，商品Aが選ばれる確率を(2.1)式に基づき次式で与える．

$$p = \frac{1}{1+\exp\{-(2a-1)/\lambda\}} \tag{2.3}$$

同じ商品が選択されるたびに，その商品に対する個人の効用は ∇V 増加するとし，次の時点で商品を選択するときの(2.2)式の効用の差を次式で与える．

$$(2a-1) \pm \nabla V \tag{2.4}$$

個人は，二つの商品の効用の差に基づくこと以外に，周りの人はどちらを選択するかをも考慮するとする．そして，どちらを選ぶかは確率的に決まるとし，商品Aが選択される確率を次式で与える．

$$q = \alpha p + (1-\alpha)S \quad (0 \leq \alpha \leq 1) \tag{2.5}$$

S は，N人の消費者の中で商品Aを選択する人の割合，α は自らの効用に基づき選択する度合いを表し，1に近いほど効用の差に基づき合理的に選択する傾向が強く，0に近いほど周りの動向と同じ選択をする傾向が強まる．

消費者全体の効用の差の分布を，$2a-1=0$ をピークにもつ正規分布型で与え，最初は約半数の消費者は商品A，残りの半数はBの方を選好しているとする．各消費者はどちらかの商品を選択した後，(2.4)式に基づき効用を変更し，(2.5)式の選択確率に基づき選択を繰り返す．このとき，商品Aが選択される確率の推移を図2.3に示す．

自らの効用に基づき選択する度合いの強さ α によって，次のような特徴が現

れる．

(1) $\alpha=1$ のとき（図2.3a）：N人の消費者は商品Aを選択する確率が$q=0$と$q=1$の二つのグループに分かれる．すなわち，必ず商品Aを選択するグループと商品Bを選択するグループとに分かれる．

このケースで注目すべき点は，集団全体で見るとAが選択される確率は$q=0.5$と変化しない点である．つまりマクロ的に観察すると，商品AまたはBを選択する二つのグループに分かれるが，ミクロ的に調べると個人の選好が大きく異なる極化した二つのグループの存在を見落とすことになる．

(2) $\alpha=0.5$：このときは，N人の消費者の多くが必ず商品Aを選択するケース（図2.3b）と反対に多くが商品Bを必ず選択するケース（図2.3c）がある．すなわち，当初は商品AとBをそれぞれ選好する消費者が半数ずついるが，選択を繰り返す中で，周囲の動向を個々の選択に反映させる結果，最終的にはほぼ全員の選択が一致するようになる．

このことから，個人の習慣は集団の中で形成されるといえよう．特に，個人の選択が周りの人の選択から強い影響を受けるとき，多くの人の選択が一致し，いわば"朱に染まれば赤くなる"という傾向が強まる．

2.3　個人の選択と外部性効果

個々に合理的な行為（個人効用の最大化）の集約が社会的に最適解につながるのは，市場の働きによるものである．市場メカニズムの下，経済財の取引や資源配分が最適に行われるためには，個人あるいは組織（経済主体）の行為が他の経済主体の行為に影響を及ぼさないということが前提になる．ところが，経済主体間にはさまざまな相互作用があり，それらの影響を無視することはできない．経済主体同士の相互作用が生む影響を外部性（externality）というが，それは正と負の外部性に分けられる．

(i) 正の外部性：経済取引に参加しない人が，他の人が取引することで生む便益を何らかの形で享受できることをいう．正の外部性があるとき，人々の行為の総和（取引の総量）は社会的に最適な水準よりも過小になる．

第 2 章 個人の行為

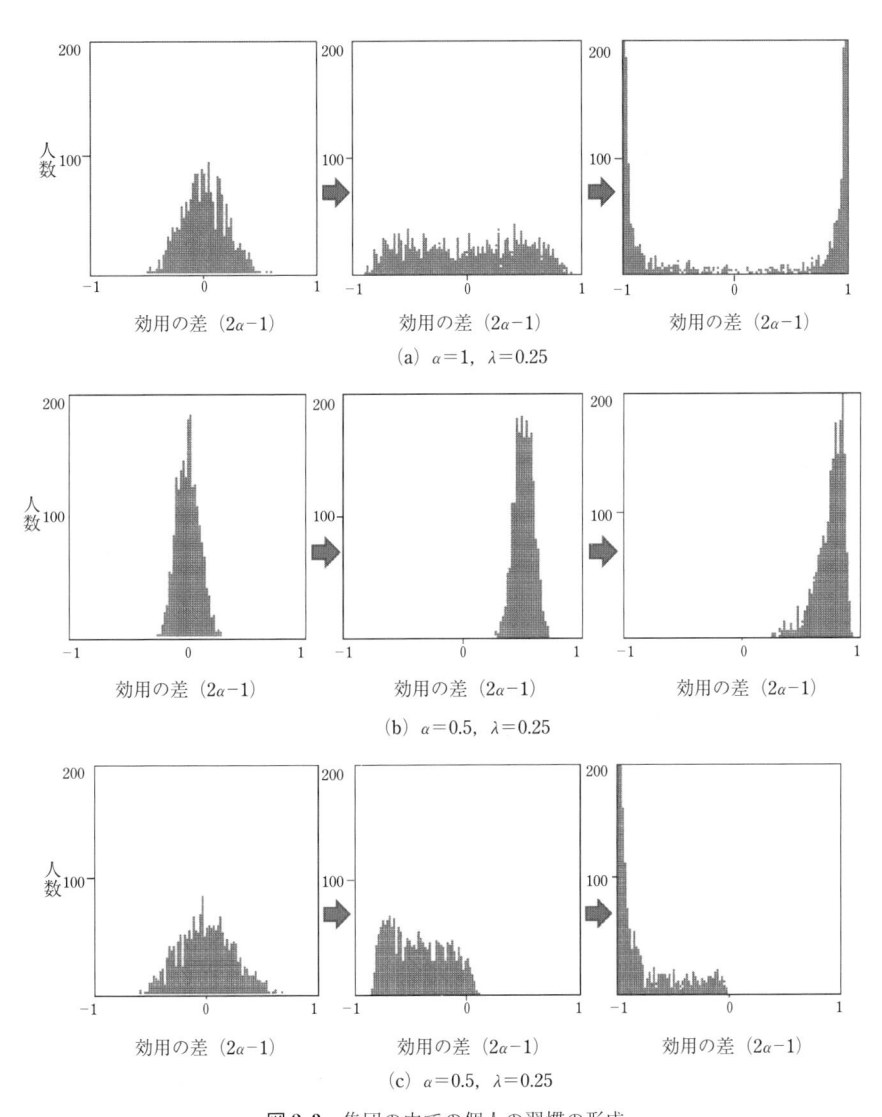

(a) $\alpha=1$, $\lambda=0.25$

(b) $\alpha=0.5$, $\lambda=0.25$

(c) $\alpha=0.5$, $\lambda=0.25$

図 2.3 集団の中での個人の習慣の形成

(ii) 負の外部性：経済取引に参加しない人が，他の人が取引をすることで生むコストなどを負わされることをいう．例として，環境汚染や交通混雑などがある．負の外部性があるとき，人々の行為の総和は社会的に最適な水準よりも過剰になる．

同じ商品を利用する人が増加すると，ますます利便性が増し，商品価値が高まることがある．また，同じ商品を所有する人が増すと，その商品が話題にのぼる機会が増し未購入者にも良い影響を与えるため，購入者は増加していく．商品が売れ行きを伸ばすのは，その商品に正の外部性が働くのか，あるいは周りの人の影響を受け易いという個人の心理的特性が働くのかを見極めることは難しい．実際には，両方の影響が絡み合っていることが多い．

正または負の外部性が働くとき，全体の選択（マクロ）から個人の選択（ミクロ）に働く，正または負のフィードバックとして表わすことができる．

(1) 正のフィードバック

商品の普及やファッションなどの流行の根底には，個人の選択行為がある．個人が購入する際に考慮するのは，その商品の便益や価格である．個人の便益が他者の選択行為に依存するとき好循環関係が生まれることを，簡単なモデルを使って見ていく．

消費者は，次の二つのどちらかを選択する．

　　選択肢1：商品Aを購入する．　　　　選択肢2：商品Bを購入する．

ここで，二人の消費者の間に次のような関係が成り立つ．二人とも同じ商品を購入するとき，便益と価格の差である効用は正である．どの商品で二人の選択が一致したかによって，両者の効用は異なり，商品Aを一致して選択した場合は a，商品Bを選択した場合は b とする．また，お互いに別々の商品を選択したときの，両者の効用は，ゼロとする．そして，二人の消費者の効用を表2.1に表わす．

表2.1の効用の関係は，N人の消費者に拡張できる．個々の消費者は，表2.1の下，$N-1$人の選択を一人の消費者の選択として集約して考える．そして，商品Aを購入する人の割合を p と予想するとき，個々の消費者の合理的な

第2章　個人の行為

表2.1　二人の消費者の効用

消費者1 \ 消費者2	商品A	商品B
商品A	a , a	0 , 0
商品B	0 , 0	b , b

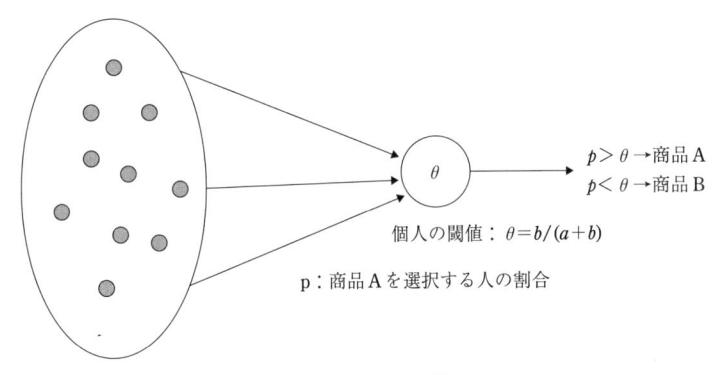

図2.4　個人の合理的な選択ルール

選択は次式で与えられる．

$$\begin{align}&\text{(i)}\ p>\theta(=b/(a+b))\ \text{のとき，商品Aを購入}\\&\text{(ii)}\ p<\theta\ \text{のとき，商品Bを購入}\end{align} \tag{2.6}$$

すなわち，個々の消費者の合理的な選択は，商品Aを選択する人の割合（p）と商品AとBの効用の比 $b/(a+b)=\theta$ の比較によって決まる．個人の合理的な選択ルールを図2.4に表わすが，個人と全体の選択の関係は好循環となり，商品Aを購入する消費者の割合 p が増すと購入者がさらに増すという構図になる．

このとき，全体の選択は商品AまたはBのどちらに向かうかを調べるために，N 人の消費者が選択を繰り返す状況を想定する．ある時点で商品Aを購入する人の割合 p が効用の比 θ より大きくなると，次の時点では全員が商品Aを購入する．一方で，p が θ より小さいときは，次の時点では全員が商品Bを購入する．このようにして，片方の商品に好循環の作用が働くときは，もう一方の商品には悪循環の作用が働くことになる．

個人の選択に対して全体の選択から正のフィードバックが働くとき，人々の選択は集中する．個人の商品Aに対する効用が商品Bの効用よりも高いとき，全員が商品Aを購入することは，消費者全体の効用の総和が最大になるという意味で最も望ましい．このとき，個々に合理的な選択の集約は全体の最適な解につながる．ところが，最初の段階で商品Bを購入する人が多いときには，全員効用の低い商品Bを購入することになるので，個々に合理的な行為の集約は全体にとって最適な状態にはならない．

(2) 負のフィードバック

次に，個人の選択に全体の選択から負のフィードバックが働く例を取り上げる．いつの時代にも，人々の行為が集中してしまう混雑問題には悩まされてきた．一方で人々の選択を分散させる問題は，人々の力を結集させる問題と比較して，その解決が大変難しい．

図2.5に示すように，二つの地点を結ぶ二つのルートAとBがあり，目的地までの所要時間は，ルートAの方が短いとする．もし多くの人が所要時間の短い方を選ぶならば混雑によって所要時間は増加するので，ルートAを選択することは合理的ではない．個人の合理的な選択は他の人の選択に依存して決まる状況を，N人による経路選択問題として表わす．同じルートを選択する人の割合が増すと目的地までの所要時間は増加することを反映して，個人の効用（利得）を次式で与える．

$$V_1 = a(1-p)：\text{ルートAを選択したとき}$$
$$V_2 = bp：\text{ルートBを選択したとき}$$
(2.7)

aは，個人一人がAを選択したときの効用，bは個人一人がBを選択するときの効用を表わす．Aを選択する人の効用は，同じ経路を選択する人の割合が増加すると減少するのは，混雑は個人に不利益をもたらすからである．一方で，混雑が避けられることで個人の効用は増すので，Bを選択する人の効用はAを選択する人の割合に比例して増加する．

個人がそれぞれの経路を選択したときの効用を，Aを選択する人の割合pの関数として図2.6に示す．個人がAまたはBを選択しても効用に差がなくなる

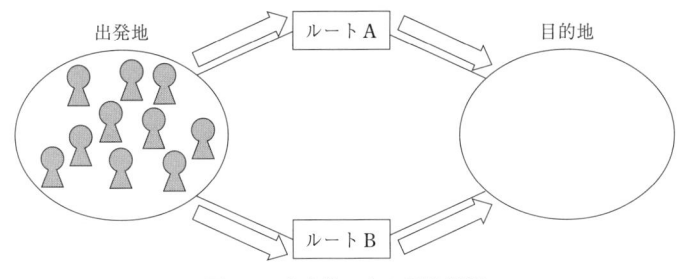

図2.5 多人数による経路選択

状態は，Aを選択する人の割合 p が図2.6の交点として求まる．

$$p = a/(a+b) \equiv \theta \tag{2.8}$$

個人の合理的な選択は，Aを選択する人の割合 p と(2.8)式の θ （AのBに対する相対的な優位性）の関係から次のように求まる．

(i) $p < \theta$ ならば，ルートAを選択
(ii) $p > \theta$ ならば，ルートBを選択 (2.9)

経路選択問題では，個々の選択には全体の選択から負のフィードバックが働く．このとき，全体の選択がどのような状態に向かうのかは，次のように求まる．Aを選択する人の割合が θ （図2.6の交点）よりも少ないときには，Aを選択する人が増え，θ よりも多いときには減少する結果，全体の選択は θ に向かい，そこで均衡する．

Aを選択する人の割合が θ，Bを選択する人の割合が $1-\theta$ となる状態は，個人の効用を等しくし，ゲーム理論ではナッシュ均衡解という．全体にとって最適な解を，全員の効用の総和（または一人あたりの平均効用）を最大にする解として求める．Aを選択する人の割合が p のとき，一人あたりの平均効用は，AとBを選択する人の効用の重みづけ平均として次式で求まる．

$$E(p) = pV_1 + (1-p)V_2 = (a+b)p(1-p) \tag{2.10}$$

以上の一人あたりの平均効用が最大になるのは，$p = 0.5$ のときである．

図2.6からもわかるように，ルートAとBを選択したときの個人の効用が異なるとき，個々に合理的な選択を集約しても（ナッシュ均衡解），全体の最適解にはならない．特に，個人のルートAに対する効用が大きく，$a > b$ のとき，

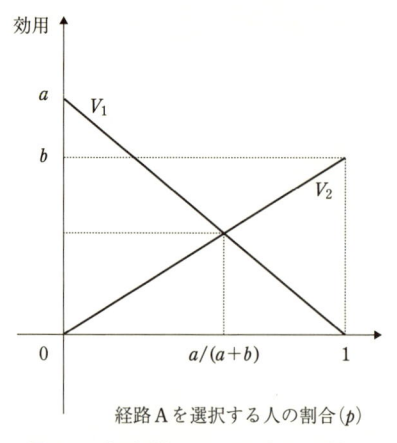

図 2.6　経路選択における個人の効用

$p=a/(a+b)>0.5$ となり，個々の最適な均衡状態においてAを選択する人の割合は全体の最適解での割合（$p=0.5$）よりも多くなる．

　個々に合理的な選択をするとき，どちらのルートを選択しても効用が同じになる状態で均衡するので，全員の効用は等しくなる．一方で，全体の最適解（$p=0.5$）においては，個人の効用は，どちらのルートを選択するかによって異なるので，全体にとって最適な解は不平等な状態を作り出す．

　以上をまとめると，個人の合理的な選択を集約すると一人ひとりの効用が等しい平等な状態で均衡するが，それは全体の最適な解ではない．一方で，全体に最適な解では，個人の効用に差が生じて不平等な状態になる．そして，全体の最適性（効率性）と平等性の条件を同時に満たすことは，一般には困難である．

2.4　個人の選択と社会的影響力：現状維持の力

　個人が何かを選択しようとするとき，周りの人から影響を受けることは少なくない．隣接している複数のレストランの客の入りを比較すると，一方のレストランでは多くの客が長蛇の列を作って待っているが，もう一方のレストランの客の入りはまばらで，閑古鳥が鳴く状態という光景は，よく目にする．誰で

も，美味しい店を選びたいと考える．長い行列ができているのは，同じように考えて選択した人たちの表われであると考え，長時間待たされることを覚悟して行列に加わる人が多いために，待ち行列はさらに長くなる．

　個人が他者の行動を模倣するのには，いくつかの理由が考えられる．まず，他者から情報的影響あるいは規範的影響を受けるからである．情報的影響を受けるとき，レストランの選択のように他者の行動には何らかの根拠があり，その人たちと同じ行動をとるようになる．模範的影響を受けるとは，周りの人の期待に応じる，あるいは暗黙の了解事項に合わせようとすることである．多くの人は事前の申し合わせがなくても式典などに同じ服装で現れる．受験に臨む人は似た服装で面接会場に現れ，振る舞いなどにも共通性が見られるのは，模範的影響によって説明できる．周りの人と異なる服装や行動をとることで特別な視線で見られることを避けたいという気持ちが働くとき，個人は模範的影響を受けることになる．

　個人は，自分の考えや行動の妥当性を確かなものにするために，他者の意見や行動を参照する．このとき，自分の意見や行動に類似している人が選ばれるとは限らない．自分が優れていることを確認したいという動機が強く働くときには，自分よりも劣った人たちを選ぶ．このときにも他者から影響を受ける．

　個人と社会の関わり方は，他者との関わり合いを含めて，相互補完的である．個人の選択（ミクロ行為）は，その人の選好，経験や心理的な要素によって決まるが，社会の選択（マクロ行為）にも規定される．すなわち，個人が何かを決めようとするとき，周りや社会の動向を考慮する．個人の選択したことが集約され社会の選択を決定づけるが，それは逆向きの作用として個人の選択を規定する．本節では，前節に引き続き個人と社会の関わり方について見ていく．

　社会が持続的に発展していくためには，社会経済を先導するイノベーションが不可欠である．イノベーションが普及するかどうかは，そのイノベーションのもつ価値だけでなく，社会がどのように受け入れるかによって決まる．長い歴史をたどると，さまざまなイノベーションが生み出されてきたが，社会に受け入れられることに成功したのはわずかで，社会に浸透することなく失敗したものは圧倒的に多い．成功したイノベーションでも，社会に浸透するまでに長

い年数を要している．イノベーションの普及は，大多数の人は既存のものを採用しており，それを習慣化しているという状態を打破しなければならない．したがって，前節で扱ったように，複数の商品が対等な立場にあって，どの商品が勝ち残るかという問題とは，本質的な違いがある．

ここで，イノベーションの普及の問題を社会的影響力を受けながら個人の選択として扱う．一人ひとりには現状維持という力が働く中，イノベーションが伝統という壁を打ち破るための条件などについて調べる．各人は，次の二つの選択肢をもっている．

選択肢1：新方式を採用する．　　選択肢2：旧方式を継続する．

新方式を採用するときの個人の効用を V_1，旧方式を継続するときの個人の効用を V_2 で表わし，その差を $-1 \leq V \equiv (V_1-V_2) \leq 1$ と正規化する．

本章の1節の個人の選択モデルを拡張し，個人の選択は自らの効用と全体の選択の両方から決まるとする．具体的には，N人の消費者の中で新方式を採用する人数を M で表わし，旧方式を採用している人数との差 $(M-(N-M)=2M-N)$ を Nで割った，$2S-1(-1\leq(2S-1)\leq1)$ を社会的影響力と定義する．$S(=M/N)$ は，新方式の普及の割合を表わし，新方式が普及していないとき $(S \cong 0)$ は，社会的影響力は -1 に近くなるので，個人には旧方式の継続という力が強く働く．一方で，イノベーションが普及し始めると，一人ひとりには正の社会的影響力が働くようになるので，イノベーションは普及していく．

旧方式と新方式の効用の差と社会的影響力の重みづけ平均として，個人の効用を次式で定義する．

$$U = \alpha V + (1-\alpha)(2S-1) \tag{2.11}$$

そして，個人のイノベーションの採用確率を次式で与える．

$$q = \frac{1}{1+\exp\{-U/\lambda\}} \tag{2.12}$$

この式は，図2.1のロジットモデルと同じである．

イノベーションを採用する人が少ないときは，新方式を採用しない方向に社会的影響力は働く．図2.7には，個人が普及率だけで判断して選択する

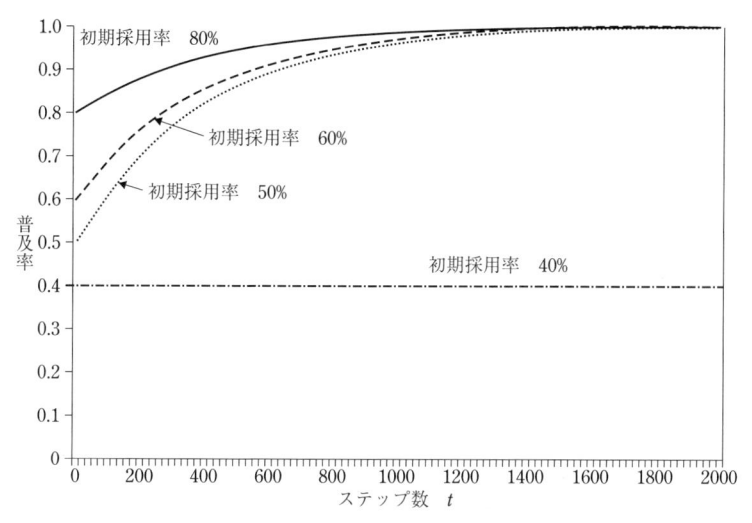

図2.7 個人の選択が普及率だけに依存して決まる場合

($\alpha=0$)ときの社会の選択(普及率)を,初期段階で採用する人の割合を変えて示すが,初期段階で採用する人の割合が約50%以上でなければ,イノベーションは普及しないことを示している.一人ひとりに現状維持の力が強く働くとき,普及に成功するには,イノベーションに対する個人の効用が極めて高いこと,また,一人ひとりの選択が社会的影響を受けることなく,そして

$$V \equiv (V_1 - V_2) \geq (1-\alpha)/\alpha \tag{2.13}$$

の条件を満たすことが必要である.

個人の"採用しない"という選択がもつ意味合いは,次の二つのタイプに分けることができる.一つは,選択するという行為を行わない,"見送り"である.そのような個人の見送りは他の人の選択に影響を与え,"現状維持の力"を強化する方向に働く.このタイプは,ハイテク技術を搭載した製品や他に代替が存在しない商品の選択行為である.もう一つの"採用しない"は,類似した機能などをもつ商品を選択する代替策による見送りである.携帯電話のように,複数の競合する商品の間での選択行為は,このタイプである.このとき,選択された商品に対する個人の選好は強化されるが,そのことは他者の選択に影響を及ぼすことはあまりない.

2.5 合理的な推論と情報カスケード

個人は"なぜ他者に同調するのか"という問いに対して，さまざまな答えがある．個人は他者からの影響を受け易い，全体を支配している雰囲気や傾向に迎合し易いなど，個人心理に基づく解釈がある．一方で，個人は他者行動から合理的な方法で学習する結果，同調してしまうという解釈も成り立つ．

私たちは，最適な選択をするために必要とする情報をすべて集められるわけではない．そのために，他者から学ぶことは多い．特に不確実な状況においては，先行して行動した人から有用な情報を得ることができる．他者から積極的に学ぼうとすることは，動物の世界でも多く見られる．

連なった小さな滝のことを，カスケード（cascade）という．そして，個々に異なる情報をもつ人たちの行為が同じ方向に引き付けられていくことを，カスケード現象という．不確実な状況において，一人ひとりが他者行動を観察して得た情報を使って合理的な方法で推論する結果，個々の情報が反映されることなく全員が同じ選択をしてしまう現象は，情報カスケード（information cascade）として知られている．

地震，津波，台風による大洪水などの自然災害は，毎年のように起きている．自然災害が起きるたびに，政府や地方自治体はさまざまな対策を講じる．個人レベルでも，災害保険に加入するなど万一の場合に備えることはできる．しかしながら，自然災害に備えるための保険の加入率は極めて低い，というのが現実である．四塚朋子の報告によると，阪神・淡路大震災の際の損害額は約10兆円であったが，支払われた保険金は3000億円，地震保険に限れば，783億円であったとされる．このように地震保険の世帯加入率は3％未満と極めて低い水準であった主な理由として，補償内容と比較して保険料が割高であったことがあげられる．さらには，多くの人は自然災害などのリスクに遭遇する可能性は低いと楽観視していたと，四塚朋子は報告している（四塚，2008）．

個人がリスクに備えて保険に加入するかどうかを判断する際に，周りの人の動向は重要になる．周りの多くの人が保険に加入するようになれば，個人は加

入しようとするが，未加入者が多ければ加入しないを選択することを，モデルをとおして見ていく．

世帯主をN人とし，世帯毎に災害に備えての保険に加入しない，あるいは加入するを選択する．

　選択肢1：保険に加入しない．　　　選択肢2：保険に加入する．

保険のコスト（保険料）を$c(0<c<1)$，災害が起きたときに支払われる保険金をθとする．それぞれの選択肢の下，個人（世帯毎）の利得は決まり，保険に加入しないときの利得V_1はゼロで，保険に加入するときの利得V_2は次式で求まる．

$$V_2=\theta-c \tag{2.14}$$

保険期間中に災害が起こるかどうかはわからず，保険に加入するときの利得は確率的になる．ここで，保険金θを確率変数とし，$\theta=1$（保険期間中に災害が起きる）または$\theta=0$（災害は起きない）の2値をとるとする．すなわち，保険期間中に災害が起きれば個人は保険金1を得て，災害が起きなければ保険料が損失（$-c$）となる．

災害が起きない確率と起きる確率は等しく，0.5とする．すなわち，

$$p(\theta=0)=p(\theta=1)=1/2 \tag{2.15}$$

個人の選択を2値変数x（保険に加入しないを$x=0$，保険に加入するを$x=1$）で表わすと，この選択問題での利得関数は次式で表わせる．

$$U(x,\theta)=(\theta-c)x \tag{2.16}$$

この利得関数の期待値は，θの生起確率が等しいので次式で求まる．

$$E(U(x,\theta))=1/2-c \tag{2.17}$$

各人は，自然災害が起こることに関する情報を個々にもっており，それをs（個人の信念ともいう）で表わす．その情報は，保険の加入期間中に災害は起こらない（$s=0$），あるいは起きる（$s=1$）の2値とする．そして，$s=0$をもつ人を楽観者，$s=1$をもつ人を慎重な人とし，N人の世帯主には楽観的な人と慎重な人とが半数ずついるとする．そして，一人ひとりが個人情報（信念）に基づき合理的な選択をするならば，保険に加入しない人と加入する人とに半数ずつ分かれる．

個人がもつ情報の信頼性は高いとし，保険期間中に災害は起きないとき（$\theta=0$），楽観的な人（$s=0$）がもつ情報の信頼度を次の条件付き確率 q で表わすとき，慎重な人（$s=1$）がもつ情報の信頼度 $1-q$ よりも高い値とする．すなわち，

$$P(s=0|\theta=0)\equiv q>0.5 \quad (P(s=1|\theta=0)=1-q) \qquad (2.18)$$

同じように，災害が起こるという条件の下（$\theta=1$），慎重な人の情報（$s=1$）の信頼度を q で表わすとき，それは楽観的な人（$s=0$）の情報の信頼度 $1-q$ よりも高いとする．すなわち，

$$P(s=1|\theta=1)\equiv q>0.5 \quad (P(s=0|\theta=1)=1-q) \qquad (2.19)$$

(2.16)式の期待利得は，それぞれの個人情報を反映させると次のように求まる．$s=1$ をもつ慎重な人の期待利得は，次式に修正される．

$$E(U(x,\theta)|s=1)=P(\theta=1|s=1)-c=q-c \qquad (2.20)$$

同じように $s=0$ をもつ楽観的な人の期待利得は次式で求まる．

$$E(U(x,\theta)|s=0)=P(\theta=1|s=0)-c=(1-q)-c \qquad (2.21)$$

個人情報の信頼度 q の値が保険コスト c よりも大きいとすると（$q>c$），

 (i) 慎重な人は保険に加入をする （$x=1$），

 (ii) 楽観的な人は保険に加入しない （$x=0$）．

ことが，それぞれ合理的な選択になる．

不確実な状況では，ベイズの定理を使った推論（学習）に基づく方法がある（補足ノート 2-2）．この例では，保険に加入するかどうかを先行して判断した人たちの行為から情報を得て，災害の発生確率を推論することである．そして，保険に加入した人を慎重な人，保険に加入しなかった人を楽観的な人とみなして，期待利得を再度計算する．保険期間中に災害が起こるかどうかの見積もりを，時点 t までに選択した人の情報を反映した事後確率として次式で表わす．

$$P(\theta=1|X_t)=\lambda_t \qquad (2.22)$$

$X_t=\{x_1,\cdots,x_t\}$ は，t 番目までに選択した人の選択を表わす．この条件付き確率は，楽観的な人が一人加わると増加し，慎重な人が一人加わると減少する．そして，前に選択した人が連続して保険に加入すると，その後に選択する楽観的な人にとって保険に加入することは合理的な選択になる．そのために，それ

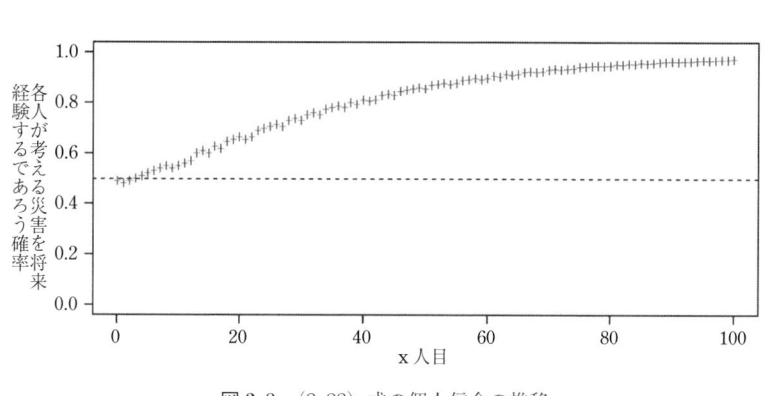

図2.8 (2.22) 式の個人信念の推移

以降は，全員が保険に加入するようになる．これとは反対のことも成り立つ．すなわち楽観的な人が二人以上続き保険に加入しないと，その後に選択する慎重な人にとって，保険に加入しないことが合理的になり，それ以降は，誰も加入しないようになる（補足ノート2-3）．より具体的には，

(ア) 個人情報 $s=0$ をもつ楽観的な人にとって，保険に加入する人が二人以上続くと，加入することが合理的な選択になる．そして，それ以降は，個人情報に関係なく全員が保険に加入するようになる．逆に，

(イ) 個人情報 $s=1$ をもつ慎重な人は，保険に加入しない人が二人以上続くと，保険に加入しないことが合理的な選択となる．そして，それ以降は，個人情報に関係なく誰も保険に加入しなくなる．

(ウ) 上記以外の場合，個々の情報に基づき合理的な選択をし，悲観者は加入し，楽観者は加入しない．

人数が多くなるとき，(ウ)の状態にとどまる確率はゼロに近いことから，ある時点以降は，全員保険に加入をする，あるいは誰も加入しない状態になる．図2.8には，(2.22)式の災害が起こる見積り（各人の信念）が推移していく様相を示す．

将来のリスクに対して，個人は何らかの手がかりとなる情報を他者から得て，合理的な方法で対処しようとする．その結果，個人情報が全く反映されなくなり，多くの人が楽観的に考えてしまい保険に加入しないということが起こり得

る．

　一人ひとりが他者から学ぶとき，個人の信念が歪められてしまうために，集団や組織の多様性を生かしきれず，劣悪な結末を招くというパラドックスを説明するためにも，情報カスケードのモデルは用いられる．株式市場などでは，投資家が個々に判断をするならば，楽観者は投資をし，悲観者は投資をしない．ところが，多くの投資家が他の投資家から学ぼうとする結果，全員買いに走り株価は一気に上昇する．反対に，全員が売りに走り株価は大幅に下降するという局面が多くなる．

　一人ひとりは合理的な方法で対処しており，カスケードが起きていることに誰も気づかないで，後になって全員が誤った選択をしてしまった悲劇に気づくことになる．情報カスケードは，ラチェット効果にも似ている．ラチェットとは，一方向のみにしか回らない歯車のことで，一旦それが回ってギアが上がってしまうと再び元には戻らない．あるプロセスが，ある特定の方向に動き出すと後戻りできないことを，ラチェット（歯止め）効果ともいう．

　インターネット上での意見交換などには，"サイバー・カスケード"として知られる特異な現象も指摘されている（補足ノート 2-4）．私たちは多くの情報を集め，いわば情報の洪水の中で日常の生活をしている．そのため，他者から影響を受け易くなっていることで，カスケード現象が起き易くなっている．

補足ノート 2-2　ベイズの定理

ベイズの定理は，多くの分野で使われている確率に関する基本定理の一つである．

(1) 同時確率と事後確率

二つの確率的事象AとBが同時に発生する確率．
$$P(A, B) = P(A|B)P(B)$$
AとBが同時に起こる確率は，Bが起こる確率 $P(B)$ とBが起きた条件の下でAが起こる確率 $P(A|B)$ を乗じた値で求まる．

(2) 全確率の公式

$C_1, C_2, \cdots, C_n$ を個々に独立した確率事象で，$\sum_{i=1}^{n} p(C_i) = 1$ のとき，
$$p(A) = \sum_{i=1}^{n} p(A|C_i)$$

(3) ベイズの定理

通常は，原因Bの下で結果Aが起こる可能性を確率 $P(A|B)$ として求めるが，ベイズの定理は，この条件つき確率を逆転して $P(B|A)$ を求めるもので，逆確率ともいう．ベイズの定理によって，結果からその原因がどこにあったのかを推定できるため，医療などを含むさまざまな分野で使われている．

ベイズの定理は，イギリスの牧師ベイズ（T. Bayes）によるもので，次のようにして逆確率が求まる．

・$P(B)$：事象Bが発生する確率（事前確率という）．
・$P(B|A)$：事象Aが起きたという情報の下で事象Bの確率（事後確率という）．

そして，ベイズの定理によれば，
$$P(B|A) = \frac{P(A|B)P(B)}{P(A)}$$
が成り立つ．

(4) ベイズの定理の活用

営利目的のメールを無差別に大量配信する迷惑メールを，スパム（spam）という．迷惑メールが用いる決まり文句の一つが，"open the attachment file"（添付ファイルを開いて下さい）である．

A：受信したメールの中に "open the attachment file" が含まれている．
B：受信したメールは，spam（迷惑メール）である．

このとき，事象Aが起きたという情報の下で $P(B|A)$ を求め，事前確率 $P(B)$ がどの程度高まるかを求める．

受信したメールの10％は，迷惑メールであることが経験的にわかっているとする．また，迷惑メールの5％は，決まり文句 "open the attachment file" を使うとする．また，迷惑メールでない0.5％のメールにも "open the attachment file" が含まれることが，経験的にわかっているとする．すなわち，

・P("open the attachment file" |spam) = 0.05
・P("open the attachment file" |not spam) = 0.01

ベイズの定理を使うと，

$$p(spam|\text{"open the attachment file"}) = \frac{p(spam)p(\text{"open the attachment file"}|spam)}{p(\text{"open the attachment file"})}$$

また，全確率の公式より，

$$p(\text{"open the attachment file"})$$
$$= p(spam)p(\text{"open the attachment file"}|spam) +$$
$$p(not\ spam)p(\text{"open the attachment file"}|not\ spam)$$
$$= 0.1 \times 0.05 + 0.9 \times 0.01 = 0.059$$

$$p(spam|\text{"open the attachment file"}) = \frac{0.005}{0.059} \cong 0.085$$

したがって，spam（迷惑メール）を受け取る確率は0.05であるが，受信したメールに "open the attachment file" という文章が含まれるとき，そのメールがspam（迷惑メール）である確率は，0.085と高まる．

補足ノート2-3 情報カスケードのメカニズム

(1) ベイズの定理の適用

本文の(2.22)式は，ベイズの定理を用いると次のように求めることができる．
個人行為の集合とその初期値を以下の記号で表わす．

$$X_t=(x_1, x_2, \cdots, x_t), \quad X_0=(\varphi) \tag{1}$$

個人行為の集合が与えられた下での事後確率と初期値を以下の記号で表わす．

$$P(\theta=1|X_t)\equiv\lambda_t, \quad \lambda_0=P(\theta=1|X_0)\equiv P(\theta=1)=0.5 \tag{2}$$

各ステップでの個人行動を次の変数で表わす．

$x_t=1$（保険に加入する）　　$x_t=0$（加入しない）

個人行為の集合が与えられたとき，個人情報 $s=1$ または $s=0$ をもつ人の事後確率をそれぞれ以下の記号で表わす．

$$\lambda_{t+1}^+=P(\theta=1|X_t, s=1), \quad \lambda_{t+1}^-=P(\theta=1|X_t, s=0) \tag{3}$$

個人情報 $s=1$ をもつ人の推測は，ベイズの定理を用いると次のように求まる．

$$\begin{aligned}\lambda_{t+1}^+ &\equiv P(\theta=1|X_t, s=1)\\ &=\frac{P(s=1|X_t, \theta=1)P(\theta=1|X_t)}{P(s=1|X_t, \theta=1)P(\theta=1|X_t)+P(s=1|X_t, \theta=0)P(\theta=0|X_t)}\\ &=\frac{\lambda_t q}{\lambda_t q+(1-\lambda_t)(1-q)}\end{aligned} \tag{4}$$

一方で，個人情報 $s=0$ をもつ人の推測は，次のように求まる．

$$\begin{aligned}\lambda_{t+1}^- &\equiv P(\theta=1|X_t, s=0)\\ &=\frac{P(s=0|X_t, \theta=1)P(\theta=1|X_t)}{P(s=0|X_t, \theta=1)P(\theta=1|X_t)+P(s=0|X_t, \theta=0)P(\theta=0|X_t)}\\ &=\frac{\lambda_t(1-q)}{\lambda_t(1-q)+(1-\lambda_t)q}\end{aligned} \tag{5}$$

保険料（コスト）を $c=0.5$ と設定して事後確率を計算し，情報カスケードが起こる条件を調べる．

〈ステップ1：$t=1$〉

(ア) 個人情報 $s=1$ をもつ慎重な人

(2.20)式より，保険に加入する．

(イ) 個人情報 $s=0$ をもつ楽観的な人

同じように，(2.21)式より，保険に加入しない．

〈ステップ2：$t=2$〉

(ア) 個人情報 $s=1$ をもつ慎重な人

（ケース1）前の人が加入した場合：$x_1=1$

(2.20)式は次のように変形できる．

$$E(U(x,\theta)|x_1=1, s=1) = P(\theta=1|x_1=1, s=1) - c$$

$$= \frac{P(s=1|x_1=1, \theta=1)P(\theta=1|x_1=1)}{P(s=1|x_1=1, \theta=1)P(\theta=1|x_1=1) + P(s=1|x_1=1, \theta=0)P(\theta=0|x_1=1)} - c$$

$$= \frac{q^2}{q^2+(1-q)^2} - c > q - c \quad (\because P(\theta=1|x_1=1)=q) \tag{6}$$

したがって，保険に加入することは合理的な選択になる．

（ケース2）前の人が加入しなかった場合：$x_1=0$

$$E(U(x,\theta)|x_1=0, s=1) = P(\theta=1|x_1=0, s=1) - c$$

$$= \frac{P(s=1|x_1=0, \theta=1)P(\theta=1|x_1=0)}{P(s=1|x_1=0, \theta=1)P(\theta=1|x_1=0) + P(s=1|x_1=0, \theta=0)P(\theta=0|x_1=0)} - c$$

$$= \frac{q(1-q)}{q(1-q)+(1-q)q} - c = 0 \quad (\because P(\theta=1|x_1=0)=1-q) \tag{7}$$

慎重な人の災害が起こる確率の見積もりは $q>0.5$ であったが，先行する人が加入しないことで，その確率は

$$P(\theta=1|x_1=0, s=1) = 0.5 \tag{8}$$

と低くなって期待利得も 0 になる．このとき，慎重な人は個人情報に基づき，保険に加入する．

(イ) 個人情報 $s=0$ をもつ楽観的な人

（ケース1）前の人が加入した場合：$x_1=1$

$$E(U(x,\theta)|x_1=1, s=0) = P(\theta=1|x_1=1, s=0) - c$$

$$= \frac{P(s=0|x_1=1, \theta=1)P(\theta=1|x_1=1)}{P(s=0|x_1=1, \theta=1)P(\theta=1|x_1=1) + P(s=0|x_1=1, \theta=0)P(\theta=0|x_1=1)} - c$$

$$= \frac{(1-q)q}{(1-q)q+q(1-q)} - c = 0 \quad (\because P(\theta=1|x_1=1)=q) \tag{9}$$

楽観的な人の見積もる災害が起こる確率は $1-q<0.5$ であったが，先行する人が加入をしたことで，その確率は

$$P(\theta=1|x_1=1, s=0) = 0.5 \tag{10}$$

と高まり，期待利得もゼロになる．このとき，楽観的な人は個人情報に基づき保険に加入しないことを選択する．

（ケース2）前の人が加入しなかった場合：$x_1=0$

$$E(U(x,\theta)|x_1=0, s=0) = P(\theta=1|x_1=0, s=0)$$
$$= \frac{P(s=0|x_1=0, \theta=1)P(\theta=1|x_1=0)}{P(s=0|x_1=0, \theta=1)P(\theta=1|x_1=0)+P(s=0|x_1=0, \theta=0)P(\theta=0|x_1=0)}$$
$$= \frac{(1-q)^2}{(1-q)^2+q^2} < 1-q < c \quad \because P(\theta=1|x_1=0) = 1-q \tag{11}$$

保険に加入しないことが合理的な選択になる．

〈ステップ 3：$t=3$〉

(ア) 個人情報 $s=1$ をもつ慎重な人

（ケース 1）前の二人が加入した場合：$x_1=1, x_2=1$
$$E(U(x,\theta)|x_1=1, x_2=1, s=1) = P(\theta=1|x_1=1, x_2=1, s=1) - c$$
$$= \frac{P(s=1|x_1=1, \theta=1)P(\theta=1|x_1=1, x_2=1)}{P(s=1|x_1=1, x_2=1, \theta=1)P(\theta=1|x_1=1, x_2=1)+P(s=1|x_1=1, x_2=1, \theta=0)P(\theta=0|x_1=1, x_2=1)} - c$$
$$= \frac{q^3}{q^3+(1-q)^3} - c > \frac{q^2}{q^2+(1-q)^2} - c > 0$$
$$\left(\because P(\theta=1|x_1=1, x_2=1) = \frac{q^2}{q^2+(1-q)^2}\right) \tag{12}$$

（ケース 2）前の二人のうち一人は加入し，もう一人は加入しなかった場合：$x_1=1, x_2=0$（または $x_1=0, x_2=1$）
$$E(U(x,\theta)|x_1=1, x_2=0, s=1) = P(\theta=1|x_1=1, x_2=0, s=1) - c$$
$$= \frac{P(s=1|x_1=0, \theta=1)P(\theta=1|x_1=1, x_2=0)}{P(s=1|x_1=1, x_2=0, \theta=1)P(\theta=1|x_1=1, x_2=0)+P(s=1|x_1=1, x_2=0, \theta=0)P(\theta=0|x_1=1, x_2=0)} - c$$
$$= \frac{q^2}{q^2+(1-q)^2} - c > q - c > 0 \quad (\because P(\theta=1|x_1=1, x_2=0) = 0.5) \tag{13}$$

（ケース 3）前の二人が加入しなかった場合：$x_1=0, x_2=0$
$$E(U(x,\theta)|x_1=0, x_2=0, s=1) = P(\theta=1|x_1=0, x_2=0, s=1) - c$$
$$= \frac{P(s=1|x_1=0, x_2=0, \theta=1)P(\theta=1|x_1=0, x_2=0)}{P(s=1|x_1=0, x_2=0, \theta=1)P(\theta=1|x_1=0, x_2=0)+P(s=1|x_1=0, x_2=0, \theta=0)P(\theta=0|x_1=0, x_2=0)} - c$$
$$= (1-q) - c < 0 \quad \left(\because P(\theta=1|x_1=0, x_2=0) = \frac{(1-q)^2}{q^2+(1-q)^2}\right) \tag{14}$$

そして慎重な人も保険には加入しない．

(イ) 個人情報 $s=0$ をもつ楽観的な人の場合

（ケース 1）前の二人が加入した場合：$x_1=1, x_2=1$
$$E(U(x,\theta)|x_1=1, x_2=1, s=0) = P(\theta=1|x_1=1, x_2=1, s=0) - c$$
$$= \frac{P(s=0|x_1=1, \theta=1)P(\theta=1|x_1=1, x_2=1)}{P(s=0|x_1=1, x_2=1, \theta=1)P(\theta=1|x_1=1, x_2=1)+P(s=0|x_1=1, x_2=1, \theta=0)P(\theta=0|x_1=1, x_2=1)} - c$$

$$= q - c > 0 \quad \left(\because P(\theta=1|x_1=1, x_2=1) = \frac{q^2}{q^2+(1-q)^2} \right) \tag{15}$$

したがって，個人情報 $s=0$ をもつ楽観的な人も加入する．

（ケース2）どちらか一方は加入し，もう一方は加入しなかった場合：$x_1=1, x_2=0$（または$x_1=0, x_2=1$）

$$E(U(x,\theta)|x_1=1, x_2=0, s=0) = P(\theta=1|x_1=1, x_2=0, s=0) - c$$

$$= \frac{P(s=1|x_1=0, \theta=1)P(\theta=1|x_1=1, x_2=0)}{P(s=0|x_1=1, x_2=0, \theta=1)P(\theta=1|x_1=1, x_2=0) + P(s=0|x_1=1, x_2=0, \theta=0)P(\theta=0|x_1=1, x_2=0)} - c$$

$$= (1-q) - c < 0 \quad (\because P(\theta=1|x_1=1, x_2=0) = 0.5) \tag{16}$$

したがって，保険に加入しない．

（ケース3）前の二人が加入しなかった場合：$x_1=0, x_2=0$

$$E(U(x,\theta)|x_1=0, x_2=0, s=0) = P(\theta=1|x_1=0, x_2=0, s=0) - c$$

$$= \frac{P(s=0|x_1=0, x_2=0, \theta=1)P(\theta=1|x_1=0, x_2=0)}{P(s=0|x_1=0, x_2=0, \theta=1)P(\theta=1|x_1=0, x_2=0) + P(s=0|x_1=1, x_2=0, \theta=0)P(\theta=0|x_1=0, x_2=0)} - c$$

$$= \frac{(1-q)^3}{q^3+(1-q)^3} - c < 0 \quad \left(\because P(\theta=1|x_1=0, x_2=0) = \frac{(1-q)^2}{q^2+(1-q)^2} \right) \tag{17}$$

したがって，加入をしない．以上のことをまとめると，

　個人情報 $s=0$ をもつ楽観的な人も，保険に加入する人が二人以上続くと，加入することが合理的な選択になる．そして，それ以降は，個人情報に関係なく，誰もが保険に加入するようになる．逆に，個人情報 $s=1$ をもつ慎重な人でも，保険に加入しない人が二人以上続くと，加入しないことが合理的な選択になり，それ以降は，誰も加入しないことになる．

2.6 最良のパートナー探し

　数学モデルを使うということは，複雑な現実の現象をモデル化し，抽象化することである．数学モデルを使う利点は，見かけ上異なる現象の背後に潜む共通の原理・法則が，抽象化という手続を通して見えるようになるという点にある．一方で，数学モデルには，厳密性を求めるために限界もある．本節では，数学モデルの限界とそれを補うためのシミュレーションの利点を見ていく．

　結婚相手や職業の選択などは，誰にも共通する重要で悩ましい問題である．このような選択においては，どのような方法で臨むならば最良の人を選ぶことができるのであろうか．この問題は最適停止問題として，応用確率論や意思決定理論の分野で研究されてきた．選択問題の多くは，複数の選択肢を同時に比較検討し，その中から最良のものを選ぶ．最適停止問題では，結婚相手など候補となるべき選択肢は順番に現れ，それを選択または棄却するかを決めた後に，次の代替案が現れる．そして，それまでに棄却したものが後になって優れていることが判明しても逆戻りはできないという，選択問題である．

　結婚相手の選択問題を次のように表わす．
　　1．交際相手として，1人を選びたい．
　　2．交際相手として候補になる人数はN人いることは，既知の情報とする．
　　3．候補者には，自らの選好に応じて順位が付けられる．
　　4．候補者は，ランダムな順序で現れる（したがって，$N!$の並び方がある）．
　　5．面接した後，その候補者を選択するか否かを即座に決定する．
　　6．一度断った候補者を後になって選択することはできない．

　このときの最適なルールは，候補者となる人数（N人）に依存して求まり，約37％の候補者を最初の段階で観察して棄却し，その後に現れた選好が最も高い人を選択することである．このルールに基づくとき，候補者の数Nが十分に大きいとき，最適な人を選択できる確率は約37％であることが知られている．

以上のルールは，数学モデルを使って導くことができる（補足ノート 2-4）．このとき，候補者数が事前にわかっていることが前提になるが，何人との出会いがあるのか，わからないことは多い．また，最良の人を探すには時間やコストが伴うことから，切り捨てるべき人数（約 $0.37N$）が多くなるときには，このことも考慮に入れる必要がある．

一方で，数学モデルにより厳密解を求めるのではなく，シミュレーションによって満足解を求めるという方法がある．ドイツの行動科学研究者トッド（P. Todd）は，シミュレーションにより最も望ましいと思われるルールを次のように求めた．数学モデルと基本的には同じではあるが，最初の段階で切り捨てるべき人数（C）をいろいろな値に設定して，個人の満足度が最も高まる値を求めた．すなわち，あらかじめ設定した人数 C の中で最良の人の次点となる人が $C+1$ 人以降に現れたならば，その人を選択する．このとき，出会える人数（N）は未知として，最良の人と出会える可能性が最も高くなる C の値を求める．

具体的には，最良の人に近いトップ 10% または 25% 以内に入る人を選べた頻度を求め，N が 100 から 1,000 人の範囲ならば，$C=12$（最初に 1 ダースの人を試すというルール）の下，90% 以上の確率でトップ 10% 以内の人を選ぶことができた．このとき，数学モデルに基づく選択ルールと比較して，より望ましい相手を選択する可能性が高かったのである．この方法は多くの人の経験則に基づくもので，いわば"次善を選ぶ"という方法により，結果的に望ましい相手を選べる可能性が高いことを示すものである．最初に，数人または数個を試してみて経験を積み，その後に最終的な選択をするという方法の適用範囲は広い．さらに，シミュレーションによる方法は，多くの人がもつ経験則と類似したルールなどを導くことができるという利点をももっている．

最良の相手探しなどは，一方的な選択だけでなく，相手からも選択されなければならない，双方向による選択である．人と接することなく一人で暮らすのは気楽だが，たいていの人は嬉しくないだろう．人と会うことができない寂しさがある．そこで，友達を探すことになる．幸いにして良い人と巡り会えたなら，次は"相思相愛""片思い""知人"の三択の中から，いずれかになる．さ

らには，意中の人も他の人と関わり合いをもつために，いくつもの関係が誕生することになる．女三人寄れば姦しく，男三人寄ればむさ苦しい．そして，男女三人寄れば，恋も友情も生まれる．同じ異性を好きになってしまったことで，仲の良い二人が争う関係に発展することも少なくない．三人の間で，それぞれの片思いが微妙なバランスを保つ関係もある．シェイクスピアの喜劇には，男装した女性がある男性を好きになってしまう，奇妙な"三すくみ"の物語もある．お互いに利益を得るというのは，"win-win"の関係になることである．仲の良い友人や一緒にいたいと思う人とは，"win-win"の関係になるための秘訣が隠されているはずである．

　パートナーの選択や雇用問題は，どのようなペアがたくさんできるとき，男女共にあるいは労働者と経営者双方の満足度が高まるかという点で共通性があり，これらはマッチング問題として知られている．マッチング問題では，二つのグループに分かれた当事者たち同士で交渉をして誰とパートナーを組むか決める．このとき，同じグループの人とは望ましい相手の奪い合いになり，ライバルの関係になる．一方で，相手グループの人とは，ペアを作るという意味で協力関係になる．一人ひとりは，どのような相手とペアを組みたいのか選好をもっている．当然のことながら，誰でも最も選好の高い相手とペアを組みたいと考えている．ところが，理想とする相手から好まれてないという可能性はある．また，同じグループの人と選好が一致し，お互いに奪い合いになる可能性もある．

　例として，3人の男性A，B，Cと3人の女性a，b，cの間でのマッチング問題を考える．各人の選好は，次のように表わす．

　　　　A：a＞c＞b　　　a：B＞A＞C
　　　　B：a＞c＞b　　　b：A＞B＞C
　　　　C：b＞c＞a　　　c：C＞B＞A

「＞」は，選好順序を表わし，男性Aは女性aを最も高く選好し，次にc，最後にbという順序であることを表わす．最初に，次の組み合わせについて考える．

　　　　組み合わせ 1＝{(A, a)(B, b)(C,c)}

この組み合わせは，全員にとって望ましいであろうか？ 答えはNoである．男性Bと女性aは，それぞれの相手を拒否して，新たにペアになる可能性は高い．次の組み合わせを考える．

　　　　　組み合わせ2＝{(A, c)(B, a)(C, b)}

男性Bと女性aは相思相愛の関係にあるので，二人とも満足である．このとき男性Aは，自分が最も好んでいる女性aは男性Bとペアを組んでいるので，次点のcとペアになるしかない．また，男性Cは最も好む女性bとペアになるので大満足である．一方で，女性の方はどうであろうか？ 女性aは最愛の男性Bと結ばれているので，大満足である．女性bは最愛の男性Aは女性cと次点の男性Bは女性aと結ばれているので，最下位の男性Cとペアを組むしかない．女性cも最愛の男性Cと次点の男性Bとも他の女性と結ばれているので，最下位の男性Aとペアを組むしかない．このことから，組み合わせ2の下では，どのペアも相手とのマッチングを解約して新しくペアを作ることはないので，"安定したマッチング"という．

　安定したマッチングの下では，他の人が相手を変更しない限り，全員が現状の組み合わせに留まるので，個人の合理性に合致した組み合わせ（解）になる．安定したマッチングを求めるには，2012年ノーベル経済学賞を受賞した米国の経済学者シャプリー（R. Shapley）とロス（A. Roth）が考案したDA（Deferred Acceptance）という方法がある．

〈方法1：安定マッチング（DA）〉

　ステップ1　男性は自分の最も好ましい女性にプロポーズする．女性はプロポーズを受けた男性のリストを作成する．女性は，自分の持つリストの中で最も好ましい男性を残し，他の全ての男性からのプロポーズを拒否する．

　ステップ2　拒否された男性は，前のステップで拒否された女性の次に好ましい女性にプロポーズする．女性は新たなプロポーズを受け，リストに男性をつけ加える．そして，各女性は自分の持つリストの中で最も好ましい男性を残し，他の全ての男性からのプロポーズを拒否する．どの男性も拒否されなければ，そこで終了する．そして，以上のステップを繰り返す．

先の例では，最初に，一方のグループ（男性側）から，相手グループ（女性側）で最も望ましい相手に順番にプロポーズする．男性AとBは女性aに，男性Cは女性bにプロポーズをする．このとき，女性aは二人の男性からプロポーズを受けるが，最も好ましい男性Bを残し，Aからの申し出を拒否する．しかしながら，男性Bとはあくまでも仮の契約であり，最終的な受諾ではない．女性bは，最下位の男性Cからのプロポーズであるが，他の男性からの申し出はないので，仮の契約をしておく．これで，第一段階が終了する．

次の段階は，第一段階で断られた男性が，まだ拒否されていない女性に対してプロポーズをする．先の例では，男性Aしか該当者がないので，次点である女性cにプロポーズをする．女性cは誰からもプロポーズを受けていないので，男性Aからの申し出を仮契約する．それ以降の段階では，プロポーズを断り再度プロポーズしなければならない男性はいないので，この時点で全てのプロポーズが正式に受諾され，{(A, c)(B, a)(C, b)}の組み合わせが安定したマッチングとして誕生する．

DA アルゴリズムは，個々の合理性に基づくことで，安定したマッチングを求めることができる．このとき，プロポーズをする側に最も都合が良いマッチングになる．そして，

(1) 男性側がプロポーズをするとき，男性側に最適なマッチングとなるが，女性側にとっては最悪のマッチングになる．

(2) 女性側がプロポーズをするとき，女性側に最適なマッチングとなるが，男性側にとっては最悪のマッチングになる．

なるべく多くの人が便益を甘受できるようになれば，そのことで満足する人も多くなるので，全体の満足度は高くなる．逆にいうと，負ける人が少なくなるわけで，周りの人の満足度が高まる分，不満を訴える人も少なくなる．そう考えると，全員が勝つようになって敗者を作らないことが望ましいといえるが，実際問題として，"全員が勝つ"という状態の実現は不可能である．

次に，一人ひとりが個人の最適性の追求を制限するとき，全体としての満足度が高まることを，DA アルゴリズムを改良した次の方法で見ていく．

〈方法2：妥協に基づくマッチング（MAC）〉

　DAでは，プロポーズを受ける側は，申し出があった場合，それを保留して仮のペアを作り，その後に，より望ましい相手から申し出があった場合，仮のペアを解消して乗り換えることができる．

　このことを制限し，次のような個人の妥協に基づくマッチングを考える．

　プロポーズを受けた側は，プロポーズした相手が最良でなくとも，妥協できる範囲であれば即座にマッチングし，仮マッチング（保留）をしない．このときの妥協レベルは，さまざまな値を設定してシミュレーションを行い，全員の選好（効用）の総和が最も高くなる値として求める．

〈方法3：下位を切り捨てるマッチング（ADA）〉

　DAでは，プロポーズを受ける側は，選好順位の低い相手でも，申し出があれば安全パイとして仮マッチングをする．許容できる最低レベルを設定し，選好順位がそれ以下の相手であれば仮マッチングすることなく，即座に断るとする．このことで即座に断られた相手は拘束されることなく，次善の相手に新たな申し込みができるので，より望ましいペアが多く誕生する可能性がある．

　前の例では，男性AとBは女性aにプロポーズする．女性aは1位のBを保留し，断られた男性Aは次善の女性cにプロポーズするが，女性cにとって男性Aの選好は最下位なので断る．男性Cは，女性bにプロポーズするが，女性bにとって男性Cに対する選好は最下位なので断る．男性Cは，次善の女性cにプロポーズし，女性cにとって最も望む相手からのプロポーズなので保留する．最後まで残った男性Aは，選好は最下位だが他に候補がないので女性bにプロポーズし，女性bにとっても最も望む相手からのプロポーズなので保留する．これ以降は，プロポーズしなければならない男性は残っていないので，誰もプロポーズしなくなり，この時点で保留していたプロポーズは全て正式に受諾され，その結果，{(A, b)(B, a)(C, c)}が誕生する．

　プロポーズを即座に断る閾値は，妥協に基づくマッチングのときと同じように，さまざまな閾値を設定して全体の効用が最も高くなる値として求める．シミュレーションの結果，方法2での妥協値，方法3の即座に断る閾値Cは，男

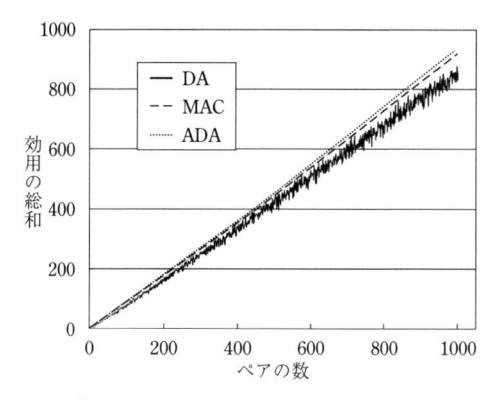

図 2.9 各マッチングロールの下でのペアの効用の総和

性または女性の総数 N の平方根 $C=\sqrt{N}$ として近似的に求まる．この値を使って，1,000 人の男性と女性の集団でのマッチングを行う．相手集団に対する各人の選好を 0~1 のランダムに与える．ペアになった二人の効用の積をペアの効用とし，お互いに最良の相手とペアになれた場合の効用（利得）は 1 になる．ペアの効用の総和を全体の効用とする．各方法の下でのペアの効用の総和を図 2.9 に示す．横軸は個人の効用，縦軸は人数を表し，集団の規模を変えたときの全体の効用を示す．

　DA では，各人は最適なパートナーを見つけようとする．MAC は，最良に近い相手ならば妥協して決める．妥協することは最善のパートナーを見つけるという個人合理性を満たさないが，妥協することは他の人が良いパートナーを見つけることに貢献し良いマッチングが作られ，全体の効用が高まる．さまざまな妥協は，個人の譲り合いの精神に結びつく行為といえる．DA では，望まない相手でも安全パイとして一時的に保留することを許したが，これは個人の都合を優先した考えである．一方で，MAC や ADA では，保留を認めることなく即座に選択する．そして，最良ではなくても満足できる範囲であれば妥協する，あるいは安全パイを確保する行為を制限することは，多くの人の満足度の向上につながる．個人の利己的な行為を制限することは，個人に最適なことと全体に最適なことが一致しない問題の解決には不可欠である．

補足ノート 2-4　最適な停止ルール

　パートナー選択問題での最適な方法は，面接者は最初の $s-1$ 人の応募者をスキップし（最初の頃に出会う人はサンプリング調査の対象とする），その後に，それまでに出会った $s-1$ 人の中で最も印象の良かった人よりも良い人に出会ったならば，その人に決める．一般に，最良のパートナーが $j(s \leq j \leq N)$ 番目に現れる確率は $1/N$ である．また，$j-1$ 番目の応募者 $(r \leq j)$ までに最良の人がサンプル調査対象の最初の $s-1$ 人の応募者までに現れる確率は，$(s-1)/(j-1)$ である．そして，j 番目の応募者が最良のパートナーとして選択される確率は，これらの二つの確率の積 $(s-1)/N(j-1)$ で求まる．このことから，最良のパートナーを選択する確率は，j から N 番目までの確率の総和として次の通り求まる．

$$P(r) = \sum_{j=r}^{n} (r-1)/n(j-1) \tag{1}$$

N が無限大に近づくとして r/N の極限を x，j/N を t，$1/N$ を dt と置き換えると，上の式の総和は次の積分で近似できる．

$$\begin{aligned} P(x) &= (s-1)/N \sum_{j=r}^{N} (1/j-1) = x \sum_{t=r/N}^{1} (1/t) dt \\ &= x \int_{0}^{1} (1/t) dt = -x \log x \end{aligned} \tag{2}$$

この $P(x)$ を最大にする値は，$x^* = 1/e \cong 0.368 (x^* = s^*/N)$ と求まる．したがって，スキップする人数を $s^* = 0.368N$ と設定するのが最適である．このとき，$P(x^*) = 1/e = 0.368$ と求まり，このルールの下で最適なパートナーを選べる確率は，0.368 である．

第3章
集合体としての行為

　個人の行為を決定づけるのは，その人の欲求や動機である．個人に欲求や動機が生じると，それを満たすための行為が生まれる．同じように，個人の集合体としての集合行為の背景には，人々に共通する欲求や動機があるのであろうか？　個人は，周囲の人たちから影響を受けるとともに，周りの人たちに対して少なからず影響を与える．そして，多くの人の行為が相互に強く影響を及ぼし合うときの集合体としての行為は，個人の行為を単純に集約したものとは大きくかけ離れたものになることを見ていく．

3.1　集合行為：群衆行動

　社会学では，さまざまな社会運動，暴動，熱狂的ブーム，パニック行動などを，集合行動として扱う．これらの行動は，一時的なもので急激に変化していくという特徴がある．群集とは，一時的に集合し，やがて散っていく人たちのことである．彼らの多くは，社会に大きな不満を抱き，あるいは特定の社会問題に関心を寄せて群集を形成する．群衆になると，一人ひとりが衝動的になり自制心を失った行動に発展することもある．集合行動の多くは，誰かの命令に基づくことなく一人ひとりの自発的な意思に基づくために，行動が持続される期間は一般に短いが，ときには大きな社会変動を引き起こす．
　フランスの社会学者ル・ボン（G. Le Bon）は，著書『群衆心理』の中で，個人心理に着目して不定形な群集が生まれる条件を明らかにしている．個人は，周りからの目を気にし，また社会的役割や責任感を意識することで，自らの行動を自制している．ところが，群衆の中に身をおくと，周りからの視線から解放され自由な身分になり，社会的役割や責任感から解放される．このように個人は，群衆に身をおくと周りに迎合し易くなる．また，群衆の中では匿名性を

もつために，個人は理性や批判的な精神を失い易く，無意識的に群衆行動に同調するようになる．

ル・ボンは，病原体などが感染していく仕組みを使って，人々の同調現象を説明している．感染（contagion）説では，人々の間で衝動などの感情は感染し易いと考える．そして，多くの人は情操的になり，自分を忘れて行動に加わる傾向が強まり，群集が形成されると考える．人々の間で行動が伝搬する様相を，感染症の流れのように，受け手から新たな受け手へと伝搬していくとしてとらえる．一部の人の先駆的な行動は，特定の感情や衝動を伴いながら人々の間で感染していき，ある一定以上の規模の人が行動に加わるようになると，病原体の感染爆発と同じように，大規模な群衆行動に発展する．

ル・ボンの感染説は，個人は周りの行動に同調し易い心理的な特性をもち，外部からの情報（刺激）が個人の内部へ作用することで，その人の外に向かっての行動が生まれる，という考え方である．このとき，個人には意思や主体性はなく，あくまでも受け身的な存在であるとしてとらえる．群衆行動に限らず，特定のファッションや行動様式，噂，人々の不安などが広まる様相を生物学的な感染という枠組みでとらえることを，社会的感染（social contagion）ともいう．

一方向的に他者から感染するという社会的感染では，うまく説明できない集合行為や社会現象も少なくない．例えば，社会の不安などは，一部の人の不安が他の人に伝わり不安感を抱かせることによって広まっていく．周辺の人の不安が最初に不安を抱いた人に逆向きに伝わるとき，その人たちの不安は一層強まり，個人と周囲の人たちの間での循環作用により自己強化されながら，社会不安は広まっていく．

多くの人の行動が雪崩を打ったように同じ方向に走ることを，バンドワゴン効果（bandwagon effect）という．バンドワゴンとは，行列の先頭を走る楽隊車のことで，人々の行動が一定の方向に仕向けられることを指す．バンドワゴンに乗るとは，時流に乗る，多勢にしたがうという意味でも用いられる．あることが流行しているという情報が流れると，多くの人の関心がその対象に引きつけられ，社会の関心事の集中化が起きる．このときも，個人と全体の間には循環作用が生じ，関心が関心を生むという構造ができて集中化が一層進むことに

なる．

　流行現象も，流行が流行を生むという構図によって説明できるが，その根底には，他者行動を積極的に模倣しようとする個人意思も働いている．誰でも流行していることには高い関心があり，多くの人が採用しているものを模倣しようとする．ドイツの社会学者ジンメル（G. Simmel）は，なぜ人々は流行に引きつけられるのかという問いに対し，周囲の人に合わせようとする"同調"と，他者と差別化を図る"差異化"の二つの相反する個人の欲求から説明している．差異化は，同調への反作用として生まれる欲求で，自分らしさの追求から生まれる欲求でもある．

　ジンメルは，流行現象を主体性のある人々の集合的な選択としてとらえる．個人は，周りの人と同じ物を所有し，また同じ行動をとることで安心感をもつ．一方で，誰ももっていない物をもつとき満足感を味わう．また個人は，他者に同調しようとする欲求をもつ一方で，個性的であることを表現して自分らしさを保とうとする．個人は，同調と差異化という対立する二つの欲求のバランスを図りながら主体的な選択をする結果，流行現象が現れる．このとき，一人ひとりに同調の欲求が働くとき社会の均質化は進み，差異化という反作用によって社会の均質化が避けられる．

　2011年1月チュニジアから始まった中近東諸国の政権交代劇は，ジャスミン革命として知られている．発端は，チュニジアの青年が露店で果物や野菜を販売したところ，無許可営業だとして警察に商品を没収され，これに抗議して2010年12月に焼身自殺をしたことである．この青年の葬儀に集まった群衆がデモ化し，それを阻止した現体制に対して一気に不満が爆発したことがきっかけとなって起きたとされている．独裁者を追放したチェニジアの動きが引き金となり，各国の反政府デモが誘発された．同年2月には，エジプトでは大規模な反政府デモが繰り返し行われ，30年にわたり政権の中枢にあったムバラク大統領は退陣を余儀なくされた．その後，イエメン，ヨルダン，アルジェリアなどの中東・北アフリカの国々に反政府のデモが波及した．

　これらの国々では，長期政権による汚職と腐敗がはびこり，長年非民主主義的な体制下にあった．一連のジャスミン革命において，インターネット（フェ

イスブック，ツイッター，そしてユーチューブの音声動画など）が果たした役割は大きいとされている．群衆は，インターネットを使ってデモ開催などの情報を共有し，各地での暴動に参加した．特に，中近東諸国では国境線は不明確であり，そのような中，同一の宗教や部族，その他でつながりのある多くの人々がソーシャルメディアという新しい情報ツールを介してつながることで，民主化の動きが急速に伝播したのである．

3.2 集合行為：閾値モデル

　私たちは，お互いに無関係に暮らしているのではなく，何らかの関係をもちながら共同の生活をしている．個人が何かをしようとするとき，他者の存在を無視することはできず，他者から目に見えない圧力を受けることも少なくない．また，個人は単独で作業するより，他の仲間と一緒にするとき仕事の能率が高いことは，共同作業による促進現象として知られている．同じ作業をする仲間がいると覚醒効果が生まれ，作業に対する個人の意欲が高まるからである．

　個人の行為が自らの一存で決まることは，あまりない．自分では意識していない人たちを含め，周りの人からさまざまな影響を受ける．特に，個人の行為が，他者が望ましいと考えていることに依存して決まるときには，多くの人の行動が同じ方向に走るようになる．同じ集団や組織に属する人たちの考え方や行動様式が似てくるのは，多くの場合，お互いに暗黙の圧力を及ぼし合っているためである．

　個人は，自分を取り巻く状況を心の中で観察するため一種の"社会的皮膚"(social skin)をもっている．個人の意識の中では自律した存在に憧れ，人に頼らず決断した自分を褒める．一方で，自分が置かれている状況で何が支配的かを察知する．仲間から好かれること，あるいは仲間外れにならないか絶えず気を配りながら，何が状況に適し何が適していないのかを見極める．また，何を主張しても良いのか，何に固執するとまずいのか，どのように行動するとき周りから受け入れられ，どのように振る舞うと周りから孤立するのかを瞬時に判断している．このような個人の周囲に対する配慮は，その人の社会的皮膚によ

って察知され，その人の態度や行動を決定づける．社会におけるさまざまな営みが円滑に行われるのは，個人の社会的皮膚の働きによることが多い．

第2章では，個人の行為を決めるのは，その人の欲求や動機の反映である選好であり，最も高く選好するものを選択することを，個人の合理的な行為として扱った．本節では，個人の行為は，その人を取り巻く周囲の人との相互作用によって決まり，そのことで全体の行為（集合行為）が特徴づけられることを見ていく．

アメリカの政治学者ダウン（A. Downs）は，著書『民主主義の経済理論』で，"合理的無知"という概念を提起している．例えば，個人が選挙で争点となっている政策の本質を理解するためには，専門的な知識を必要とする．一方で，政策に関心をもち，貴重な時間を割いて情報収集をして投票態度を決めたとしても，その人の投票行動は1票分にすぎない．このことから，社会問題に時間をかけるよりは，個人的なことや身近なことに時間を使う方が合理的である．そのために，各候補者の主張の差異や政策的な論点などを詳しく調べようとはしないで，マスコミ等への露出度などによって投票者を決める，あるいは投票に行かないという選択をする．

得られるメリットとコストを考慮し，メリットがコストを上回れば行動をし，コストが高ければ何もしないことは，個人にとって合理的な選択である．その結果，多くの人が一致して劣悪な方を選択してしまうことを，"合理的無知"という．このことを簡単な例を使って説明する．個人の選択肢を次の二つとする．

選択肢1：候補者に関する情報を十分に収集し，熟慮して決める．
選択肢2：候補者の人気度に基づくなど，簡易な方法で決める．

個人の情報収集にはコストcが伴うが，熟慮して決める人が多いとき，コストを上回る便益$a(a>c)$を一人ひとりにもたらす．一方で，多くの人が簡易な方法で決めるとき，現状維持のままであり，便益もコストの負担もない．そして各選択肢の下での個人の利得を以下の式で与える．

$$U_1 = ap - c, \qquad U_2 = 0 \tag{3.1}$$

この式のpは，N人の中で選択肢1を選ぶ人の割合である．各選択肢の下での

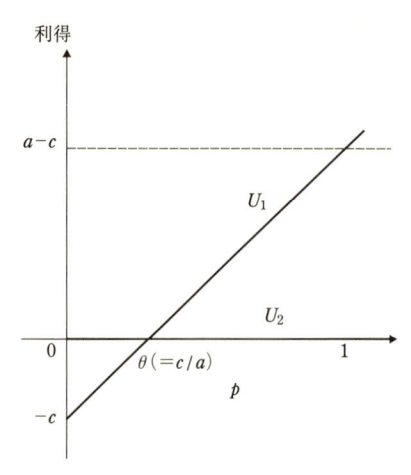

図 3.1 （3.1）式の利得関数

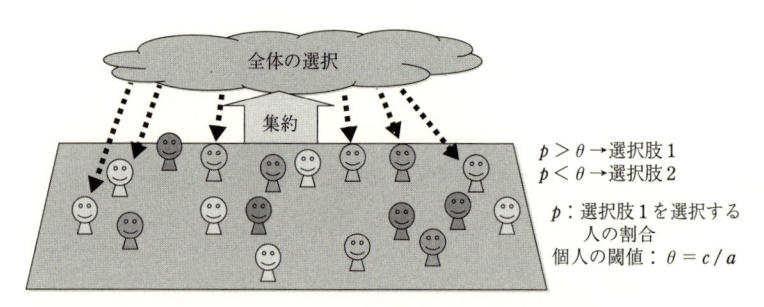

図 3.2 個人と全体の選択の間での好循環的な関係

利得を，p の関数として図 3.1 に示す．個人にとって合理的な選択は，選択肢 1 を選ぶ（熟考して決める）人の割合（p）と熟慮して決めることの便益とコストの比（閾値 $\theta=c/a$）の関係から，以下のように求まる．

(i) $p>\theta(=c/a)$ のとき，選択肢 1，
(ii) $p<\theta$ のとき，選択肢 2． (3.2)

このとき，図 3.2 に示すように，選択肢 1 を選ぶ人が増すと，選択肢 1 を選択する人が増すという構図となり，個人の選択と全体の選択の間には好循環関係が成り立つ．

全員が選択肢 1 を選ぶならば，一人ひとりは利得 $a-c(>0)$ を得る．しかしながら，個人が熟慮して決める人は少ないと予想するとき，選択肢 2 が合理

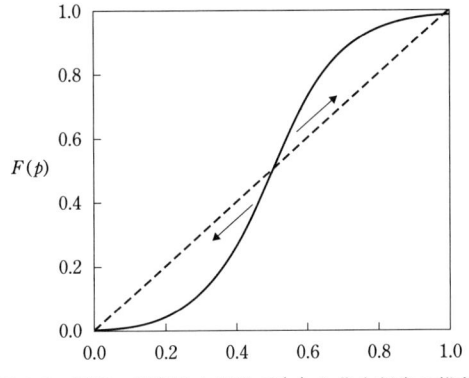

図 3.3 閾値の累積分布関数 $F(p)$ と集合行為の推移

的な選択である．もし多くの人が選択肢 2 を選ぶとき，個人の利得はゼロで，合理性の無知を招くことになる．

アメリカの社会学者グラノベッター (M. Granovetter) は，集合行為の形成メカニズムを閾値モデル (threshold model) を使って説明している．各人はある基準値 (閾値) をもち，行動に参加する人の割合が閾値を超えるとき行動に参加するようになる，というモデルである．閾値モデルは，社会的暴動や社会不満の広まり，新製品やイノベーションが普及していく条件などを調べるために広く使われている．

グラノベッターの閾値モデルを使って，たとえ一人ひとりの便益が異なるとしても合理的な無知を招くことを見ていく．個人によって便益 (a) とコスト (c) は異なるとし，N 人の集団の中で同じ閾値 $\theta(=c/a)$ をもつ人の数を $f(\theta)$ で表わす．これを総人数で割った $f(\theta)/N$ は，同じ閾値をもつ人の割合を表わす．また，閾値が一定の値以下の人が集団に占める割合を次の累積分布関数で表わす．

$$F(p) = \sum_{\theta \leq p} f(\theta)/N \qquad (3.3)$$

各人は，(3.2)式に基づき，集団の中で熟慮して決める人の割合 p と自らの閾値 θ を比較して，どちらかを選択する．ある時点 t において熟慮して決める人の割合が $p(t)$ のとき，次の時点 $t+1$ で熟慮して決める人の割合は次式で求まる．

$$p(t+1)=F(p(t)) \tag{3.4}$$

閾値の分布関数 $f(\theta)/N$ が上に凸の関数のとき，(3.3) 式の累積分布関数 $F(p)$ は図 3.3 に示す S 次型関数になる．図 3.3 において，選択肢 1 を選択する人の割合 p が累積分布関数 $F(p)$ と 45 度の直線が交わる点より小さいとき，左下の端点（$p=0$）に収束し，合理的無知を招くことになる．このように，各人の便益やコストが異なるときも，一人ひとりが熟慮して決める人は少ないと予想するとき，合理的な無知を招くという構図は変わらない．

個人は，短期的そして直接利益となることに対しては高い関心をもつ．一方で，地球温暖化など複雑な社会の問題となると，関心をもつ人は極端に少なくなる．また多くの人は，個人的なことに関しては有益な情報を得るために時間をかけるが，国の政策などを比較検討するために時間をかける人は少ない．そのため，"何もしない"という選択が合理的になり，無知で選択したのと同じ結果になる．多くの社会問題に共通しているのは，個人の行為の成果は小さく，また不確定的であるということである．合理的無知とは，多くの人が無知であるのではなく，個人の英知を結集することによる成果が明らかではないために，無知で選択をした場合と同じ結果を招くことを意味している．

3.3 社会の消費行動

個人が何かを購入しようとするとき，周りの人の評判や売れ筋かどうかを考慮する．このために，個人の消費行動は他の消費者から影響を受ける．本節では，消費者間同士の相互作用によって現われる社会の消費行動の特徴などを簡単なモデルを使って調べる．

個人が商品を購入するとき，周りの人の評判などをあまり気にしないとき，消費者同士の相互作用は弱い．このとき，消費者全体の選択は個々の消費者の選択を集約した結果になる．一方で，個人が社会の動向などを強く考慮するとき，消費者同士の相互作用は強まり，社会の選択は，個々の消費者の選択を集約したものとは大きく異なる，全体としての特徴が現われることを見ていく．

多くの人が同じ商品を購入するとき，その商品の利便性や利用価値が高まり，

さらに多くの人が購入するようになることを，正の外部性という．このとき，売れ筋の商品には好循環作用が働き，さらに売れ行きを伸ばす．ある商品が社会に普及することに成功するのは，競合する商品と比較して性能や価格の面で優れているというより，正の外部性効果が働くかどうかが決め手になる．類似する他の商品との競争の中，ある小さなことがきっかけとなって競争から少し抜け出すことによって，より多くの消費者の関心を集める．そのことに成功した後は，関心が関心をよび，その商品の魅力度がますます増して爆発的なヒットにつながる．このように，勝利は偶然の働きによって決まることが多い．

売れ筋商品の価値が増すのは，外部性効果だけでなく，個人は他者と同じ選択をする傾向が強いという心理的な要因も考えられる．個人の選択における外部性の効果と個人心理の働きを区別することは難しいが，両者の影響が絡み合って個人に作用している．

N人の消費者がおり，各消費者iの選択行為を次の2値変数で表わす．
$$x_i = 1：商品を購入する， \quad x_i = 0：購入しない． \quad (3.5)$$
その商品に対する消費者の価値（購入しても良いと考える商品の上限価格）をw，実際の価格をcとする．消費者価値が価格を上回り$w \geq c$のとき，消費者は購入を決める．

〈ケース1〉個々の消費者は，他の消費者の選択から影響を受けることなく，自らの価値と価格に基づく場合

N人の消費者の価値は個々に異なり，それを正規化し$w \in [0,1]$の範囲で一様分布しているとする．このとき，価格が$c=0$ならば全員購入し，$c=1$ならば誰も購入しない．$c=0.5$のとき，価格以上の価値をもつ半数の消費者が購入する．価格cを0から1の範囲で変化させるとき，製品を購入する人の割合（需要関数）は，価格に対して右下がりの45度直線として求まる．

〈ケース2〉個々の消費者が他の消費者の選択から影響を受ける場合

このケースは，多くの人が同じ商品を購入するとき，その商品の利便性が高まるときである．個人の商品価値は，同じ商品を購入する消費者の割合に比例して増加するとして，消費者iの合理的な選択ルールを以下の式で表わす．

$$x_i = \begin{cases} 1 & w-c+\kappa(\sum_{j\neq i} x_j)/(N-1) \geq 0 \\ 0 & \end{cases} \tag{3.6}$$

$w-c$ を，消費者余剰という．$\kappa(\sum_{j\neq i} x_j)/(N-1)$ は外部性効果を表わし，κ は正の定数とする．また，$\theta \equiv (w-c)/\kappa$ を消費者の閾値と定義する．消費者 i の選択ルールは，購入者の割合 p と閾値 θ の関係から次のように表わされる．

$$\begin{aligned} p \geq (c-w)/\kappa \equiv \theta & \quad x_i = 1 \\ p < \theta & \quad x_i = 0 \end{aligned} \tag{3.7}$$

この選択ルールから，次のことがわかる．

(i) 消費者価値 w が増大する（または価格 c が低下する）と，購入の分岐点である閾値 θ は低くなり，購入する人の割合 p は増加する．

(ii) 購入者の割合 p が増すと，低い閾値の消費者も購入するようになり，購入者はさらに増す．

このとき，個人の選択と全体の選択は好循環関係となり，より多くの消費者が購入するようになる．

消費者の購入を促進させる要因は，消費者価値（内的要因），商品価格（外的要因），そして消費者同士の相互作用（正の外部性）の三つに分類できる．これらの三つの要因が複雑に絡み合うことで，全体の消費動向が決まることを詳しく見ていく．

(1) **消費者価値（内的要因）の影響**

商品価格を $c=0.5$ と固定し，消費者全員の商品価値（w）は同じとして，変化させる．w が 0.5 未満のとき消費者余剰（$w-c$）は負になるので，購入する人はいない．w が 0.5 以上になると，消費者余剰は正となり，全員購入する．消費者価値が均一な集団での需要関数を図 3.4 に示すが，$w=0.5$ を分岐点とするステップ関数になる．

(2) **商品価格（外的要因）の影響**

消費者の商品価値（w）は個々に異なり，一様分布（$[0,1]$ の範囲）してい

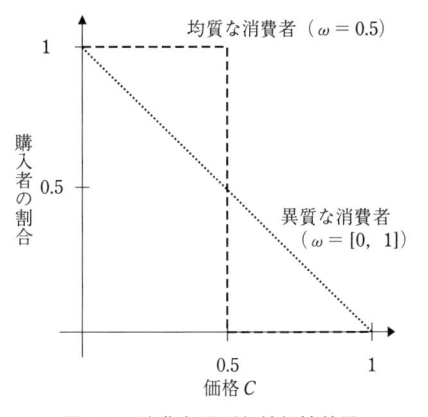

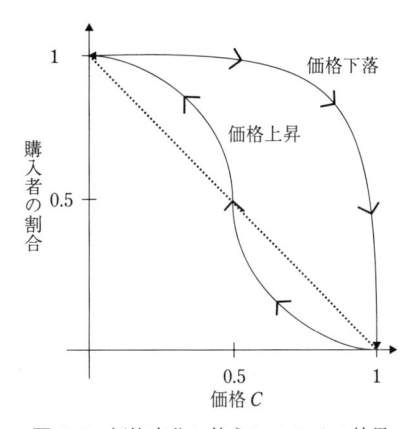

図 3.4　消費者需要と外部性効果

図 3.5　価格変化に伴うヒステリス効果

るとして，価格 c の変化が消費者需要に及ぼす影響を調べる．個々の消費者は他の消費者行動から影響を受けないとして（外部性効果なし），価格 c をゼロから 1 まで上昇させるとき，購入者の割合（需要関数）は，図 3.4 に示す右下がりの 45 度直線として求まる．

(3) 外部性効果とヒステリシス（履歴）効果

個々の消費者が他の消費者行動から影響を受ける（外部性効果あり）ときは，消費者余剰（$w-c$）が負でも購入する消費者が現れる．このときの需要関数を図 3.5 に示すが，右下がりの 45 度直線と曲線に囲まれた領域が外部性効果を表わしている．

外部性効果がないときの需要関数は，図 3.4 に示す右下がりの 45 度直線となり，価格が上昇する場合も価格が下落する場合も同じである．一方で，外部効果があるときは，価格が上昇する場合と下落する場合では，需要関数は異なる経路をたどる．図 3.5 には，価格を $c=1$ から $c=0$ まで下げたときの需要関数を示す．そして，外部性効果による影響は，価格が下がるときと上昇するときでは異なる．価格 $c=0$ で全員購入する状態から価格を徐々に上げていくとき，価格の上昇に応じて購入者の割合が減ることはない．購入者からの影響を受けることで，消費者余剰が負でも購入する消費者が現れるからである．反対に，価格は $c=1$ で誰も購入しない状態から価格を下げていくとき，価格の

下落分に応じて購入者が増えることはない．購入していない消費者からの影響を受けることで，消費者余剰が正となっても購入しない消費者がいるからである．

磁性体は磁界の中に置かれると磁石になるが，これを磁化という．磁界を強くしていくと，磁性体はどこまでも磁化されるわけではなく，ある一定値で飽和する．逆に磁界を弱くしても磁化はなかなか弱くはならない．すなわち，磁性体の磁化は，磁界を強くするときと逆に弱くするときでは，別のルートをたどる．磁場を逆方向も含めて交互にかけたときに得られる磁化曲線は，ヒステリシス曲線として知られている．

ヒステリシス効果 (hysteresis effect) は，システムの状態は，それまでにたどってきた経過に依存して決まるという履歴効果が働くことをいう．このような効果が働くとき，システムの推移は経路依存的になり，システムに加える力を最初の状態に戻したとしても，元と同じ状態には戻らない．ヒステリシス効果は，磁化などの物理現象だけでなく，犯罪率，失業率，そして離婚率などの変化にも現われることが知られている．問題の多くは，原因があって起こる．しかしながら，社会の問題にヒステリシス効果が現われるとき，問題の原因を探り，それらを取り除いたとしても，問題の解決にはつながらないことを示唆している．

3.4 イジングモデル

秩序とは，自然界の現象などがある整った状態にあることをいう．そして，無秩序な状態から秩序ある状態，あるいはその逆方向に移行することを，相転移という．秩序は，どのような条件の下で形成されるのであろうか？ また，秩序の度合いを定量的に測ることはできるのであろうか？ さらには，相転移が起こるのは，どのような条件のときであろうか？ これらの疑問は，自然現象だけでなく，社会現象にも共通に存在している．

イジングモデルは，ドイツの物理学者イジング（E. Ising）が提案した磁性体を扱うためのモデルである．磁性体（磁石）は，原子レベルの大きさで見ると

最小単位となるスピンが集まって構成されている．多数のスピンの集合体において，近傍のスピン同士で相互に作用を及ぼし合うとき，スピンの集合体に磁性をもつという性質が現われる．磁性体とは，磁石のことである．鉄等の金属は，磁石の性質をもったり，もたなかったりする．磁性体の相転移とは，磁石になる性質（強磁性）と磁石にならない性質（常磁性）の間での状態変化のことである．相転移が起きるかどうかは，物質を構成している粒子（磁気双極子：スピン）の間に働く相互作用に依存して決まる．

イジングモデルは，多くの構成要素の相互作用によって秩序が形成される際に，どのようにして相転移が起こるのかを説明するためにも使われる．粒子間の相互作用が弱ければ，個々の粒子は勝手に動く乱雑な状態をとり，全体として無秩序な状態となる．粒子間の相互作用が強ければ，全体として同じ状態になろうとする動きが生まれ，秩序が生まれる．

二次元のイジングモデルは，次のように構成される．個々に -1（下向き）と $+1$（上向き）の2状態を取る N 個の磁性体（スピン）二次元の正方格子上に配置する．各スピンの状態は，東西南北の最隣接のスピンの状態によって変更する．各スピンは，四つのサイトに配置されたスピンと相互に作用する．すべてのスピンが同じ方向を向くとき最も安定した状態になるが，スピンの向きがバラバラなときが最も不安定である．そして，全スピンが同じ方向を向いて秩序が最も高い状態で安定する場合と，個々のスピンがバラバラな方向を向いて秩序の最も低い状態で安定する場合とがある．これらの二つの両極端な状態は，ある温度を境にして分かれる．このように，あるパラメータがとる値を境にして，システムが全く異なった状態に変化することを相転移という．

近年，世界的な金融危機が深刻な問題となり，市場価格の動きは極めて不安定である．株価，貴金属，そして原油や各種資源の価格は，ある事件や特定の国々の経済政策の影響を受け，暴落や暴騰を繰り返している．それに対して，従来の経済学は，市場における価格の大きな変動の分析には無力であり，現実の市場での価格形成などを説明するための適切なモデルを有していない，といった指摘もある．

人間は，自己利益の追求を目的として合理的に行動する．このような見方は，

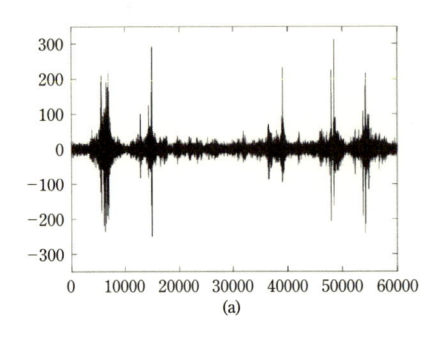

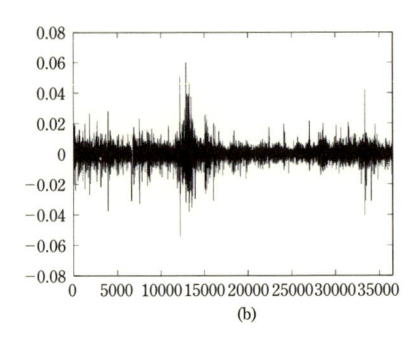

図3.6 イジングモデルの下での価格変動
(a) イジングモデル，(b) ダウ・ジョーンズの100年間（1896-1996）の変動（Kaizoji）
縦軸：価格変動の対数：$r(t)=\ln p(t)-\ln p(t-1)$，横軸：時間

経済学における基本的な人間像である．投資家は，市場に関する十分な情報をもち，正しい投資行動をとるとして扱われてきた．株式市場が過熱して株価がバブル的な値動きを示しても，個々の投資家の合理的な投資行動の結果であるとみなされてきた．一方で，行動ファイナンスでは，人間は感情で動くことが多いという前提に立ち，経済現象や金融市場での複雑な値動きを理解するための理論である．行動ファイナンスでは，投資家による非合理的な投資行動の傾向を，バイアスとしてとらえる．例えば，投資家は周囲の投資家を強く意識するために，他の投資家の行動に盲目的に追随してしまうことがある．心理学の視点などを取り入れて人間の投資行動に見られる非合理性にも着目するのが，行動ファイナンスである．

　イジングモデルは，株式市場で観察される株価の大きな変動を伴った複雑な挙動を説明するために用いられる．この方法は，投資家行動をできるだけ単純化し，個々の投資家が他の投資家に追随した行動をとるときの株式市場の値動きを扱うものである．各投資家をスピンとみなし，株の売買上の投資判断を0または1の2値をとるスピン運動として扱う．例えば，上向きのスピン $S=+1$ を買い，下向きのスピン $S=-1$ を売りとし，時刻 t における全投資家の「売りスピン」と「買いスピン」の割合 $M(t)$ を，個々の投資家の売買に働く圧力として扱う．そして，$M(t)=1$ のとき，買い一色の市場，$M(t)=-1$ のとき，売り一色の市場になる．

イジングモデルは，株価の値動きに対する個人投資家の投資態度（ミクロ）や投資家同士の相互作用などに着目しながら，株式市場での複雑な値動き（マクロ的な挙動）の要因などを探ることができる．イジングモデルによる株価変動の例を図 3.6 に示すが，簡単なモデルにもかかわらず，現実の株式市場に見られるさまざまな複雑な値動きをうまく再現できる．特に，投資家同士の相互作用（お互いの投資態度の読み合い）が株価変動に及ぼす影響などについての理解を深めることができる．

補足ノート 3-1　イジングモデルの応用

(1) 株式市場への応用

　二次元イジングモデルを使って，株価の値動きに関するモデルを次のようにつくる．各スピンの動きとして，投資家の投資態度を買い（$s=1$）と売り（$s=-1$）で表わす．また，スピン反転で投資家（スピン）が周囲4近傍の投資家（スピン）の状態から影響を受けた投資態度を表わす．そして，投資家 i が時点 $t+1$ において買い（$s=1$）を選択する確率 $p(t+1)$ を次式で与える．

$$p(t+1)=1/(1+\exp(-h_i(t)/T) \tag{1}$$

T は定数である．$h_i(t)$ は，投資家 i の投資態度を表わす変数で，それは周囲4近隣の投資家の投資態度と全投資家の投資態度の平均値の関数として次式で定義する．

$$h_i(t)=\sum_j J_{ij}s_j(t)-\alpha s_i(t)|M(t)| \tag{2}$$

$s_i(t)$ は，投資家 i の投資変数で，買いならば 1，売りならば -1 の値をとる．J_{ij} は投資家 i が近傍の j 番目の投資家から受ける影響を表わす．$M(t)$ は，イジングモデルでは磁化を表わすが，全投資家の投資平均として次式で定義する．

$$M(t)=\sum_i s_i(t)/N \tag{3}$$

(2)式の $h_i(t)$ は，-1 から 1 の範囲の値をとり，(1)式の買い（+1）を選択する確率は図2.1と同じ形状をとる．

　(1)式は，近傍の投資家が買いに走ると投資家 i の投資態度は高まり，買いの確率が高まる．もし多くの投資家が買いに走り市場全体が買い一色になると，投資家 i の投資態度は弱まる．各投資家にとってのアクセルの役目を近傍の投資家が果たし，一方で市場全体の投資態度はブレーキの役目を果たすことになる．

　イジングモデルは，エネルギーを最小化する方向に各スピンの向きを変更するものである．A（買い）を選択したときの利得が V_1，B（売り）を選択したときの利得が V_2 のとき，A（買い）が選択される確率を次式で与える．

$$q=\frac{\exp(V_1/\lambda)}{\exp(V_1/\lambda)+\exp(V_2/\lambda)} \tag{4}$$

すなわち，利得をパラメータ λ で割り指数関数値の相対比で与える．この式を整理すると，

$$q = \frac{1}{1+\exp(V_2/\lambda)+\exp(V_1/\lambda)} = \frac{1}{1+\exp(-(V_1-V_2/\lambda))} \tag{5}$$

を得るので,第2章のロジットモデルと同じになる.

(2) イノベーションの普及

2.4節で扱ったイノベーションの普及や3.2節で扱った合理的な無知など,個々の選択がAまたはBの二者択一のとき,それらを集約した全体の選択は,イジングモデルとして記述できる.

Aを選択している人の割合がpのとき,対象とする人がBからAへ変更するときの効用の差は,

$$\Delta U = p - \theta \tag{6}$$

と求まる.そして,BからAに変更する確率を,

$$q = 1/(1+e^{-(p-\theta)/\lambda}) \tag{7}$$

で与える.このような全体の挙動を表わす式をグラウバー・ダイナミクスという.このときのシミュレーションは,次のような方法で行う.

(1) N人の中から,任意の消費者をランダムに選ぶ.
(2) その人がBからAへ選択を変更したときの効用の差 ΔU を求める.
(3) BからAへ変更する確率 $q=1/(1+e^{(-\Delta U/\lambda)})$ を計算する.
(4) 乱数Xを発生し,$X<q$ ならば,その人の選択をBからAへ変更する.

補足ノート3-2　グラウバー・ダイナミクス

　無秩序な世界から秩序ある世界，あるいはその逆に移行することを，相転移という．イジングモデルは，強磁性体のモデルであるが，相転移が起きる原理を説明するための基本モデルになっている．2次元イジングモデルでは，2次元格子上のある程度大きく有限の正方形状の領域内の各サイト上に-1（下向き）と$+1$（上向き）のスピンが配置されている．アップ（$+1$）とダウン（-1）の2状態を取る磁性体（スピン）が2次元の正方格子上に配置されている．

　格子（サイト）i は，最隣接である4つのサイトj とのみ相互作用をする．そして，格子（サイト）i のスピンのエネルギーを次式で与える．

$$E_i = -\sum_{j \in N_i} J s_i s_j - h s_i \tag{1}$$

次式で定義される全体のエネルギーをハミルトンエネルギーという．

$$H = \sum_i E_i = -J \sum_{i,j} s_i s_j - h \sum_i s_i \tag{2}$$

J は，隣接するスピン間に働く相互作用，h は各スピンに働く磁場を表わす．

　ハミルトンエネルギーが最小となる方向にスピンの状態を決定していく．

　スピンの総個数がN のとき，全体のスピンの状態を

$$M = \sum_i s_i / N \tag{3}$$

で表わす．すべてのスピンが同じ方向を向くとき，$M=1$（上向きのとき）と$M=-1$（下向きのとき）で最も秩序の高い状態にある．一方で，全てのスピンの向きがバラバラのとき無秩序な状態で$M=0$ となる．

　スピンは，無秩序な状態から秩序ある状態へどのようにして推移していくのであろうか？　すなわち，個々のスピンがランダムに上向き（または下向き）にある乱雑な状態から，すべてのスピンが同じ上向き（または下向き）の状態になるのかという疑問である．

　この疑問は，イジングモデルの時間的な推移を表現したグラウバー・ダイナミクス（Glauber dynamics）モデルを使うと明らかになる．このモデルは，アメリカの物理学者で2005年のノーベル物理学賞を受賞したグラウバー（R. Glauber）が考案したモデルである．1ヶ所のスピンの値を反転させることを1回の遷移として，全スピンの状態が推移していく様相について記述する．

　膨大な数のスピン（粒子）が自由に運動できる状態にあるとする．そして，温

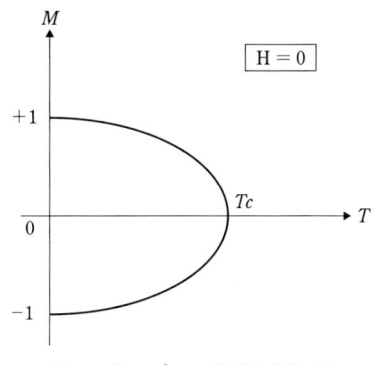

図1 全スピンの挙動と相転移

度 T において平衡状態にあるとき，1個のスピンがエネルギー E をもつ状態にある確率 $P(E)$ を

$$P(E_i) = e^{(-E_i/kT)} / \sum_i e^{(-E_i/kT)} \tag{4}$$

で与える．k は，ボルツマン定数である．スピン i が状態 S_i にある確率を $P(S_i)$，状態 S_i から S_j に推移する確率を $P(S_i \to S_j)$ と表わす．そして，以下の条件を満たすとき，スピンは個別釣り合い（detailed balance）にあるという．

$$P(S_i)P(S_i \to S_j) = P(S_j)P(S_j \to S_i) \tag{5}$$

(4)と(5)式より

$$\frac{P(S_i \to S_j)}{P(S_j \to S_i)} = \frac{P(S_j)}{P(S_i)} = e^{(-E_j - E_i/kT)} \tag{6}$$

この式から，スピンが状態 S_i から S_j へ推移する確率は以下の式で求まる．

$$\begin{aligned} P(S_i \to S_j) &= e^{-E_j/kT} / (e^{-E_j/kT} + e^{-E_i/kT}) \\ &= 1/(1 + e^{-(E_j - E_i)/kT}) \end{aligned} \tag{7}$$

グラウバー・ダイナミクスに基づくシミュレーションは以下のように行う．
 (1) N 個の中から，任意のスピンをランダムに選ぶ．
 (2) そのスピンが反転したときの，エネルギー差 ΔE を求める．
 (3) 反転確率 $p = 1/(1 + e^{(\Delta E/kT)})$ を計算する．
 (4) 乱数 X を発生し，$X < p$ ならば，スピンを反転させる．

T が低温の時は，全てのスピンが同じ方向を向く最も安定した状態（$M=1$ または $M=-1$）になるが，温度が十分に高いときは，スピンの向きはバラバラの

状態になる．温度を変化させたときの全スピンの状態（M）を図1に示す．全てのスピンが同じ方向を向く状態とバラバラになる状態は，温度 T_c を境にして起きる．このように，パラメータのある値を境に，全体の状態が高い秩序の状態と無秩序の状態の間で大きく変化することを，相転移という．

3.5 ランダムウォーク

　魚や動物の動き，ショッピングモール内での人々の動きなどには，何らかの目的を指向しているとは考えにくい，気まぐれな行動が見られる．また，個人のインターネットの検索や閲覧などにも見られる．これらの不規則な動きは，ランダムウォーク（random walk）としてモデル化することができる．

　イギリスの植物学者ブラウン（R. Brown）は，花粉の中の微粒子の動きを詳細に観察し，生き物のような不規則な動きを発見した．微粒子のような不規則な運動をランダムウォークというが，ブラウン運動とも呼ばれる．ブラウンは，花粉の中から出てきた微粒子は生き物のように動くことから，生命だけに見られる特有の現象であると考えたが，その後の研究によって，無機物質の粒子にも同じような動きが観測されている．

　直線上での一次元のランダムウォークは，次のようにモデル化する．最初は中央（原点）に位置している粒子が，1 ステップ毎に左右いずれかに 1 距離分進む．左（−1）または右（+1）方向を選ぶ確率は等しく，1/2 とする．次のステップ以降は，前ステップの位置に関係なく，左右の方向をそれぞれ 1/2 の確率で選び，1 距離分さらに進む．このような運動ルールにしたがい，粒子が一直線上の運動を繰り返すとき，原点など特定の場所を頻繁に訪れることなく，直線上の全ての点を均等確率で訪れるようになる．ランダムウォークをする粒子は，一様に拡散するという特徴をもつが，この性質は，第 5 章で扱う社会の選択に現れるマルチンゲール性とも関係がある．

　二次元空間の平面上でのランダムウォークは，粒子は上下左右の 4 方向から 1 方向を等確率 1/4 で選ぶという移動ルールに設定すればよい．これ以外にも，360 度（2π）の全方向から任意の方向を等確率（$1/2\pi$）で選び，その方向へ 1 距離分移動するという方法もある．前者は二次元の格子上を動く離散的なランダムウォーク，後者は連続した二次元の座標上を連続的に動くランダムウォークになる．いずれの移動ルールの下でも，粒子は二次元の平面上を一様に拡散していくようになる．

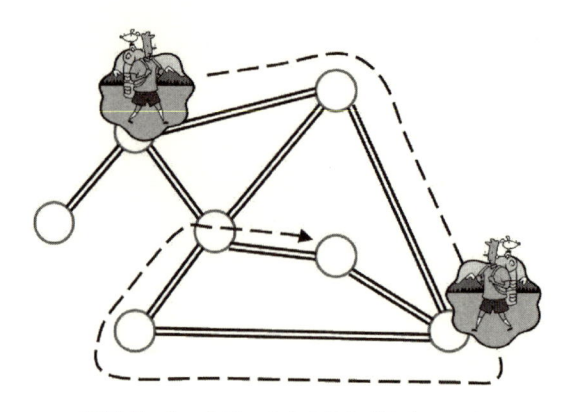

図3.7 ネットワーク上のランダムウォーク

ランダムウォークは，さまざまな拡散現象や株価の値動きなどの分析に幅広く用いられる．ランダムウォークに現れる性質に，マルチンゲール（martingale）がある．この性質は，過去から現時点までの動き（値）がわかっているという条件の下，未来の時点における予測値の平均を求めると，現時点での予測値に一致するという性質である．株が売買される市場をギャンブル的にとらえるならば，株価の値動きにマルチンゲールが現れるとき，買い手と売り手の両方にとって公平な市場となり，株の売買によって誰も利益を得ることはできない，という性質が成り立つことである．

次に，ネットワーク上でのランダムウォークを考える．ネットワークは，図3.7に示すように，ノードの集合とノードを結ぶリンクの集合からなる．二つのノード間にリンクがあるとき，それらは隣接しているという．そして，あるノードとリンクをもつノードをそのノードの隣接ノードという．ネットワーク上のあるノードに位置する粒子は，隣接しているノードの中から一つのノードを等確率で選び，そのノードに1ステップで進む．それ以降も，どのノードに滞在しているのかに依存しないで，隣接しているノードの中から一つ選び移動していく．ネットワーク上でのランダムウォークは，ネットワーク上のリンクをたどりながら移動を繰り返す．

N個のノードで構成されるネットワークにおいて，ノード間の接続関係を，0または1の2値の要素をもつ隣接行列 $A=(a_{ij})$ で表わす．ノードiとノー

ドjの間にリンクが張られているとき，$a_{ij}(=a_{ji})=1$，リンクが張られていないときは，$a_{ij}(=a_{ji})=0$ の値をとる．また，次の行列 $P=(p_{ij})$ を定義する．

$$p_{ij}=a_{ij}/\sum_{j=1}^{N}a_{ij} \tag{3.8}$$

$k_i=\sum_{j=1}^{N}a_{ij}$ は，ノード i からリンクが張られているノード数（次数という）を表す．

各ノードの次数を対角要素にもつ対角行列を D で表わすとき，(3.8) 式の要素をもつ行列は次式で定義される．

$$P=D^{-1}A \tag{3.9}$$

この行列 P の各列の要素の和は1となり，確率行列という．

ネットワーク上でのランダムウォークは，確率行列 P の最大固有値に対応する固有ベクトルによって特徴づけられる．ある時点 t において粒子がノード i に滞在している確率を $x_i(t)$ で表わすとき，次の時点 $t+1$ においてノード i に滞在している確率 $x_i(t+1)$ は次のように求まる．

(i) 粒子は前の時点 t ではノード i 以外のノードに滞在し，次のステップでノード i に移動する．

(ii) 粒子はノード i に前の時点 t に滞在し，次のステップでノード i にとどまる．

これらの二つの条件式から，次の関係式を得る．

$$x_i(t+1)=\sum_{j=1}^{N}x_j(t)p_{ji} \tag{3.10}$$

各ノードでの滞在確率を横ベクトル $x=(x_1, x_2, ..., x_N)$ で表わすと，時点 $t+1$ での滞在確率は，前時点の滞在確率と初期の滞在確率から次式のように求まる．

$$x(t+1)=x(t)P=x(0)P^t \tag{3.11}$$

確率行列 P のべき乗は，時間が十分に経過するとき収束する．すなわち，

$$\lim_{t\to\infty}P^t=P^* \tag{3.12}$$

P^* の各列は，P の最大固有値1の左固有ベクトル $\pi=(\pi_1, \pi_2, ..., \pi_N)$ で構成され，それは次式を解くと求まる．

$$\pi = \pi P = \pi(D^{-1}A) \tag{3.13}$$

時間が十分に経過したときの粒子の滞在確率は，(3.13)式を満たすベクトル π として求まる（補足ノート3-4）．

ページランク（Page Rank）は，グーグルの検索エンジンに使われているウェブページの重要度を決定するためのアルゴリズムである．学術論文などの重要性を測る指標として，その論文を引用している他の論文数を表わす被引用数が使われる．重要な論文ほど多くの人によって引用されるので，被引用数が多くなるという考え方である．これと同じ発想で，注目に値する重要なウェブページは，他の重要なページからもリンクされるとして，各ウェブページの相対的な重要度を定める方法である．

ある時点 t でのノード i （ウェブページ）の重要度を $x_i(t)$ で表わし，次の時点 $t+1$ での重要度を次式によって更新する．

$$x_i(t+1) = \sum_{j=1}^{N} x_j(t) p_{ji} \tag{3.14}$$

以上の式をまとめて，すべてのページの重要度を次式で更新していく．

$$x(t+1) = x(t)P \tag{3.15}$$

$P = (p_{ij})$ は，(3.9)式で定義した確率行列で，ウェブページ間に張られるリンクの関係を表わす隣接行列から求まる．

ウェブの利用者の関心は，参照しているウェブページ（滞在中のノード）からリンクしている他のウェブページに移る．このとき，リンクが張られているウェブページを等確率で一つ選んで移るとすると，ネットワーク上でのランダムウォークと同じになる．各ウェブページの重要度を(3.15)式に基づき更新していき，ほぼ同じ値に収束するとき，すなわち，

$$x = xP = x(D^{-1}A) \tag{3.16}$$

を満たす左固有ベクトル x の各要素を，ウェブページの重要度として用いる．

ユーザーが自由にウェブページ上を探索するのをネットワーク上でのランダムウォークとしてみなすとき，ランダムウォークの定常状態がウェブページのランクに相当する．すなわち，ユーザーが関心をもって閲覧する度合いを，ランダムウォークによってそのノードに滞在する確率として定義する．

ユーザーは，参照しているウェブページに張られているリンクにそって他のウェブページに移行するとは限らず，リンクの張られていないページを任意に選び，そのページに関心を移すこともある．このようなユーザーの気まぐれな探索を考慮して，ランダムウォークを次のように拡張する．

(i) 現在のノード（ウェブページ）に隣接している（直接リンクのある）他のノードに移行する確率を $1-\varepsilon$ とする．

(ii) 残り確率 ε で，現在のノード（ウェブページ）からリンクの張られていない任意のノードに移行する．

ネットワークに依存しないユーザーの自由な探索の割合を小さな確率 ε で考慮するとき，(3.15)式の行列 P を次式で修正する．

$$\hat{P}=(1-\varepsilon)P+\varepsilon U \tag{3.17}$$

この式の右辺の $P=(p_{ij})$ は，(3.9)式で定義した確率行列でウェブページの構造から決まる．行列 U は，$1/N$ を各要素にもつ確率行列で，ユーザーはあらゆるウェブページを均等確率で選ぶことを表わす．

(3.17)式の確率行列 $\hat{P}$ の2番目に大きい固有値が小さいとき，ページランクの更新式が定常状態に収束するための時間は速くなる．一般に，ユーザーの気まぐれな移動確率（ε）が大きくなるとき収束時間は長くなる．

補足ノート 3-3　ランダムウォークとその性質

2値をとる確率変数を $X_1, X_2, ...,$ で表わし，それらは相互に独立しており，また同じ確率分布をもつとする．

$$P(X_i=-1)=P(X_i=1)=1/2 \tag{1}$$

そして，各確率変数の平均は $E(X_i)=0$ である．

一次元上をランダムウォークする粒子が t ステップ後に座標 x にいる確率を，$W(t, x)$ で表わす．時間が経過して t が大きくなると，粒子は原点から遠く離れた位置に移動する．このとき，粒子がどのような位置にいる可能性が高いかは，位置座標の分布関数 $W(t, x)$ を求めると明らかになる．そして，ランダムウォークする粒子の分布関数 $W(t, x)$ は，時間が十分に経過すると一様分布に近づく．すなわち，粒子は一次元上のどの位置にも等しい確率で訪れるようになる．

二次元平面上での連続したランダムウォークを実現するには，一様な確率で $[0, 2\pi]$ の範囲の値 θ を発生させる．そして，ある時点に座標 (x, y) に位置する粒子は，次の時点で新しい座標

$$x \to x+\cos\theta, \qquad y \to y+\sin\theta \tag{2}$$

に移動する．(2)式の運動ルールに基づき粒子が毎回動くとき，一次元のランダムウォークのときと同じように，二次元平面上を一様に動くようになる．粒子が t ステップ後に位置する座標を (x_t, y_t) で表わし，出発点である原点からの距離 $r=\sqrt{x^2+y^2}$ の分布関数を求めると一様分布に近づく．また原点からの距離 r は，ステップ数 t の平方根として，$r=\sqrt{t}$ と求まる．この性質は，不確かさはサンプル数 t の関数 $r=\sqrt{t}$ に比例するという大数の法則に関連している．

第3章 集合体としての行為

補足ノート 3-4　確率行列の性質

(1) 行列 $P=(p_{ij})$ の各行の要素の和が1になるとき，すなわち，

$$\sum_{j=1}^{N} p_{ij}=1, \qquad 1\leq i\leq N \tag{1}$$

の条件を満たすとき，確率行列という．確率行列は，最大固有値として1をもつ．最大固有値に対応する固有ベクトル（列ベクトル）$\boldsymbol{\pi}=(\pi_1, \pi_2, ..., \pi_N)$ は，式を解くことで求まる．

$$\pi = \pi P \tag{2}$$

(2) 確率行列のべき乗 $P^t = P \times P \times ... P$ は，十分に大きい t に対して，(2)を満たす固有列ベクトルを各列にもつ，一定の行列に収束する．すなわち，

$$\lim_{t=\infty} P^t = \begin{pmatrix} \pi_1, \pi_2, ..., \pi_N \\ \pi_1, \pi_2, ..., \pi_N \\ \\ \pi_1, \pi_2, ..., \pi_N \end{pmatrix} \tag{3}$$

行列 $P=(p_{ij})$ の各列の要素の和が1になるとき，すなわち，

$$\sum_{i=1}^{N} p_{ij}=1, \qquad 1\leq j\leq N \tag{4}$$

の条件を満たす時，その転置行列 P^T は確率行列になり，以下の式を満たす固有ベクトル（行ベクトル）が存在する．

$$\pi = P\pi \tag{5}$$

転置行列 P^T のべき乗 $(P^T)^t$ は，十分に大きい t に対して，(5)を満たす固有ベクトルを各列にもつ行列に収束する．すなわち，

$$\lim_{t=\infty} (P^T)^t = \begin{pmatrix} \pi_1, \pi_1, ..., \pi_1 \\ \pi_2, \pi_2, ..., \pi_2 \\ \\ \pi_N, \pi_N, ..., \pi_N \end{pmatrix} \tag{6}$$

行列 $P=(p_{ij})$ の各行と各列の要素の和がそれぞれ1になるとき，すなわち，

$$\sum_{j=1}^{N} p_{ij}=1, \qquad 1\leq i\leq N, \qquad \sum_{i=1}^{N} p_{ij}=1, \qquad 1\leq j\leq N \tag{7}$$

二重の確率行列という．二重の確率行列のべき乗 P^t は，十分に大きい t に対し

て，各要素を $1/N$ にもつ行列に収束する．すなわち，十分に大きい t に対して，

$$\lim_{t\to\infty} P^t = \begin{pmatrix} 1/N, & 1/N, & \ldots, & 1/N \\ 1/N, & 1/N, & \ldots, & 1/N \\ & & & \\ 1/N, & 1/N, & \ldots, & 1/N \end{pmatrix} \tag{8}$$

補足ノート 3-5　ネットワーク上のランダムウォークとその性質

　ネットワーク（グラフ）上で隣接しているノード上をランダムに移動するのが，ネットワーク上のランダムウォークである．粒子が各ノード間を移動（推移）する確率を定めることで，ネットワーク上でのランダムウォークをモデル化できる．

　N 個のノードで構成されるネットワークにおいて，ノード i に位置する粒子が他ノード j に移動する確率を p_{ij} で表わし，これらをまとめて表わす行列 $P=(p_{ij})$ を，推移確率行列とよぶ．各時点で，粒子はどこかのノードに移動するので（同じノードにとどまることを含めて），行列 P の各行の要素の和は 1 となる．このような性質をもつ行列を，確率行列という．

　例えば，横一列の経路上を左右に同じ確率 1/2 で動くランダムウォークの推移確率行列は次のように求まる．

$$P = \begin{bmatrix} 1/2 & 1/2 & 0 & 0 & \dots \\ 1/2 & 0 & 1/2 & 0 & \\ 0 & 1/2 & 0 & 1/2 & \end{bmatrix} \tag{1}$$

　時点 t において，ネットワーク上の各ノードに粒子が滞在している確率を横ベクトル $\{x_1(t), x_2(t), ..., x_N(t)\}$ で表わす．このとき次の時点 $t+1$ での滞在確率は，

$$x(t+1) = x(t)P = x(0)P^t \tag{2}$$

と求まる．確率行列 P のべき乗は，時間が十分に大きくなると一定行列に収束する．すなわち，

$$\lim_{t \to \infty} P^t = P^* \tag{3}$$

したがって，時間が十分経過したとき，粒子がどのノードに滞在しているかの確率は次式を解くと求まる．

$$x(\infty) = x(0)P^* \tag{4}$$

そして，(3)式の定常状態での確率行列は，次式を満たす確率行列 P の最大固有値 1 に対応する固有ベクトルを各行にもつ行列として求まる．

$$\pi = \pi P = \pi(D^{-1}A) \tag{5}$$

粒子の運動が(2)式で記述されるとき，定常状態に収束する速さは行列 P の固有値によって決まる．P は確率行列なので最大固有値は 1 で，すべての固有値は実数値であるので，大きい順番に以下のように並べることができる．

$$1=\lambda_1(P)\geq\lambda_2(P)\geq\ldots\geq\lambda_N(P) \tag{6}$$

そして，第2最大固有値と最小固有値の絶対値の大きい方を次式で表わす．

$$\mu(P)=\max\{\lambda_2(P),-\lambda_N(P)\} \tag{7}$$

最大固有値1の差 $1-\mu(P)$ をスペクトラムギャップという．ランダムウォークが定常状態に収束するまでのステップ数をミキシング（mixing）時間というが，それは次式で近似できる．

$$\text{ミキシング時間} \propto 1/\log(1/\mu(P)) \tag{8}$$

一次元上のランダムウォークにおいて，粒子が左右にある確率で動くとき，推移確率行列の第2最大固有値 $\lambda_2(P)$ は次式で求まる．

$$\lambda_2(P)=\cos(\pi/N) \tag{9}$$

そして，$\lambda_2(P)$ が最も小さくなるのは $N=2$ のときである．そして，粒子が左右に同じ確率1/2で動くとき，最も速く定常状態に近づく．

3.6 回遊行動と群れ行動

　魚や鳥の多くは，季節によって異なった水域や地域を回遊しながら，年間をとおして広範囲に移動をする．魚や鳥によって移動する空間の広さは異なり，大規模なものでは太平洋や大西洋全域に及ぶものもある．魚や鳥の移動に共通しているのは，特定の季節に限られた特定の水域や地域を訪れることである．水域は，索餌場，産卵場，保育場などとも定義され，親は索餌場と産卵場を移動し，稚魚は生息に適した水域へ流され，保育場で成長した後，親と同じ索餌場へ移動する．このとき産卵場は，特定の水域が用いられているが，広大な海洋の中から限定された水域が，魚の産卵場としてどのようにして探し出されるのかは，興味深い謎である．

　魚や鳥など個体の規則的な行動を扱うモデルとして，回遊行動がある．前節で扱ったランダムウォークは，個体の自由空間における移動を扱う．回遊行動は，ある地点から別の地点までの移動距離と移動した地点での滞在時間を考慮に入れたモデルである．個体は，領域内のある地点からランダムに選んだ別の地点へ，ある一定の速度（あるいはランダムな速度）で移動する．目標地点に到達した後は，一定時間（または確率分布にしたがって選んだ時間）その地点に滞在し，その後，ランダムに選択した別の目標地点へ移動する．

　このような回遊行動は，魚や鳥などに限らず大きな店舗やショッピングモール内での人間の動きをモデル化するのにも用いられる．市街地などでの多くの人の行動を観察すると，出発地点から目的地までの経路長が最短となる経路を選ぶことなく，遠回りの経路を選ぶことも少なくない．また，大店舗やショッピングモール内での買い物客の行動を観察すると，目的が明確でないブラブラ歩きなどが多く見られる．

　ランダムウォークでは，次の地点までの移動距離は一定である．一方で回遊行動における1ステップの移動距離は，ある確率分布にしたがって不規則的に選ばれる．また，移動した地点での滞在時間をモデルに組み入れ，1ステップでの移動距離を確率変数 d，移動した地点での滞在時間を確率変数 t で表わす．

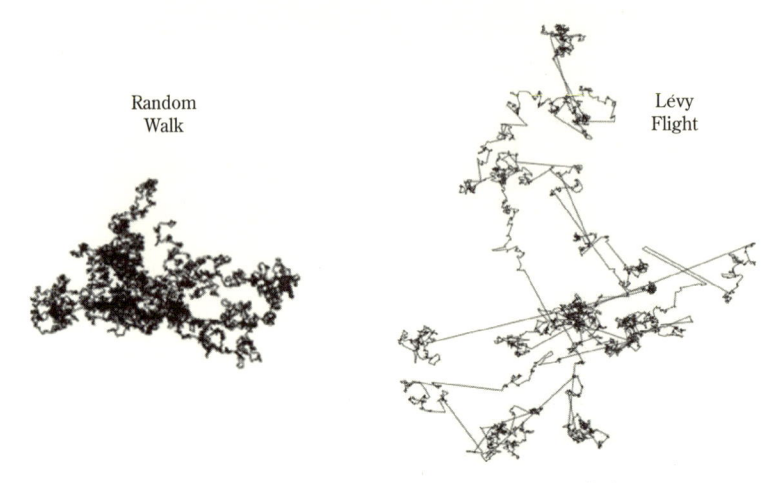

図3.8 ランダムウォークとレビーフライトの軌跡

これらの確率変数の確率密度関数を，べき分布として次式で与える．

$$\begin{cases} p(t) \sim t^{-\alpha} \\ p(d) \sim d^{-\beta} \end{cases} \tag{3.18}$$

この式に基づき個体が移動を繰り返すとき，べき指数 α と β が，

(i) $\alpha > 2$, $\beta > 3$ を満たすとき，ランダムウォーク（random walk），

(ii) $\alpha > 2$, $0 < \beta < 3$ を満たすとき，レビーフライト（levy flight）という．

ランダムウォークでは，それまでの個体の行動履歴に依存することなく，前回の移動の状態から次の移動が決まるが，レビーフライトでは，それまでの個体の行動履歴に依存して決まる．

粒子などの標準的な拡散パターンは，ランダムウォークとして記述できるが，レビーフライトは超拡散などの異常拡散を記述するのに適している．ランダムウォークとレビーフライトの軌跡の例を，図3.8に示す．

動物が新たな生息地や食物などを探すとき，どのような探索経路をたどることでそれらを効率的に発見しているのかは，大きな謎である．フランスの物理学者ビスワナサン（G. Viswanathan）らは，アホウドリの探索経路パターンを追跡し，海面に着水した間隔の頻度分布を求め，アホウドリの行動はレビーフライトであることを発見した．その後，多くの生物学者たちは，他の動物や昆虫

の採餌行動などにもレビーフライトが現れることを発見している．例えば，アフリカに住むジャッカルは夜間に行動する．ある日の夜，餌を探すために移動すると，翌日の夜の採餌行動は前日に訪れた場所に向かうことなく，レビーフライトのような不規則な行動をとる．このように移動性の高い動物は，レビーフライトによって効率的な採餌行動をしているのではないかと報告している．

シミュレーション研究によって，レビーフライトには，ランダムウォークにはない優れた特徴があることがわかってきた．例えば，個体の運動方向はランダムに選ぶが，1ステップの移動距離を稀に非常に長くすることで，広域での探索を効率的に行うことができる．このような方法に基づくとき，一度探したところを再び探してしまう可能性は低くなり，効率的な探索につながる．そして領域内に存在する希少な餌や目標を探索する場合には，ランダムウォークと比較して，レビーフライトは探知確率が高く捕獲能力が高まることが知られている．

大多数の人の移動の描写は，交通需要の予測や感染症の拡散の様相などを知る上で重要である．ドイツの物理学者ブロックマン（D. Brockmann）は，米国ドル紙幣の州間の流通パターンを追跡した結果，レビーフライトに類似していることを報告している．一方で，米国の物理学者バラバシ（A. Barabási）たちのグループは，約10万人の携帯電話利用者の移動行動を追跡した結果，個人差によるばらつきを補正すれば，人間の行動に予測可能なパターンが現れるが，それはレビーフライトからは逸脱していると報告している．人間の移動行動には，空間や時間上の制約があり，餌などを求めて大規模な空間を自由に探しまわる野生動物の回遊行動とは異なるのではないかと推察している．

個人を結び付けて組織的な活動を促進する上で，自然界で多く見られる群れ行動に潜む基本原理などから，多くの知見を得ることができる．自然界にも組織は存在し，魚や鳥の群れも立派な組織である．小さな魚の群れは，一つの固まりとなって障害物を避け，外敵などにもすばやく反応するなど，非常に統制が取れた組織的な活動をしているように見える．魚や鳥が群れを作るのは，大きな群れを作って行動すると外敵から襲われにくくなり，生存性が高まるからである．群れとして行動することにより犠牲になるものもいるが，大半は餌食

になるリスクを小さくできる．そして群れ行動は，協調性の高い集団行動である．リーダー的な個体の存在が観察される群れもあるが，その個体から他の仲間に明確な指示を出しているわけではない．リーダーが群れ全体の状況を判断して命令しているわけでもないのに，絶えず変化する自然界において，群れを構成する個々の構成員が適切な活動をすることで，群れとしての働きを運営している．

アメリカの生物学者ミラー（P. Miller）は，著書『群れのルール』の中で，次のように述べている．進化の力によって磨きぬかれた賢い群れは，不確実さ，複雑さ，変化といったものに対して，驚くほど巧みな方法で対処する．特に，アリ，ミツバチ，シロアリ，ムクドリなどは個々に高度な知能をもたないが，一定数が集まり群れを形成して驚異的な組織力を発揮し，賢い仕事を集団でやってのける．人間は個々には優れた知能をもっているが，集団を形成することで個々の才能が生かされないことも少なくない．昆虫や鳥たちは個体としての能力は低いがチームとしての成果は抜群であり，これらの組織的な行動から学ぶところは多い，と著者は述べている．

自然界においては，群れに従うか否かは，たいてい生死にかかわる問題である．集団社会を営む生物の中で，階層や役割分担など高度な社会性をもつ真社会性生物には，ハチ，アリ，そしてシロアリなどが含まれる．集団をつくることで集団をいかに動かしていくかという，単独で生活する生物にはない問題が発生するが，群れに属することのメリットは，自分一人では得られない情報を他の仲間から得られることである．

長谷川英祐は，著書『働かないアリに意義がある』の中で次のように述べている．アリの世界では，働き者といわれていたアリの7割は実は休んでおり，一生全く働かないアリも1割程度いる．だが，このことがアリの集団（コロニー）をうまく動かす仕掛けになっている．アリの個体間には仕事に対して反応する上で差があり，すぐに仕事にとりかかるアリとなかなか仕事にとりかからないアリがいる．新たな仕事が入ってきたとき，すぐに仕事にとりかかるアリだけではその仕事に対処することができない場合，まだ仕事にとりかからないでいるアリが働くようになる．このような分業の仕組みが，予知し得ないさま

ざまな変化にアリの集団がうまく対応することを可能にしている．

アリの集団には，リーダーの役割を果たすアリはいない．その代わりに，アリたちはフェロモンという揮発性のある媒体を利用して個体間のコミュニケーションをとり，そして単純な行動ルールに基づき行動する．アリの賢さは，アリ個体ではなく，アリの集団に存在する．例えば，餌場に行くための最短ルートを見つける，個々のアリに仕事に応じて労働力をうまく割り当てるための知恵などを集団全体でもっている．敵から身を守ることなども，アリ個体ではなく集団全体で解決している．アリが集団として活動することで，環境の変化に迅速に，そして効率的に対応することができる．

魚や鳥の群れが生成されるメカニズムは，シミュレーション研究によって解明されている．米国のコンピュータグラフィックス研究者レイノルズ（C. Reynolds）は，"Boids（鳥もどき）"モデルを考案した．個々の魚や鳥の動きが以下の三つのルールに基づくとき群れ行動が生まれるという仮説を立て，シミュレーションによって実証した．

(1) 群れの重心に近づこうとする．
(2) 他の鳥や障害物との距離をある最小値に保ち，衝突を避ける．
(3) 他の鳥と速度を合わせようとする．

創発とは，全体を構成する個々の要素が局所的な相互作用を繰り返す中，全体的な規則性や個々の要素にはない新しい性質が全体として現れることである．群れ行動は，創発現象の一つである．そして，個々にはさほど高い知能をもたないが，群れ行動をとることで全体として高い知能を創発するとき，"群知能"という．

火災や津波などが発生したという状況の下，群集の避難行動に関する研究は盛んに行われている．避難行動に関する研究の多くは，群集が整然と避難する場合を想定しており，パニック状態の下での避難を対象とした研究は少ない．これは，緊急避難行動のデータが蓄積されていないことに要因がある．人間の心理面の働きは，パニック状態とそうでない場合とでは大きく異なる．多くの人が平常心を失うことなく整然と避難しているときと一部の人がパニック状態に陥っているときでは，群集行動の様相は大きく異なる．一部の人のパニック

状態が平常心をもつ人々の間に伝染することで,パニック状態に陥る人が多くなる.このとき,整然と避難する群衆行動とパニック状態に陥っている群衆行動とに分かれるのは,何らかの理由で相転移が起こるからである.

　緊急避難時とそうでない平常時の間では,情報の伝わり方には大きな違いがある.そして緊急避難時に,いかにして人々の行動を誘導するかなどについて検討するためには,正しい情報をもつ人の行動が,情報をもたない多くの人々の行動にどのような影響を与えるのかなどについて明らかにする必要がある.

　しかしながら,人々の集合行為の扱いには多くの課題がある.その主な理由は,集合行為を扱うための方法論がないというよりは,蓄積されたデータが少ないことである.従来は,計測不能として扱われてきたことが,データ・マイニングやビッグデータを扱うための新しい技術の恩恵を受け計測することが可能になりつつある.大規模なレベルでの人々の行動に関するデータを観測・蓄積し,それらを世界中の大学や研究機関で共有しながら,データ指向に基づく社会システム学の構築に関する新しい知的挑戦が始まっている.

第4章

社会の拡散

社会には，さまざまなものをくまなく拡散させるメカニズムが存在する．社会における拡散には，感染症の拡散などのように，個人レベルでの予防対策に関係なく不可抗力的に広まるものと，新商品の普及やファッションの流行のように，個人の熟慮に基づく選択が根底になるものとがある．本章では，社会におけるさまざまな拡散現象を統一的にモデル化し，それらに共通する特徴や拡散のための条件などを明らかにしていく．

4.1 社会の感染：マクロモデル

人類にとって最大の脅威の一つは，いつの時代にも，感染症の拡散であろう．1918年，アメリカカンザス州の軍の基地で発生したスペイン風邪と呼ばれるインフルエンザは，数ヵ月で世界中に広がり，最終的には全人類の5分の1が感染し，約1,000万人の命が奪われたと推定されている．戦前の日本でも，天然痘で亡くなる人は毎年100万人を超えていた．

感染症は，ウイルスや細菌などの病原体に感染することが原因となって発病する．ウイルスは，生物の細胞を利用して，自己複製する構造体である．ウイルスは変異の速度が速く，次々と新型のものが出現している．今日では，2002年に中国広東省や香港で発生したSARS（新型肺炎），2005年に東南アジアで発生した鳥インフルエンザなど，新たなタイプの感染症の拡散の危険に直面している．

ますますグローバル化が進む中，世界の特定の地域で発生した感染症がウイルスで空気感染しながら，短期間で全世界に広がる危険性が高まっている．特に，世界を結ぶ航空機のネットワークが感染症の拡大経路となっているという報告もある．感染症の世界的な流行を，パンデミック（pandemic）という．空

のネットワークなどに着目して感染症のグローバルな拡散の様相を明らかにしながら，パンデミックの防止策に関する研究が進められている．

感染症の拡散に関する基本的な数理モデルとして，SIRモデルやSISモデルがある．これらのモデルは，感染症の拡散だけでなく新商品の普及やファッションの流行，人々の間での噂の伝搬，社会不安の広まりなどを扱うために広く用いられている．

(1) SIR モデル

感染症の拡散は，次のようにモデル化される．集団を構成している人たちを，感染していない人（Susceptible：現在は健康な人で，今後感染する可能性のある人），感染している人（Infected：現在感染している人で，感染していない人に感染させる可能性がある人），治癒した人（Recovered：感染したが，治癒し，また免役を獲得しており今後は感染しない人）の三つのグループに分類する．感染していない人の一部が集団外部の感染している人との接触によって感染することで，その集団で感染症が発生する．そして，感染者が感染していない人に次第に感染させることで，感染者数は増加していく．感染した人は一定時間が経過すると回復し，治癒後は免疫をもち感染者と接触しても再び感染することはない．

このとき，人々の接触パターンは，免疫をもたないで感染の可能性のある人（S），感染している人（I），免疫をもち感染しない人（R）の組み合わせとして次の6通りである．

S対S，S対I，S対R，I対I，I対R，R対R．

これらの組み合わせで，感染症が広まるのは，未感染者が感染者と接触する（S対I）場合である．未感染者が感染者と接触した際に，ある小さな確率（感染率β）で感染し，感染者に変わり，未感染者数（S）は減り，感染者数（I）は増加する．

人々の接触が繰り返されるとき，これらの三つのタイプの人数がどのように推移していくのかを表わすのが，SIR モデルである．ここで，時点tにおける未感染者数（$S(t)$），感染者数（$I(t)$），治癒者数（$R(t)$）の時間変化を以下

第4章 社会の拡散

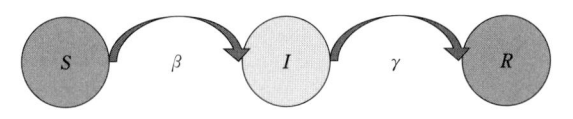

図4.1 感染の状態遷移（SIRモデル）

の式で表わす．

(i) $dS/dt = -\beta SI$
(ii) $dI/dt = \beta SI - \gamma I$ (4.1)
(iii) $dR/dt = \gamma I$

この式で表される感染ダイナミクスを，各グループの頭文字をとって SIR モデルという．(4.1)式の β は，一人の未感染者が一人の感染者との1回の接触で感染する確率である．S と I を乗じて求まる未感染者と感染者の接触回数に感染率 β を乗じると，感染者の増加数（そして未感染者の減少数）が求まる．

(4.1)式を解くと，未感染者，感染者，治癒者数の時間的推移が求まる．未感染者は時間の経過とともに減少していき，その分，感染者は次第に増加する．感染者の増加は頭打ちになり，ピーク値を過ぎると減少に変わる．時間が十分に経過した後，感染者がほぼゼロになるとき，感染症は終息する．

感染症が拡散する様相は，集団の人口（N）に依存して決まり，人口が多いほど感染症は拡散し易い．人口が多くなると感染者と未感染者の接触回数は大規模になるので，感染症は拡散し易くなる．一方で人口の少ない集団では，感染者と未感染者の接触回数は少なく，感染者の増加はゆっくりで，あまり拡散はしない．

集団規模と感染症の拡散の関係について，もう少し詳しく見ていく．(4.1)式より，感染症が拡散する，あるいは広まることなく終息するかどうかは，人口（N），感染率（β），治癒率（γ）の三つのパラメータによって決まる．(4.1)式の(ii)を感染者数（I）で割ると，次式を得る．

$(1/I)dt = \beta S - \gamma$ (4.2)

この式は感染者の増加率を表わすので，右辺の式が正になるとき感染者は増加していく．そして，初期段階での未感染者数を $S(0)$ で表わすと，感染症が拡散するのは次式の条件が成り立つときである．

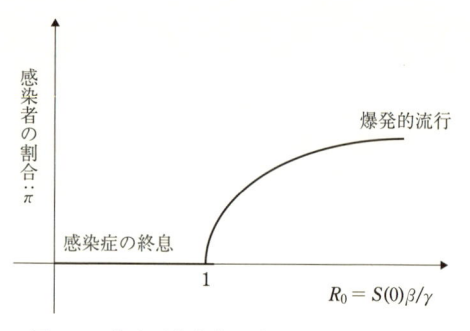

図 4.2 　基本再生産数と感染者の割合の関係

$$\beta/\gamma > 1/S(0) \tag{4.3}$$

すなわち，感染率を治癒率で割った β/γ（相対的感染率）が未感染者（初期感染者が極めて少ないとき，$S(0)$ は集団人口 N にほぼ等しい）の逆数よりも大きいとき，感染症は拡大し，それよりも小さいとき，拡散することなく終息する．ある特定の値を境に拡散の様相が大きく異なることから，感染症の拡散は閾値現象として特徴づけられる．

(4.1)式は確率変数をもつが，このときシミュレーションの試行によって結果が異なり，確率的な変動を伴う．感染症の拡散のような確率変動を伴う閾値現象を扱うには，確率変数を詳細に検討する必要がある．確率パラメータの小さな違いが，感染症の流行の予測に大きな影響を及ぼすからである．

感染症の拡散を決定づける重要なパラメータは，基本再生産数である．それは，未感染者数に相対的感染率を乗じた次式で定義される．

$$R_0 \equiv S(0)\beta/\gamma \tag{4.4}$$

(4.3)式より，基本再生産数 R_0 が 1 よりも大きいとき感染症は拡散するが，1 未満のときは拡散しないことがわかる．また(4.2)式より，時間が十分に経過したときの感染者が集団に占める割合 π は，次式で求まる．

$$\pi = 1 - S(t)/S(0) = 1 - \exp\{-R_0\pi\}, (t \to \infty) \tag{4.5}$$

$S(t)$ は時間が十分に経過したときに感染しなかった人数を表わす．(4.5)式を解き，基本再生産数 R_0 を横軸，感染者の割合 π を縦軸で表わしたのが，図 4.2 である．この図から，$R_0 = 1$ を超えると感染症は広まる．また，最終的な

感染者の占める割合πはR_0が大きくなると増加することがわかる.

(2) SIS モデル

SIR モデルは,感染した人はやがて治癒し,その後は免疫ができるために,再び感染することのない感染症を扱う.一方で,インフルエンザのように免疫の獲得がなく,治癒後に再び感染する感染症も多い.免疫の獲得のない感染症が拡散する様相は,次のようにモデル化する.集団を未感染者と感染者の二つのタイプに分類し,感染者は治癒した後に未感染者に戻る.そして,未感染者数(S)と感染者数(I)の時間変化を次式で表わす.

(i) $dS/dt = -\beta SI$
(ii) $dI/dt = -\beta SI - \gamma I$ \hfill (4.6)

この式で表される感染ダイナミクスを,SIS モデルという.初期の未感染者数$S(0)$は集団人口Nにほぼ等しいとして,(4.6)式を整理すると次式を得る.

$$dI/dt = \beta(N-I)I - \gamma I = (\beta N - \gamma)\left(1 - \frac{1}{N - \gamma/\beta}\right)I \tag{4.7}$$

この式から,感染症の拡散は,SIR モデルと同じように,基本再生産数$R_0 = N\beta/\gamma$で決まり,その値が1未満のとき感染症は広まることなく,そして1以上のときに拡散していく.

時間が十分に経過したときの未感染者数と感染者数は,基本再生産数と集団人口の関数として次のように求まる.

$S(t) = \gamma/\beta = (1/R_0)N, (t \to \infty)$ \hfill (4.8)
$I(t) = N - \gamma/\beta = (1 - 1/R_0)N, (t \to \infty)$

この式から,基本再生産数のわずかな違いにより拡散の様相が大きく異なることがわかる.基本再生産数は,過去のデータなどに基づき一人の感染者が治癒するまでに平均して何人に移すのか(二次感染者数)から求まるが,それを正確に推定することは,一般には大変難しい.

多くの人が小さな町や村で暮らし,異なる地域の人たちと交流する機会が少なかった時代には,感染症の拡散はその地域に限定されることが多かった.現代では,どの国々でも一部の都市に人口が密集しており,また交通手段の発達

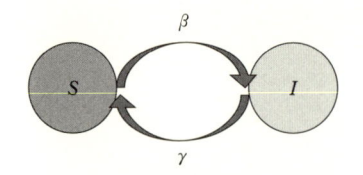

図 4.3 感染の状態遷移（SIS モデル）

や移動コストの低下の恩恵を受け，多くの人が日常的に頻繁に移動し，移動範囲も大幅に拡大している．人口の過密化と人々の高い移動性などが主な要因となり，一部の地域で発生した感染症は，世界中の多くの国々にあっという間に広まる危険性がますます高まっている．

　感染症が世界的に流行する感染爆発を未然に防ぐには，初動での対処が重要である．感染症の初期段階で，未感染者が感染者と接触する機会をできるだけ抑えることに成功すれば，拡散を局限化できる．そのためには，多くの国々が協力して絶えず監視する体制を整え，どこかの地域で感染症が発生した場合の，感染情報を共有し合う仕組みなどを整備しつつある．特に，人々の移動や物流の動きをグローバルなレベルで把握する監視体制を整備することで，ある地域で発生した感染症がどのような広まりを見せるのか，どのような対策を施すことで拡散を局限化できるのかなどについて，精度の高い予測につながる．

補足ノート4-1　代表的個人への集約化

集団で感染症が拡散する様相は，一人の代表する個人の内部状態の推移として扱うことができる．(4.1)式において，未感染者，感染者，治癒者の人数を人口規模 (N) で割ると，それぞれのタイプが人口に占める割合の変化式になる．三つのタイプが占める割合を $\hat{S}=S/N$, $\hat{I}=I/N$, $\hat{R}=R/N$, そして感染率を人口の自乗で割ったパラメータを $\hat{\beta}=\beta/N^2$ と表わすと，次式を得る．

$$d\hat{S}/dt = -\hat{\beta}\hat{S}\hat{I}$$
$$d\hat{I}/dt = \hat{\beta}\hat{S}\hat{I} - \hat{\gamma}\hat{I} \tag{1}$$
$$d\hat{R}/dt = \hat{\gamma}\hat{I}$$

この変換により，多人数の集団を一人の代表者に集約して扱うことができる．すなわち，その代表的個人は，未感染 (S), 感染 (I), 治癒 (R) の三つの内部状態をもち，これらの間を(1)式に基づき推移するとして扱うことができる．代表的個人がそれぞれの状態にある確率を求め，それらに人口規模 (N) を乗じることで，その集団における未感染者，感染者，そして治癒者の数がそれぞれ求まる．

4.2 社会の感染：ミクロモデル

　私たちは毎日の生活の中で，さまざまなうわさに接する機会は多い．本人の知らないうちに変なうわさが流れたりすることはよくある．耳にしたうわさを他の誰かに伝える伝道者に一人ひとりがなることで，うわさは広まっていく．私たちがうわさを伝え合うことは日常的な活動の一部であり，そのことが社会の営みに果たす役割は小さくない．しかしながら，私たちはなぜうわさを伝え合うのか，うわさはなぜ広範囲に伝わるのかなどについて，あまり明らかになっていない．

　流言やデマは，人から人へ伝えられる情報であるが，その内容について情報を伝える人が責任を負うことはなく，根拠や信憑性があいまいな場合をさす．流言の特徴は，確たる根拠もないのに人々の推測等によって発生し，秘密めいた雰囲気などをかもしだしながら，人から人へ伝えられていく．伝言ゲームのように，伝える内容に伝達する人の誤った思い込みが反映され，多くの人に伝わるうちに，最初の内容が大きく歪められることも少なくない．

　流言やデマに関する研究の歴史は長く，最近では，イラク戦争において，イラク国民の考えや感情を読み取る有力な情報源の一つとして調査が行われた(Kelley, 2004)．現地住民の間で交わされた流言やデマを収集し，流言やデマを伝える人々の性格，人々の間で伝わる速さ，人々の間で伝えられる毎に内容がどのように変容するのかなどについて分析した研究である．

　人々がうわさを伝え合うのは，不安な状態におかれるからである，という見方がある．私たちは，どのような状況にあるのか大まかに把握している．そのような中，新たな情報を入手し今まで把握していたのとは異なり，新たな状況をうまく解釈できなくなると不安になる．その不安を払しょくするために，他の人と積極的に情報を交換し，変化した状況を把握しようとする．このときに得た情報は，不安な状態におかれている別の人にも伝えられる．このように，人々が不安な状態にあるとき，その不安を解消あるいは軽減するために情報を得ようとして，うわさは伝えられていく．人々を取り巻く状況が不確実なとき，

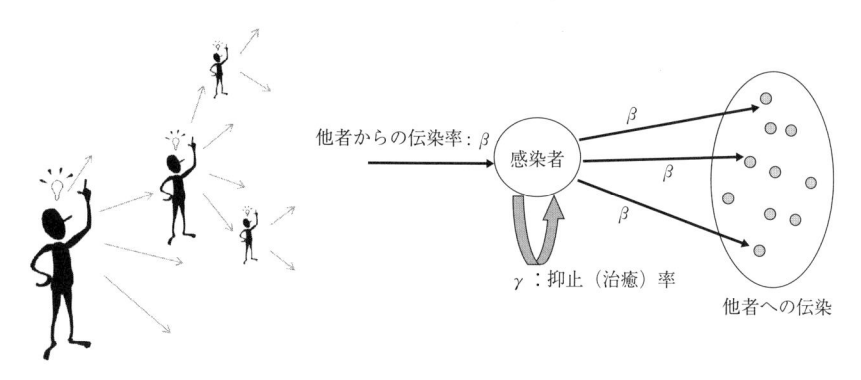

(a) 伝搬の連鎖とネットワーク構造　　　(b) 確率的拡散の概念図

図 4.4　うわさの伝搬

うわさが伝わり易くなるが，人々が状況を正しく把握できたと考えるとき不安は解消され，うわさは自然に消滅していく．

最近の研究では，うわさなどの伝播の様相に人々のつながり方が大きな影響を与えることがわかってきた．人々のつながりをネットワークとして表わし，うわさがネットワーク上をどのように伝播していくのかを可視化しながら，その伝搬の様相を明らかにしようとする研究なども進められている．このとき，人々のつながり（ネットワーク）が最初から存在するのではなく，うわさや情報を伝え合うことで人々の間にどのようなネットワークが作られるのかなどに着目した研究もある．

流言の伝搬によって，どのようなネットワークが形成されたのか，その全体像を明らかにすることは，一般には大変難しい．そのような調査が初めて行われたケースとして，1970 年頃に発生した豊川信用金庫事件がある．この事件は，女子高生同士の会話が発生原因となり，数千人規模の預金者が取り付け騒ぎを急に起こした事件である．うわさの伝達経路を逆にたどる調査をした結果，流言の発生源（女子高生同士の会話）が原因であったことが判明した（廣井，2001）．

最近では，人々が情報を共有し合う手段として，ツイッター（Twitter）やフェイスブック（Facebook）などのソーシャルメディアが主流である．インター

ネット上での情報のやり取りは，人々が情報やうわさを口頭で伝え合うのとは大きく異なる．インターネット上では匿名性の高い状態で情報のやりとりが行われることが少なくないため，さまざまな情報やうわさが流れる．このような中，主にインターネットを使った情報交換により，人々の日常的な活動にどのような影響を及ぼしているのかなどを明らかにする研究も進められている．

　本節では，個人行動（ミクロモデル）に着目して，口コミ等による情報やうわさの伝搬の様相を，エージェントモデルにより調べる．前節の SIR モデルをエージェントモデルとして，次のように表わす．各人（エージェント）は，未感染（S），感染（I），そして治癒（R）の三つの状態をもち，それらの状態間を (4.2) 式に基づき推移する．各エージェントは，二次元の平面上を自由に移動する（ランダムウォーク）．そして，未感染状態にあるエージェントが感染状態にあるエージェントと遭遇したとき（両者が一定距離以内に近づいたとき），ある確率で感染し，感染状態に変わる．うわさを聞いたエージェントが他のエージェントに伝える際の個人的な特性に焦点を当てながら，うわさや流言が伝搬していく様相について調べる．

　1,000 人のエージェントを二次元平面の 50×50 の格子上にランダムに配置する．各エージェントは各ステップ毎，空いている格子に移動する．そのとき移動する方向はランダムに選ぶ．また，1 回のステップで移動する距離は，0 から 10 の範囲でランダムに選ぶとする．1,000 人の中から任意に選ばれた 1 人が流言の発生源となり，二次元平面上を自由に動き回る際に遭遇するエージェント（隣接する格子に位置するエージェント）に，ある確率で流言を伝える．

　流言は，"流言を広げる人（Spreader）"が流言をまだ知らない"無知な状態の人（Ignorant）"に伝えることで伝搬していく．無知な状態の人が流言を聞いた後は，ある一定の確率で流言を広げる状態に変わる．流言を広めないことを"抑圧状態"という．"抑圧状態にある人（Stifler）"が，流言を広げようとする人，あるいは抑圧状態にある人に遭遇したときは，流言を広めないとする．そして感染症の SIR モデルに準拠して，次のようなパラメータを定義する．

(1) 伝達確率（感染率）"β"

　　流言を広げる状態にある人（Spreader）が無知な状態にある人（Ignorant）に

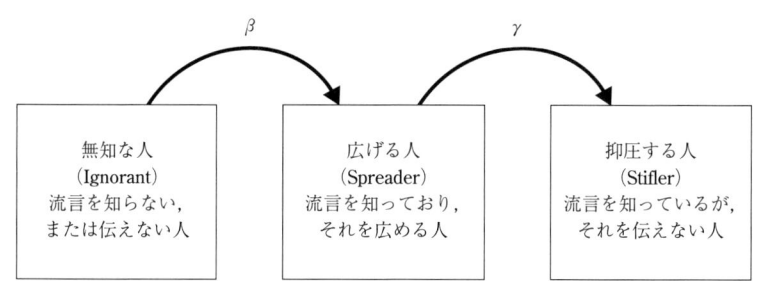

```
          β              γ
  ┌──────────┐   ┌──────────┐   ┌──────────┐
  │ 無知な人  │   │ 広げる人  │   │ 抑圧する人 │
  │(Ignorant)│   │(Spreader)│   │ (Stifler) │
  │流言を知らない,│ │流言を知っており,│ │流言を知っているが,│
  │または伝えない人│ │それを広める人│ │それを伝えない人│
  └──────────┘   └──────────┘   └──────────┘
```

図 4.5 流言伝達における人々の内部状態の遷移図

遭遇したとき，その人に流言を伝達する確率を β で表わす．

(2) 抑圧確率（治癒率）"γ"

流言を広める状態にある人が，同じように流言を広める状態にある人，あるいは流言を抑圧する状態 (Stifler) にある人と接触したとき，一定の確率で流言を広めないとし，それを抑圧確率 γ で表わす．

(3) 相対的抑圧確率 "β/γ"

伝達確率 β と抑圧確率 γ の比 β/γ を，相対的伝達率と定義する．

相対的伝達率が低い場合と高い場合の二つのケースで，無知な人，広げる人，そして抑圧する人の人数変化を求める．シミュレーションを 10 回行い，無知な人，広げる人，抑圧する人の時間変化の平均値を図 4.6 と 4.7 に表わす．相対的伝達率 β/γ が 5 と高いときは，流言を知らない無知な人はいなくなり全員が流言を知ることになる．流言を広めようとする人は当初急速に増加するが，やがて急激に減少し，全員が流言を抑圧する人に変わるが，これは流言を知らない無知な人がいなくなるためである．

相対的伝達率 β/γ が 0.5 と低い場合には，流言を知らない人は約 4 割存在する．流言を広めようとする人は当初増加するが，やがて減少し，流言を抑圧する人に変わる．このケースでは，流言を抑制しようとする働きが強く機能するためである．このように流言が広まるかどうかは，広めようとする力とそれを抑制しようとする力とのバランス関係によって決まることがわかる．

次に，エージェント毎にうわさを伝える回数を求めると，個人差が大きいことがわかる．うわさを伝えた回数の人数分布を図 4.8 に示す（片対数表示）．

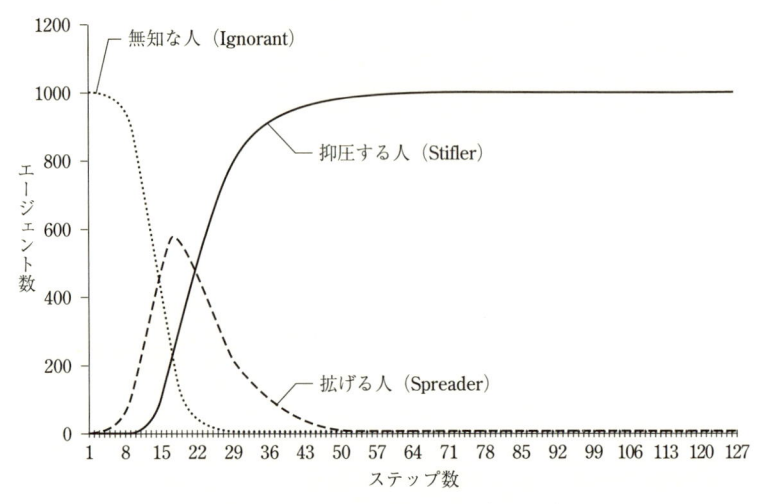

図 4.6 各タイプの人数の変化（$\beta/\gamma=5$）

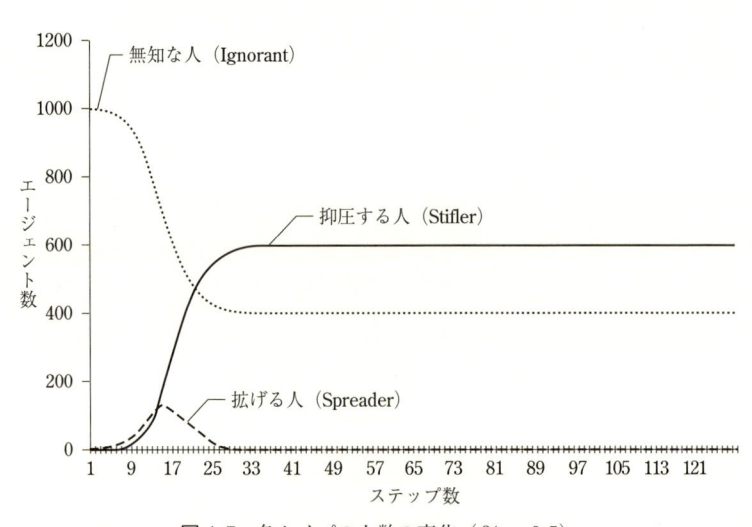

図 4.7 各タイプの人数の変化（$\beta/\gamma=0.5$）

第4章 社会の拡散

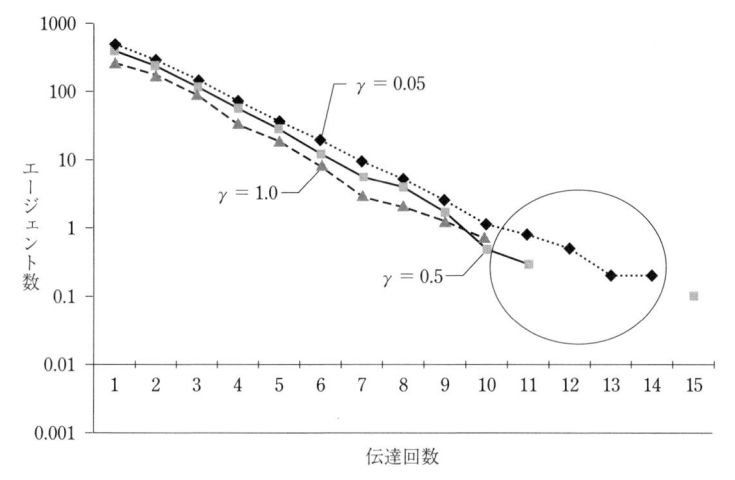

図4.8 流言伝達回数の人数分布（片対数グラフ）（$\beta=0.25$）

いずれのケースも，1ないし2回うわさを伝えるエージェントが多数を占める中，10数回以上伝えるスーパー・スプレッダ（図中囲んでいる部分）が，少人数存在する．

エージェント同士で流言を伝搬し合うことで，どのようなネットワークが形成されるのかを表したのが，図4.9である．両方の図とも，流言の発生源となるエージェント（ノード）は中央に位置し，そこから外側へ広がるように拡大してネットワークが形成されている．そして，ネットワークの中心から遠いところに位置するエージェントほど，流言を知った時期は遅いことを表している．

図4.9（a）は，相対的伝達率が $\beta/\gamma=5$ と高く，うわさを伝えることがあまり抑圧されないケースである．複数のリンクが向かっているエージェント（ノード）があり，無知な状態にある人が複数のうわさを伝える状態にある人から流言を聞いたことを表している．大部分のエージェントは，1から4本程度のリンクをもち，総リンク数の多い高密度なネットワークが形成されている．

図4.9（b）は，相対的伝達率が $\beta/\gamma=0.5$ と低く，エージェントは，うわさを伝えることを積極的に抑圧するケースである．図4.9（a）と比較すると，総リンク数の少ない，疎なネットワークが形成される．相対的伝達率が高いときも低いときも，多くの人にうわさを伝える，いわゆる"スーパー・スプレッ

111

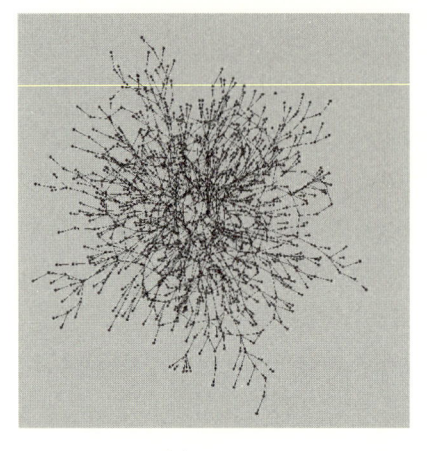

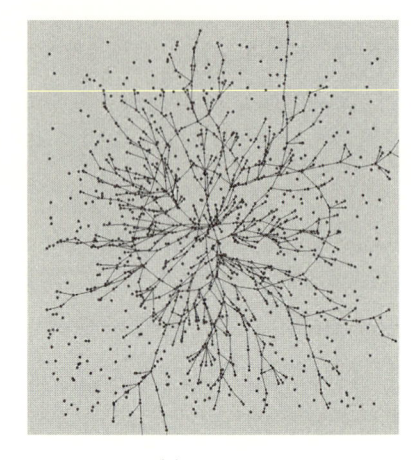

(a) $\beta/\gamma=5$　　　　　　(b) $\beta/\gamma=0.5$
図 4.9　流言伝達において形成されたネットワーク

ダ"が存在する．中でも，相対的伝達率が低いときは，他ノードに全くリンクを張っていない，あるいはごく少数のノードとしかリンクをもたないエージェントが多数を占めており，スーパー・スプレッダ，そして"放送局"というあだ名をもつ人の流言の拡散に果たす影響は，あまり大きくないことがわかる．

　有用な情報はできるだけ広める，反対に，風評などはできるだけ広めないようにするためには，何らかの工夫が求められる．情報や流言の拡散において重要なパラメータは，他人にうわさを伝えようとする確率 β とそれを抑圧しようとする確率 γ である．これらの個人的な特性が外からの働きかけにより操作できるならば，情報や流言の拡散をコントロールすることは可能である．

4.3　社会の普及：マクロモデル

　4.1 節で扱った感染症の拡散は，個人の意思などに関係なく，人々の間で広まる．一方で，商品の普及やファッションの流行の根底には，個人の主体的な選択がある．この節では，価格や性能などを比較しての個人の主体的な選択や他者を模倣し易い個人の心理的な側面に着目して，社会の普及現象を取り上げる．
　新しい技術の開発は，社会経済を豊かにしていくための原動力である．そし

て，新技術が社会に普及するまでの速さは社会経済の発展に大きな影響を与える．いつの時代にも，新技術を取り込んだ数多くの新製品が開発されるが，その中で成功するのはごく少数である．また，社会の隅々まで普及するまでには長い年数を要しているケースが多い．

消費者行動に関する研究は，20世紀半ば頃から始まったとされている．その中で，消費者の意思決定の枠組みや口コミが及ぼす影響などについて，主に研究されてきた．現在では，マーケティングという研究分野が生まれ，経済学，経営学，情報工学，物理学などの分野と結び付きを深めながら，学際的な領域として発展してきている．

社会の普及に関する研究において，米国の社会学者ロジャーズ（E. Rogers）によるモデルが果たしてきた役割は大きい．個人が知覚する新しい技術，製品，アイデア，行動様式などを，イノベーションという．ロジャーズは，イノベーションが普及していく様相を，人々のコミュニケーションを介した伝搬プロセスとしてモデル化した．

米国の社会心理学者ラザーズフェルド（P. Lazarsfeld）は，マスメディアの影響は個々の消費者の情報収集に働き，消費者同士の口コミは消費者の意思決定に大きな影響を与えるとしている．消費者同士のコミュニケーションは，消費者の購入態度を改変させる．そして，極めて多くの消費者に影響を与える人をオピニオン・リーダーと名付け，イノベーションなどに関する情報は，

マスメディア⇒オピニオン・リーダー⇒一般消費者

という3段階を経て，広く伝わるという枠組みを提案した．

イノベーションなどの普及を扱うための代表的なモデルを解説する．N人の消費者集団において，ある時点tまでにイノベーションを採用している人数を$M(t)$で表わす．

(1) マスメディアの効果

マスメディア効果とは，消費者がメーカー側のマスメディアを使った宣伝から情報を得て採用を決めるときである．このとき，未採用の消費者$(N-M(t))$の一定割合（k_1）の人が採用を決めるとして，採用者の増加率を

次式で表わす.

$$\frac{dM(t)}{dt} = k_1(N-M(t)) \tag{4.9}$$

(2) 口コミの効果

消費者同士の口コミ効果とは，未採用者が既に採用した人から情報を得て採用を決めるときである．未採用者がイノベーションに関する情報を得る機会は，既採用者と接触する回数に比例して増す．そして，採用者の増加率は，未採用者（$N-M(t)$）に既採用者（$M(t)$）を乗じた値に比例するとして次式で表わす.

$$\frac{dM(t)}{dt} = k_2 M(t)(N-M(t)) \tag{4.10}$$

一般に消費者は，マスメディアなどの宣伝による影響と口コミによる影響の両方を受ける．マスメディア効果と口コミ効果の両方があるときの採用者の増加率は，次式で表わせる.

$$\frac{dM(t)}{dt} = k_1(N-M(t)) + k_2 M(t)(N-M(t)) \tag{4.11}$$

この式は，マーケティングという研究分野を開拓した第一人者である米国のバス（F. Bass）によるもので，バスモデルとして知られている．(4.11)式を消費者総数 N で割り，採用者の割合（普及率：$p=M/N$）の式として表わすと次式を得る.

$$\frac{dM(t)}{dt} = k_1(N-M(t)) + k_2 M(t)(N-M(t)) \tag{4.12}$$

(i) $k_1=0$ のとき

このケースは，未採用者は既採用者の発する口コミ情報から影響を受けて採用する場合で，既採用者が普及の促進者として積極的な役割を果たすときである．このときの普及率 $P(t)$ は，図 4.10(a) に示す S 次型曲線（ロジスティック関数）として求まる.

(ii) $k_2=0$ のとき

このケースは，未採用者がマスメディアの影響を受けて採用を決める場合で，

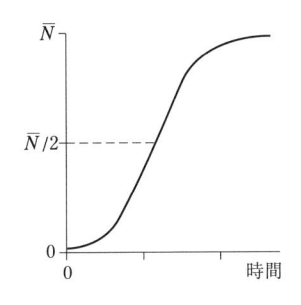

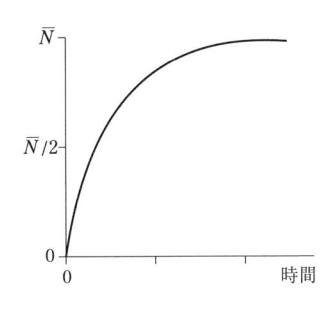

(a) S字型曲線（ロジスティック関数）（$k_1 = 0$）　　(b) 指数関数（$k_2 = 0$）

図 4.10　普及曲線

未採用者は一定の割合で採用者に変わる．このとき，普及率 $P(t)$ は図 4.10(b)に示す指数関数として求まる．

(iii) $k_1 \neq 0, k_2 \neq 0$ のとき

このケースは，未採用者は，マスメディアによる宣伝と消費者の口コミの両方の影響を受けて採用するときである．このとき普及の様相は，図 4.11 に示すS次型曲線をたどる．

イノベーションの普及がS次型曲線をたどることは，数多くの実証研究によって裏付けされてきている．ロジャーズは，消費者が採用を決めた段階から，消費者集団を次の5つのタイプに分類している．

- イノベーター（革新的採用者）：初期段階での採用者（全体の約 2.5%）
- アーリー・アダプター（初期少数採用者）：次の段階での採用者（約 13.5%）
- アーリー・マジョリティ（初期多数採用者）：その次の段階での採用者（約 34%）
- レイト・マジョリティ（後期多数採用者）：さらに次の段階での採用者（約 34%）
- ラガード（採用遅滞者）：最後の段階での採用者（約 16%）

図 4.11 から，採用者の割合がイノベーターとアーリー・アダプターを足した 16% 付近に達すると，普及が急激に進むことがわかる．このことから，イノベーションの普及は，感染症の拡散と同じように，閾値現象として特徴づけ

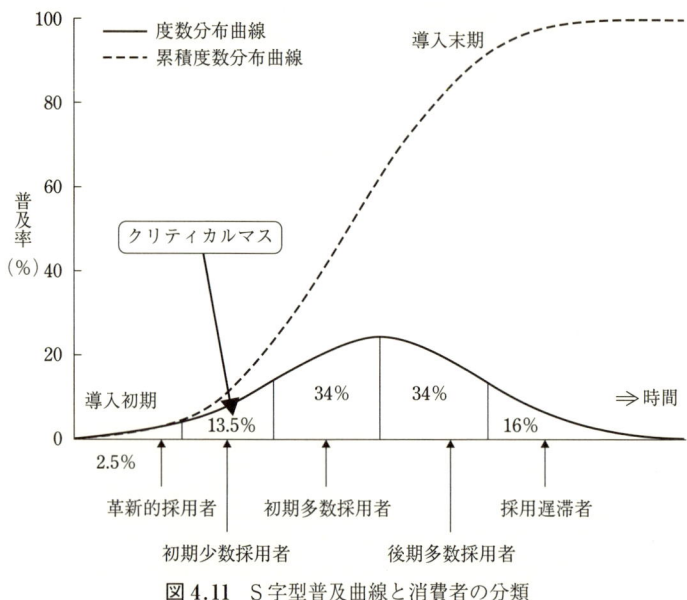

図4.11 S字型普及曲線と消費者の分類

ることができる．すなわち，採用する人の割合が一定の閾値を超えると普及は一気に進むが，それに達しない場合には，あまり普及しない．普及に成功するための閾値（クリティカル・マス（critical mass）ともいう）は，過去のデータから推定することは容易であるが，新しいタイプのイノベーションが普及する前にその値を推定することは困難である．

普及には，イノベーターやアーリー・アダプターなどの早期採用者とは異なる，マーケット通（Market Maven）と呼ばれるタイプの人が果たす役割が大きいことも知られている．マーケット通とは，ある特定の商品について情報を熟知し，周りの人たちに商品に関する情報を主導的に提供する人である．また，周りの人たちから信用性の高い情報源として頼りにされている人である．

アメリカの作家グラッドウェル（M. Gladwell）は，著書『ティッピング・ポイント』の中で，新しいアイデアや特定の行動などをとる人が，ある割合を超えると一気に広がるとし，その値をティッピング・ポイント（tipping point）と名づけた．ティップ（tip）とは，傾く，転覆するという意味をもつ．ティッピング・ポイントは社会の普及などの様相が劇的に変化する瞬間を表わす概念と

して使われ，閾値や物理現象の様相が大きく変わる特異点と同じ意味をもつ．

グラッドウェルは次のような例を引用しながら，小さな変化や影響が累積されてティッピング・ポイントを超えるとき，大きな変化につながることを説明している．ニューヨークの犯罪発生件数は，5年間で64％低下した．市の当局が荒廃した地下鉄がニューヨーク全体の犯罪を誘発しているという視点に立ち，地下鉄を全面的にクリーンアップし，無賃乗車を厳しく取り締まったことなどがティッピング・ポイントに変化をもたらした．また，販売不振だった商品が爆発的に流行し，テレビ番組の視聴率をあげることに成功した事例なども紹介している．

これらの事例に共通しているのは，ごく少数の人の行動が感染して多くの人に広まり，それまでの状況を一変させる劇的な変化を生むことである．このように行動などの感染爆発がなぜ起こるのかは，先駆的なごく少数の人の働き，人々に感染していくものの特徴，そのときの状況や環境がどのように作用するのかなどに依存して決まる．特に，爆発的な流行には，特殊な資質をもったキーマンとしての働きをする人が必ず関与しているとされている．グラッドウェルは著書の中で，このような革新的な人の果たす役割について明らかにしている．

社会のすみずみまでイノベーションが普及し，既存技術にとって代わるまでに要する年数は予想以上に長いことが知られている．どんなに優れたイノベーションでも，社会には非常にゆっくりとしたペースでしか受け入れられない．なぜゆっくりとしたペースでしか社会に受け入れられないのかなどの謎を探るには，個々の消費者の主体的な選択が集約されるメカニズムに着目する必要がある．

個人の消費態度が，どのように形成されるのかに関する研究も多い．消費者同士のつながりを社会ネットワークとして表わし，ネットワークを介した口コミの影響に関する研究なども注目されている．そして，個人の消費態度の形成を含め，消費者同士の結びつきの強弱性，消費者間のネットワークをかけめぐる情報の信頼性に焦点をあてた研究などが進められている．

商品が普及に成功するかどうかは，その商品に関心をもっている人々のつな

がりにも大きく支配される．さらには，偶然の力も大きく作用する．そして，社会における普及は，人々の連鎖的な選択結果としてとらえることができる．すなわち，ある人が商品を購入すると，その人の周辺の未購入者の消費態度に影響を与える．そして，一部の消費者の変化が社会ネットワークを介して連鎖して伝搬していき，社会全体の消費者態度があるレベルに達するとき，一気に普及が進むという構図からとらえることができる．このとき，個人の消費者態度はどのように変化し，その小さな変化が人々のつながりを介して連鎖的に伝搬するという視点からの普及モデルについては，第6章で取り上げる．

補足ノート 4-2　バスモデルの解析

最初に購入する人数（初期値）を $M(0)=M_0$ とおいて，(4.11)式を解くと次式が得られる．

$$M(t) = N\frac{S - e^{-(p+q)t}}{S + (q/p)e^{-(p+q)t}}(N-M) \tag{1}$$

この式の S は，シーデング係数とも呼ばれるパラメータで，次式で定義する．

$$S = \frac{N + (q/p)M_0}{N - M_0} \tag{2}$$

初期値 $M_0=0$ と設定すると $S=1$ となる．(1)式の $M(t)$（時点 t までに採用した人の累積総数）は，S次型曲線になる．また，採用者の増加率 $(dM(t)/dt)$ は上に凸の関数となり，ある時点までは増加するが，その後は減少関数に転じる．採用している人の割合を $p=M/N$ と表わし，二つのパラメータ k_i, $i=1,2$, $k=\hat{k}/N^2$ を使うと，(4.11)式は次式に変形できる．

$$\frac{dP}{dt} = k_1 P(1-P) + k_2(1-P) \tag{3}$$

(i) $k_1 = 0$ とおいて(3)式を解くと，時点 t での普及率 $P(t)$ は次式で求まる．

$$P(t) = \frac{1}{1 + \frac{(1-p_0)}{p_0}e^{-kt}} \tag{4}$$

この式の p_0 は，最初に採用者する人の割合を表わす．

(ii) $k_2 = 0$ とおいて(3)式を解くと次式を得て，普及率は指数関数になる．

$$P(t) = 1 - q_0 e^{-kt} \tag{5}$$

(iii) $k_1 \neq 0$, $k_2 \neq 0$ として(3)式を解くと，次式を得る．

$$P(t) = \frac{1 - e^{-(k_1+k_2)t}}{1 + \frac{k_1}{k_2}e^{-(k_1+k_2)t}} \tag{6}$$

この式は，図4.2 (a) に示すS次曲線になる．

4.4 社会の普及：ミクロモデル

社会における普及は，個人選択の集約の結果である．このことから，社会の普及の決め手になるのは個人の主体的な選択である．本節では，社会における普及を，ミクロな視点すなわち個人の主体的な選択に焦点をあてて調べる．個人が商品を選択するとき，自らの選好や商品価値だけでなく，その商品は売れ筋かどうかをも考慮するとき，全体の選択の影響を受ける．このときの普及の様相は，個人の選択に対して全体の選択からどのようなフィードバックループが働くのかによって決まる．

多くの人は，評判の良いものに対して高い関心をもっている．このことが，多くの人が同じ選択をするための要因になる．なぜ個人は評判の良いものに強い関心をもつのかという疑問には，心理学的な解釈がある．人間は，一種の社会的動物として，周りの人や全体の動向に関心を寄せていることは，多くの実験によって実証されてきている．

また，アメリカの心理学者フェスティンガー（L. Festinger）が提唱した"社会的比較過程理論（A theory of social comparison processes）"に基づく解釈もある．それは，個人心理の働きを他者との比較との中心におく考え方である．個人は自分の能力を正しく評価したい，また自分の意見の妥当性を確認したいという動機をもっている．そのために，絶えず他者の能力や意見と比較をする．このとき，自分と類似した人が比較の対象として選ばれるとは限らない．自分の能力を確認したいという動機が強く働く場合には，自分より劣っている人が選ばれる．また，自分の行為を正当化するための根拠があいまいな場合には，他者の行為に合わせようとする．

アメリカの経済学者ベンドル（J. Bendor）らは，フェスティンガーの社会的比較過程理論に準拠して，自らの選好と周囲に対する同調の両方の要因を考慮した個人選択モデルを考案した．本節では，ベンドルらのモデルを用いて社会における普及の様相について調べる．

ある商品を購入する，あるいは購入を保留するの二者択一の選択を，N人の

消費者が順番に行う．N 人の選択が一巡したとき，未購入の人には選択するかどうかの判断する機会が再度与えられる．ここで，$t+1$ 番目の消費者が商品購入を選択する確率を $q(t+1)$ で表わし，それを自らの選好に基づく確率とそれまで購入した人の割合の重みづけ平均として次式で与える．

$$q(t+1)=\alpha p+(1-\alpha)S(t) \tag{4.13}$$

p は，第2章の(2.1)で与えられる個人の選好に基づく購入確率である．$S(t)$ は，それまでに購入した人の割合で，$t+1$ 番目の消費者に働く社会的影響力と定義する．最初に選択する人に働く社会的影響力は，$S(0)=1/2$ とする．

(4.13)式は，商品が新しい顧客を獲得する確率は，それまでに獲得した顧客数（売り上げ）に比例するという累積優位性に基づくモデルにも似ている．そして，商品を購入する人が増すと，さらに購入される確率が高まる．係数 $\alpha(0\leqq\alpha\leqq1)$ は，消費者個人の選好に基づく選択確率と，社会的影響力を受けた選択確率の間の重みを表わす．社会的影響力を全く受けないで自らの選好で消費者が選択する場合，社会的影響力を受けて選択する場合，個人の選好と社会的影響の両方を考慮して選択する場合とに分け，それぞれ普及率（全体の購入の割合）の推移を求める．

(1) 個々の消費者が自らの選好に基づき購入する場合：$\alpha=1$

商品購入による効用が未購入の効用を上回る人（$p>0.5$ の人）の割合を μ で表わし，（ケース1）$\mu=1$，（ケース2）$\mu=0.5$，（ケース3）$\mu=0$ の3ケースを考える．ケース1は，N 人の消費者全員の購入意欲が高く，ケース2は，購入意欲の高い人と低い人が半々の場合，ケース3は，全員の購入意欲が低い場合である．それぞれのケースでの普及率の推移を図4.12に示す．いずれのケースも，普及率は商品購入による効用が未購入の効用を上回る人の割合に収束する．

ケース1と2では，最初の段階で普及率は急激に増加し，やがてピークに達し，それ以降の増加率は鈍くなる．このときの普及の様相は，フォート（L. Fourt）らが提案した修正型指数曲線に近い．このことから，商品の普及の様相が上に凸型の曲線になる場合，多くの消費者は他の消費者の動向を考慮する

図4.12 普及率の推移（α=1）

図4.13 普及率の推移（α=0）

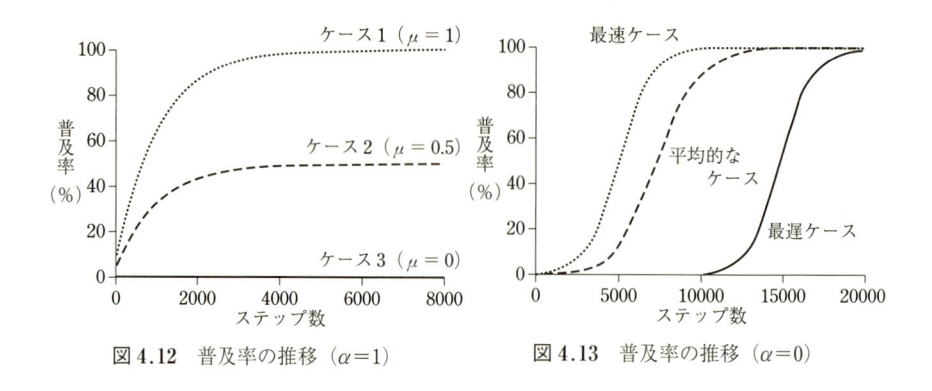

ことなく，自らの選好を重視して購入を決めたといえる．

(2) 個々の消費者が社会的影響を受けて選択する場合：α=0

消費者が，それまでに購入した人の割合に基づき購入するとき，普及率の推移を図4.13に示す．このケースは，普及の様相はシミュレーション毎に大きく異なるため，最も普及が速かったケース，最も遅かったケース，そして平均的な普及のケースを示す．最速で普及する場合，約8,000ステップ目に（未購入者には8回程度，選択の機会が与えられる），ほぼ全員が購入する．一方で，最遅のケースでは，10,000ステップ目でも普及することなく，約20,000ステップ目になって全員購入する．シミュレーション毎に普及の様相が大きく異なるのは，初期段階での消費者の購入態度に大きく左右されるためである．

いずれのケースも，最初は普及せず，大変ゆっくりとしたペースで普及し始める．そして，普及率が一定レベル以上になると一気に普及が進む．さまざまな商品の普及は，このようなS字型曲線（ロジステック関数）をたどることが知られている．社会の普及が閾値現象の特徴をもつのは，多くの消費者が売れ筋かどうかで購入を決めるからである．

(3) 個々の消費者が自らの選好と社会的影響の両方を考慮する場合：$0<\alpha<1$
(i) 全員の商品に対する効用が高い場合：$\mu=1$

$\alpha=0$，$\alpha=1$の場合と合わせて，$\alpha=0.1$と$\alpha=0.5$の場合の普及率の推移を

図 4.14 普及率の推移（購入意欲が全員強い場合：$\mu=1$）

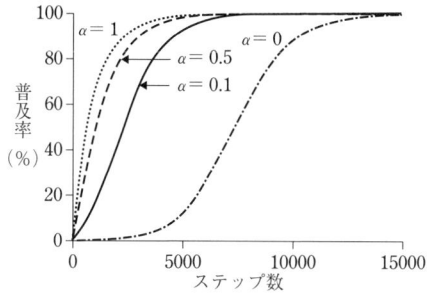

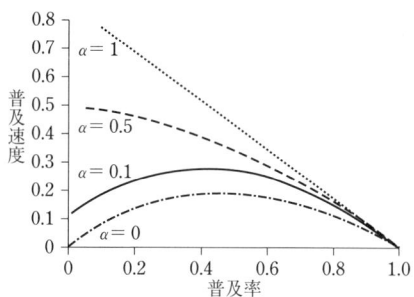

図 4.15 普及率と普及速度との関係（購入意欲が全員強い場合：$\mu=1$）

図 4.14 に示す．

消費者が自らの選好を重視するとき（高い α），普及は速く普及率の増加は上に凸の曲線になる．反対に，社会的影響力を強く受けるとき（小さい α），普及率の増加は S 字型曲線をたどり，初期段階での普及は遅いが，ある程度普及が進むと普及は加速的になる．

普及率と普及速度の関係を調べるため，普及速度 $v(t)$ を，一定人数 $\varDelta t$ が選択したときの購入者の増分として次式で定義する．

$$v(t)=\frac{\{S(t+\varDelta t)-S(t)\}}{\varDelta t} \tag{4.14}$$

すなわち，普及曲線 $S(t)$ の勾配から普及速度を求め，普及率と普及速度の関係を図 4.15 に示す．

個々の消費者が自らの選好を重視して選択するとき（$\alpha>0.5$），初期段階での普及速度が最も高くなり，普及が進み普及率が高まると右下がりの減少関数になる．一方で，自らの選好より社会的影響力を強く受けて各消費者が選択するとき（$\alpha<0.5$），普及速度は上に凸関数となり，初期段階ではなかなか普及しないことがわかる．最初の段階では購入する人は少なく，購入を保留し，いわば様子見的な態度をとる人が多いためである．しかしながら，普及はゆっくりとしたペースで進み，ある程度普及が進むと普及速度はピークに達し，その後は減少に転じる．

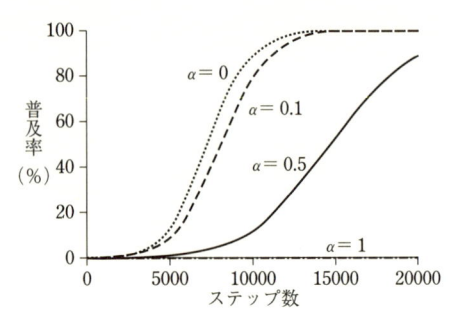

図4.16 普及率の推移（全員の購入意欲が弱い場合：$\mu=0$）

(ii) 全員の商品の効用が低い場合：$\mu=0$

このケースは，個々の消費者の購入意欲が低い，あるいは宣伝が不十分なために多くの消費者は商品の存在を知らない場合である．このときの普及率の推移を図4.16に示す．

消費者が自らの選好に基づき選択するとき（$\alpha=1$）は，誰も購入しない．一方で，社会的影響力を少なからず受けるとき（$\alpha<1$）は，ごく少数の初期購入者の影響を受けて購入する人が現れ，彼らの影響を受けることで購入する人が増加していく．そして，時間が十分に経過すると普及は進む．このケースでの普及率と普及速度の関係を図4.17に示すが，個人の購入意欲が弱い場合，普及率と普及速度の関係は，上に凸の曲線になる．また，重み係数αに関係なく，普及率が0.5以下の領域では普及速度は増加し，普及率が0.5以上になると普及速度は減少し，やがて普及速度はゼロに近づき，普及は飽和していく．

一人ひとりが自らの選好に基づき選択をするとき，全体の選択は個人の選択の集約になる．すなわち，一人ひとりの購入意欲が強いときは，すぐに普及し，反対に一人ひとりの購入意欲が弱い場合には，全く普及しない．しかしながら，一人ひとりが社会的影響力を受けて選択するとき，全体の選択は個人の選択の集約とは離れた結果になる．すなわち，一人ひとりの購入意欲が高くても，なかなか普及しない商品があったり，これとは反対に，個人の購入意欲は弱くても普及する商品も現れる．そして，社会における普及の様相を決めるのは，個人の選好と社会的影響力の結び付きの強さ（α）である．

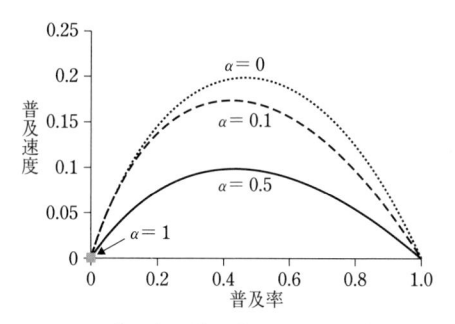

図 4.17 普及率と普及速度との関係（個人の購入意欲が弱い製品）

4.5 現実データの解釈

本節では，前節のモデルに基づくシミュレーション結果を実際の商品の普及データと照らし合わせながら，現実のデータから何が読み取れるのかを調べる．いくつかの耐久消費財の普及率の推移を図 4.18 に示す．

さまざまな耐久消費財（商品）は，社会に普及していった様相から大きく二つのタイプのグループに分類することができる．一つ目のグループは，乗用車やファンヒーターなどのように，普及率は単調増加関数をたどり，時間の経過とともに頭打ちになる商品である．消費者がこれらの商品を購入する際には，自らの選好（価格，性能，使いやすさなど）を重視し，その商品が売れ筋かどうかはあまり考慮しないといえよう．二つ目のグループの商品は，カラーテレビ，ルームエアコン，パソコン，携帯電話，インターネットなどである．これらの商品は，初期段階での普及率は低いが，ある一定値を超えると一気に普及が進み，普及の様相は S 字型曲線をたどる．このような商品を消費者が選択する際には，その商品が売れ筋かどうかを重視して決める．また，これらの商品には，より多くの人が購入すると商品価値が高まるという，ネットワーク外部性が働く．

商品の選択において，消費者の選好が強く反映されるのか，あるいは売れ筋かどうかを強く考慮しているのかを詳しく調べるため，各商品の普及率と普及

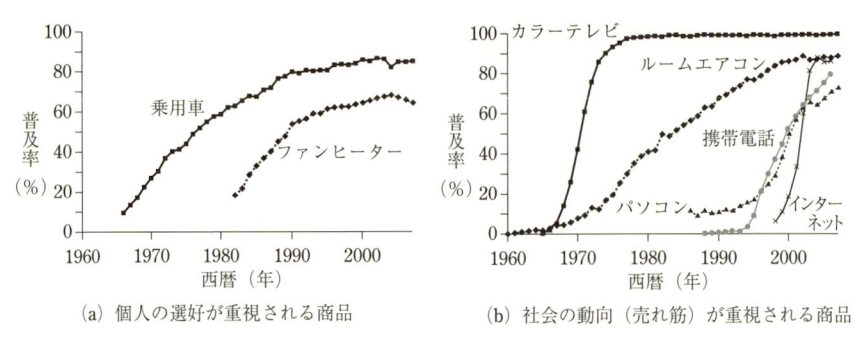

(a) 個人の選好が重視される商品　(b) 社会の動向（売れ筋）が重視される商品

図 4.18　さまざまな耐久消費財（商品）の普及率の推移

速度の関係を図 4.19 に示す．商品の普及速度は，その年の景気や平均気温などのさまざまな要因によって大きく変化する．図 4.19 は，株価が大暴落したブラックマンデー（1987 年），高温の冬となった年（1972 年と 1987 年）のデータを除いて求めたものである．また，年度ごとのデータのばらつきを小さくするために単純移動平均値を使って平滑化してある．

一つ目のグループの乗用車とファンヒーターは，3 年間の移動平均を求め，最小 2 乗法により線形近似し，その結果を図 4.19 に示す．相関係数は 0.9 及び 0.92 と高い．このことから，これらの商品の購入をする際には，多くの消費者は売れ筋かどうかを考えないで，価格や性能を重視して決めているといえよう．

二つ目のグループの商品の普及速度と普及率の関係を，図 4.20 に示す．カラーテレビ，パソコン，携帯電話，インターネットは，3 年間の単純移動平均によって平滑化して求めた（携帯電話とインターネットは加入契約数から求めている．携帯電話は 2 台以上を購入する人も増えているが，正確な統計データがないため，FOMA は導入された 2001 年以降のデータは除いた）．これらのデータを最小 2 乗法により二次方程式として近似でき，そのときの相関係数は 0.9 以上と高い．これらの商品の普及速度と普及率の関係は，上に凸の二次方程式になる．ルームエアコンについては，10 年間の移動平均を求めて，最小 2 乗法により，二次方程式のグラフとして近似できる．このときの相関係数も 0.9 と高く，普及速度と普及率の関係は，同じように上に凸の二次方程式で表

(a) ファンヒーター (b) 乗用車

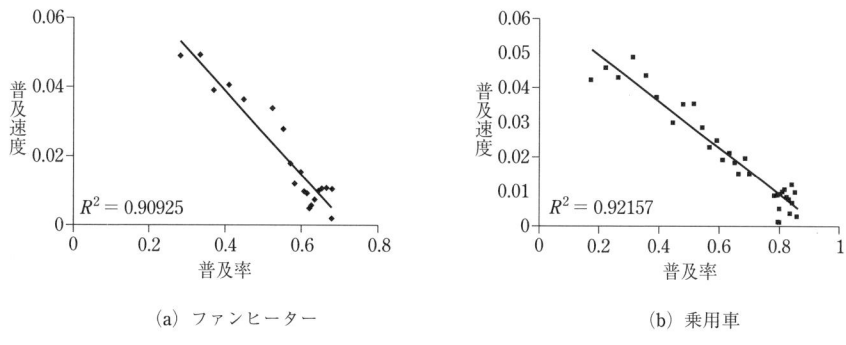

図 4.19 普及率と普及速度の関係（個人の選好が優先される商品）

わされる．このことから，二つ目のグループの商品を消費者が購入する際には，売れ筋かどうかが強く反映されることを示唆している．

次に，2001 年に発売されてベストセラーとなった『世界の中心で，愛をさけぶ』を取り上げ，消費者のどのような特性が強く働いたのかを調べる．また，メールマガジンの例に，発行部数が最上位にランキングされたもの（1，2 位）とランキングが極めて低いもの（3,000，4,000 位）を対象に，消費者はどのような基準でこれらのメールマガジンを選択したのかについて探る．

購入者たちにどのような要因が働いたのか，発行部数の推移だけで類推することは難しいため，データを平滑化し，発行部数と増加部数（増加率）との関係を求める．ベストセラーの本の月毎の増加部数を図 4.21 に示すが，上に凸の二次方程式のグラフとして近似できる．このことから，ベストセラーとなった本の購入者の多くは，売れ筋であるという理由で購入を決めているといえる．メールマガジンについても同じことがいえる．ランキングが 1 位と 2 位の発行部数と増加部数の関係を図 4.22 に示すが，同じように上に凸の二次方程式によって近似できる．ベストセラーとなった背景には，内容が良くて買うというよりは，ベストセラーであるという理由で，あるいはマスコミの広告などで話題になったために多くの消費者が買う，という構図が見えてくる．

同じように，ランキングが極めて低いメールマガジンのデータを図 4.23 に示す．発行部数の伸びは初期段階では鈍く，少し増加した段階で売り上げは頭打ちになっている．これらのデータを平滑化して，発行部数が減少していると

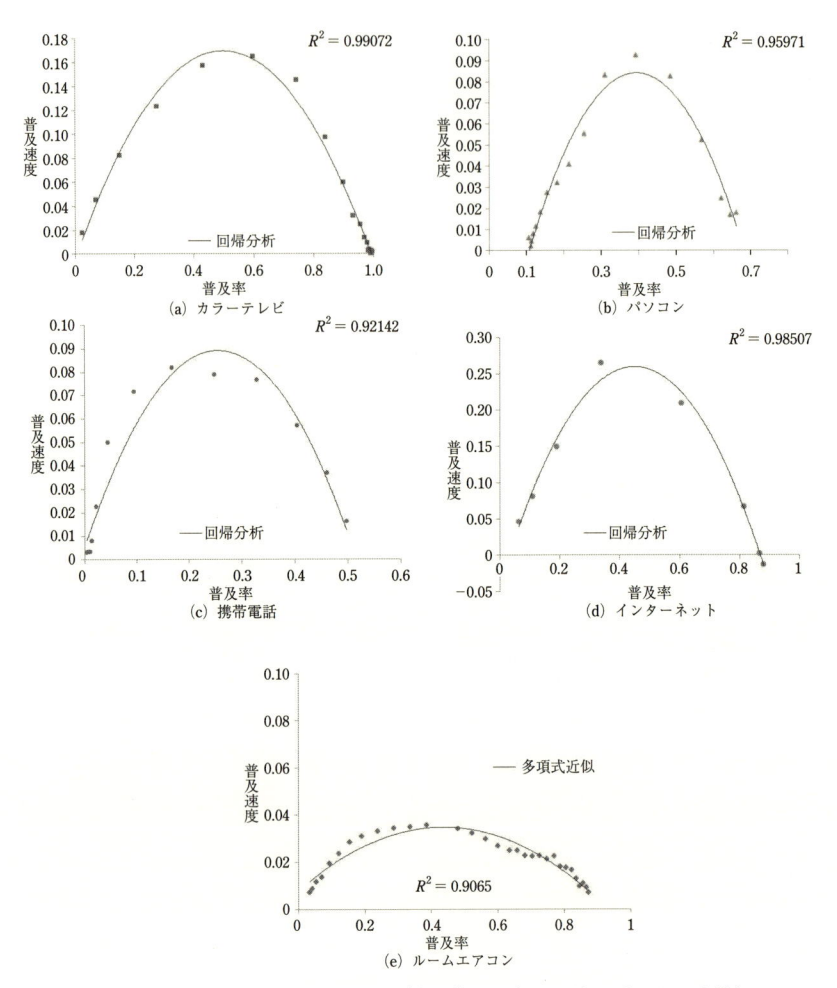

図 4.20 普及率と普及速度の関係（売れ筋かどうかが決め手になる商品）

第 4 章　社会の拡散

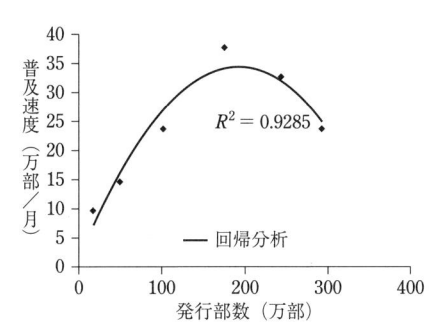

図 4.21　ベストセラーとなった本の発行部数と普及速度の関係

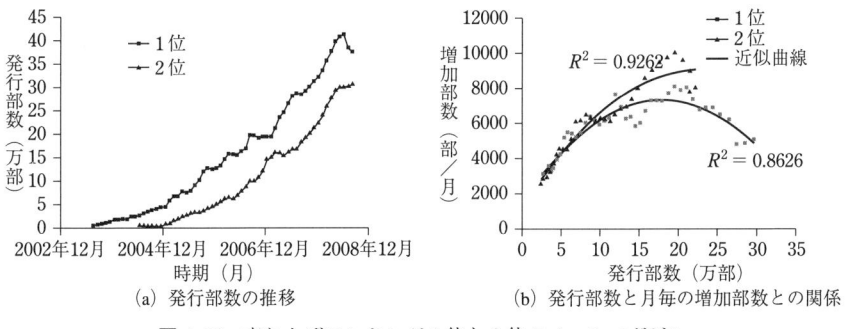

図 4.22　売り上げランキング 1 位と 2 位のメールマガジン
(a) 発行部数の推移
(b) 発行部数と月毎の増加部数との関係

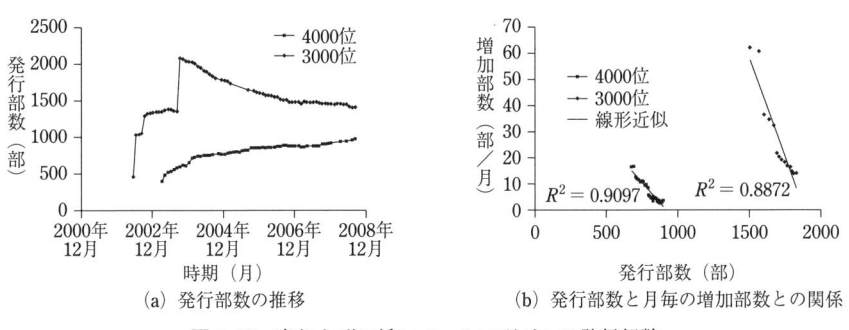

図 4.23　売り上げの低いメールマガジンの発行部数
(a) 発行部数の推移
(b) 発行部数と月毎の増加部数との関係

ころを除いて回帰分析をすると，発行部数と増加部数（普及率）の関係は右下がりの線形関数で近似できる．このことから，ランキングの低いメールマガジンは，読みたいと思っている人が購入していることがわかる．一方で，ランキングの高いメールマガジンのように，売れ筋かどうかで購入を決める人たちの目に接することがないために売れない，という構図になっていることが読みとれる．

第5章
社会の選択

　個人は，周りの人の意見や行動から少なからず影響を受ける．そのことで，社会の消費行動や社会における意見形成などに特異な現象が現れる．本章では，個人が他者や社会から受ける影響に着目し，それを個人と全体のつながりの強さの関係として表わす．そして，社会の選択は個人と全体のつながりの強さによって大きな変動を伴うことを見ていく．

5.1　個人の同調性と社会の選択

　私たちは，あまり深く考えることなく周りの人と同じ行動をとる．また，無意識的に大勢の人の意見に従うことがある．これには，いくつかの理由が考えられるが，個人は周りから情報的影響や規範的影響を受け易いという解釈がある．

　情報的影響とは，他者がある行動をとるのは何らかの根拠があり，その人と同じ行動をとることは有用と考えることである．特に，情報があまりないような状況では，私たちは不安を感じて他者の行動を参考にする．このとき，情報的影響を受ける．一方で規範的影響とは，個人が周りからの期待に応じて行動することである．多くの人は，事前の申し合わせがなくても，似た服装で行事などに参加する．面接試験などでも，多くの受験生は似た服装で臨み，面接時の振る舞い方にも多くの共通性が見られる．個人が周りの人と同じ格好や振る舞いをすれば安心であると考えるとき，規範的影響を受けることになる．

　私たちは，他者の前で自分の意見を述べたり自分の態度などを決めるとき，全体の雰囲気（空気）を敏感に察知する．自分の意見が正しいのか不安になることは，誰にでもある．また，多くの人は，自分が下そうとしている判断を正当化したい欲求ももっている．そのために，私たちは周りの人たちの意見に耳

を傾け，同じ状況におかれている人から有用な情報を得ようとする．そのことで，周りの人たちから影響を受けることになる．

　前章の4.4節では，個人の選択は自らの選好と全体の動向の両方のバランスで決まり，個人と全体の選択の結び付きの強さによって，社会における普及の様相が大きく異なることを見てきた．日常生活に必要な品物の購入や株の売買などでは，個人の選択は一度きりでなく繰り返し行われる．本節では，個人の選択が繰り返し行われるときに現れる全体の性質について調べる．特に，個人の周囲に対する同調度が高いときには，多くの人の選択は一致する傾向が強まるが，どのように一致するのかを予測することは困難であることを見ていく．

　N人の調査対象者が現内閣を支持する（A），あるいは支持しない（B）の二者択一の選択を繰り返し行う．個々の調査対象者は自分の意見をもっているが，他の人はどのように考えているのかを考慮しながら最終的に態度を決める．具体的には，自らの意見（選好）とそれまでの支持率を総合して支持または不支持を言明する．対象者は一人ずつ順番に選択するとし，$t+1$番目の人が支持（Aを選択）する確率を4.4節の(4.1)式と同じ次式で与える．

$$q(t+1)=\alpha\mu+(1-\alpha)S(t) \qquad (0\leq\alpha\leq1) \qquad (5.1)$$

μは，現内閣に対する個人の選好を表わし，その値が1に近いほど現内閣を強く支持し，0に近いほど全く支持しない．$S(t)$は，t番目までに選択した人で支持を選択した人の割合を表わす．αは，個人の選好と全体の支持率に対する重みを表わす．それが1に近いほど，個人と全体のつながりは弱く自らの選好に基づき選択する．一方で，0に近いほど，個人と全体のつながりは強く全体の支持率に基づき選択する傾向が強まる．

　調査は繰り返し行われ，全員の選択が一巡したとき，最後の支持率を初期値として与え，最初の人から支持または不支持を再度言明していく．

(1) **$\alpha=0$：個人の選択が全体の支持率に支配されるとき**

　$N=1,000$として，支持率$S(t)$の推移を図5.1(a)に示す．最初は支持した人と支持しない人が一人ずついるとし，初期値を$S(0)=0.5$とする．そして，2番目に選択する人が支持する確率は，最初の人が支持を選択したときは，

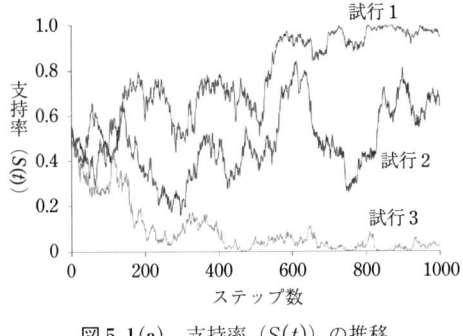

図 5.1(a) 支持率 ($S(t)$) の推移

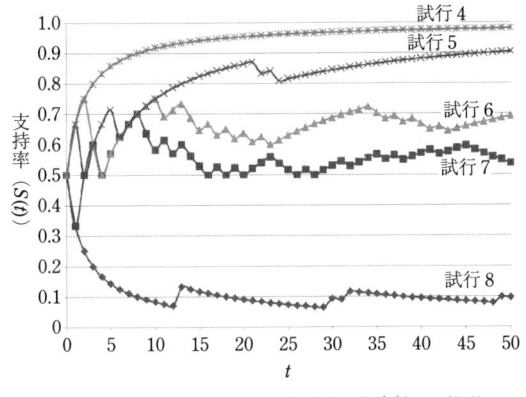

図 5.1(b) 初期段階での支持率 ($S(t)$) の推移

$S(1)=2/3$,最初の人が不支持を選択したときは,$S(1)=1/3$ となる.

　試行 1 では,ほぼ全員が支持し,試行 2 では約 70％の人が支持し,試行 3 では支持する人の割合は約 10％にとどまっている.いずれのケースも,支持率は一定の値に収束し,人々が同調することがわかる.しかしながら,支持率が同じ値に収束することなく,試行毎に大きく異なる.新たに 5 回の試行を行い,支持率の初期段階での推移を図 5.1(b)に示す.この図から,数ステップの早い段階で言明する人がどのような選択をするかによって,全体の支持率は決まり,それ以降は,支持率にほとんど変化がないことがわかる.

　以上のシミュレーションを繰り返し実施し,最終的な支持率の頻度分布を求める.図 5.2 には,各試行における支持率の最大値,平均値,そして最小値の

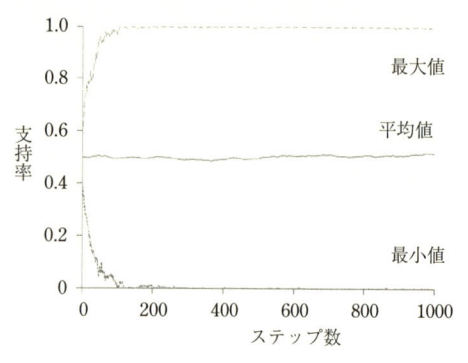

図 5.2 支持率の頻度分布（α頻度）

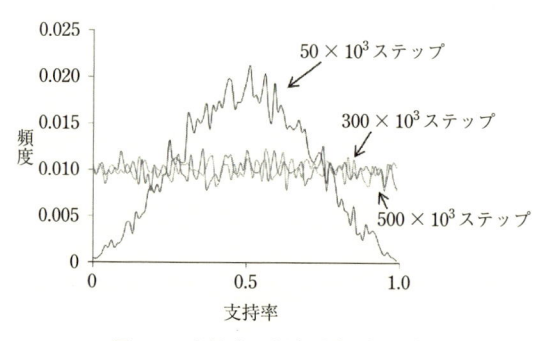

図 5.3 支持率の頻度分布（$\alpha=0$）

推移を示す．また，50×10^3 ステップ（各人が 50 回の選択を繰り返す），300×10^3 ステップ（300 回選択を繰り返す），そして 500×10^3 ステップ（500 回選択を繰り返す）終了後における，支持率とその頻度分布を図 5.3 に示す．各人が 50 回選択を繰り返したときの支持率の分布は，0.5 をピークにもつ正規型分布，300 回以上の選択を繰り返したときの支持率の分布は，0 から 1 の間の値をとり，ほぼ一様分布になる．

各人が自らの考えに基づくことなく，全体の支持率の動向から支持・不支持を決めるときに，全体の支持率がどのようになるのかを予測することは難しい．このような性質をもつ現象を，マルチンゲール（martingale）という．1,000 人が言明をし，支持する人と支持しない人とに二分されたとする．このとき，1001 番目に選択する人に及ぼす(5.1)式の影響は，$S(1000)=0.5$ である．そし

第 5 章　社会の選択

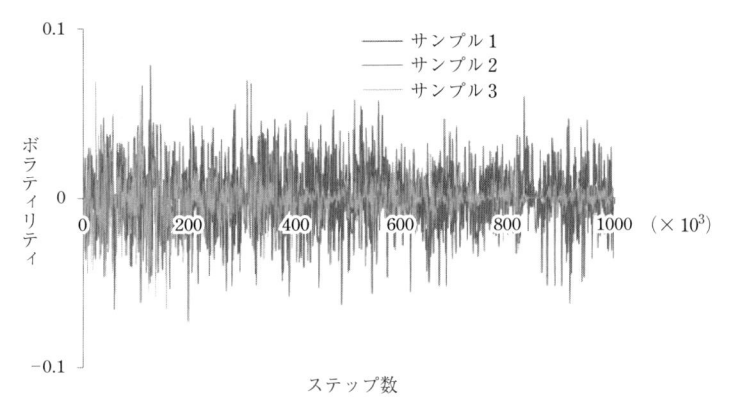

図 5.4　支持率のボラティリティ変動（$\alpha=0$）

て，この人が支持を選択する確率は，$0.5(501/1001)+0.5(500/1001)=0.5$ と求まるので，次の時点で選択する人に働く影響も同じく，$S(1001)=0.5$ となる．このことを一般化すると，次式を得る．

$$E[S(t+1)|S(t)]=S(t) \tag{5.2}$$

すなわち，時点 $t+1$ での支持率 $S(t+1)$ の条件つき期待値は，前回の支持率 $S(t)$ として求まる．確率現象が(5.2)式を満たすとき，マルチンゲール性が成り立つという．

個人の選択が全体の動向によって決定づけられるとき，社会の選択にはマルチンゲール性という特徴が現れる．このとき，全体の支持率を予測することは困難で，ほぼ全員が支持する熱狂的な状態，あるいは誰も支持しないで社会の不満が爆発寸前の状態など，あらゆる可能性が生じる．

大きな変動を表わす指標として，ボラティリティ（変動幅）がある．ここでは，支持率の変動幅の絶対値をボラティリティとして次式で定義する．

$$V(t)=\{S(t+\Delta t)-S(t)\}/\Delta t \tag{5.3}$$

この式は，(4.14)の普及速度と同じ式である．変動の測定幅を $\Delta t=1{,}000$ とし，1,000 人が選択した時点での支持率の変動幅をボラティリティとして測定し，いくつかをサンプルとして図 5.4 に示す．支持率の変動が大きくボラティリティが高くなることもあれば，変動が小さいこともある．ボラティリティの

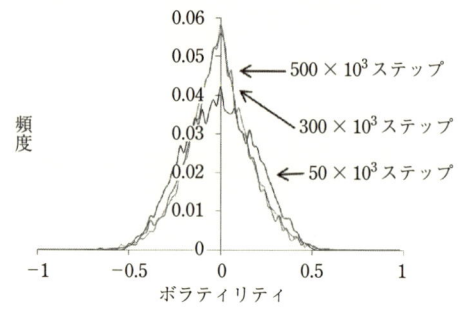

図 5.5 ボラティリティの頻度 ($\alpha=0$)

頻度分布を図 5.5 に示すが，ボラティリティが 0 に近い値をとり支持率の変化が小さいケースが最も多い．一方で，ある小さい割合で支持率が大幅に変動することもある．

支持率の変動幅が小幅にとどまることが最も多いが，一気に支持率が上昇または下落することが稀に起こる．ボラティリティの変動の頻度分布（図 5.5）は，0.5 をピークに左右バランスがとれている．このような頻度分布をテント分布という．このとき，支持率は 0.5 付近に必ず戻るという自己回帰性をもつ．生態系におけるさまざまな種の成長率や企業の売上などの成長率を調べると，テント分布になることが知られている．自己回帰性は，出入りのない系，あるいは全体で獲得できる資源や利得に増減のないゼロ・サム系などに見られる性質の一つである．

(2) **$0<\alpha<1$：個人の選好と全体の動向の間でバランスを図るとき**

内閣を支持する人と支持しない人が 500 人ずつ（(5.1)式において，μ を 0.5 以上の人と 0.5 未満の人が半数ずつ）とし，個人の重み係数 α を 0 から 1 の間で変化させたときの全体の支持率を図 5.6 に示す．

$\alpha=0$ 付近のときは，支持率は 0 から 1 までの任意の値をとるが，α の値が高まる（個人の選好が優先される）とき，支持率の変動は小さくなり，$\alpha=1$ に近づくにつれ，支持率は個人の選好を集約した値である 0.5 に近づく．

次に，重み係数 α と支持率の変動幅（ボラティリティ）の関係を調べる．

第 5 章 社会の選択

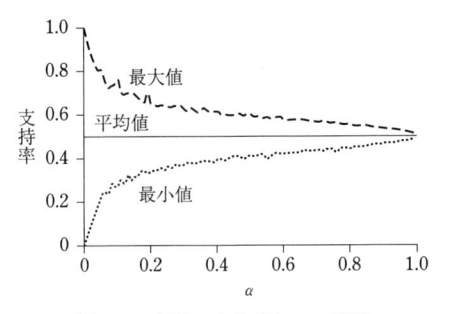

図 5.6 内閣の支持率と α の関係

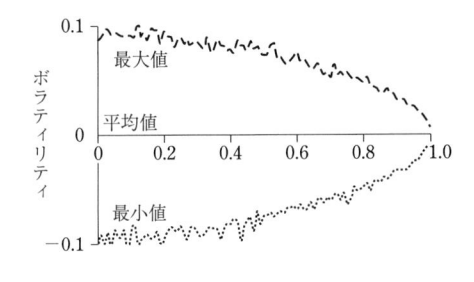

図 5.7 ボラティリティと係数 α の関係

$1,000 \times 10^3$ ステップ時（全員が 1,000 回の選択を繰り返した時）のボラティリティの最大値，最小値，そして平均値を図 5.7 に示す．α が小さいとき支持率は大きく変動するが，α が大きくなると支持率の変動幅は小さくなる．α が小さいとき，各人は前回の支持率の影響を強く受けて選択するために，全体の支持率は大きく変動する．そして，それまでの高い支持率が嘘であったかのように，突然大幅に下落することがある．反対に，極めて低い支持率の状態から急上昇することも起こる．一方で α が大きく，個人の選好を重視して決めるときの支持率は，個々の選好を集約した結果に近づき，ボラティリティ変動も小さく安定する．

自然現象に見られる相転移（水が水蒸気に，あるいは氷になること，あるいは磁性体の強磁性（磁石）と常磁性（磁石ではない）との間での状態変化など）が起こるのは，温度などの変化である．社会の選択でも，個人の選択がバラバラで多様性な状態と，全員の選択が一致している状態に分かれる．このよ

うな相転移は，個人と全体のつながりの強さが決め手になるといえる．(5.1)式の重み係数αがもつ意味を，磁性体の相転移現象（第3章）における温度の働きと対比させて解釈することができる．個人と全体のつながりが弱い$\alpha=1$付近では，常磁性の状態とも似ており，いろいろな意見の持ち主が混在する状態で均衡する．一方で，個人と全体のつながりが強くαが小さいとき，磁性体は強磁性となって高い秩序を形成するが，社会の選択では高い秩序を形成することはなく，全体の支持率は0から1の範囲のあらゆる値をとる可能性があり，エントロピーが最も高い極めて不安定な状態である．

補足ノート 5-1　マルチンゲール

マルチンゲールとは，過去の情報に基づき計算した期待値と未来の期待値が同一になるという，確率過程に関する性質である．

$\{X_n, n \geq 1\}$ を，離散時間のマルコフ過程とする．マルコフ過程とは，過去の情報 $\{X_i = x_i, i \leq n-1\}$ が与えられたとき，次の時点での値 X_n の条件付き分布は，すべての過去の情報に依存することなく，直近の値 X_{n-1} に依存して決まることである．

ここで，X_n を n 日目の株価の値とすると，それは一日前の株価 X_{n-1} だけに依存して決まり，それより以前の株価には依存しない．すなわち，株価の動きにおいて，過去のすべての情報は直近の株価に反映されている，という見方である．

$E\{X_n/X_i\}$ は，X_i が与えられたとき，X_n の条件付き期待値を表わす．そして，以下の式を満たすとき，

$$E\{X_n|X_i\} = X_i (n \geq i) \tag{1}$$

マルコフ過程 $\{X_n, n \geq 1\}$ をマルチンゲールという．また，次の時点での期待値が直近の値で決まるという性質をマルチンゲール性という．また，

$$E\{X_n|X_i\} \geq X_i (n \geq i) \tag{2}$$

が成り立つとき，劣マルチンゲールという．また，

$$E\{X_n|X_i\} \leq X_i (n \geq i) \tag{3}$$

が成り立つとき，優マルチンゲールという．

ランダムウォークはマルチンゲールである．このことは，次のことからわかる．各確率変数の分布を，

$$P(X_i = -1) = p, \quad P(X_i = 1) = 1 - p \tag{4}$$

で与えるとき，その平均は，

$$E(X_i) = p \times 1 + (1-p) \times (-1) = 2p - 1 \tag{5}$$

と求まる．確率変数の和 $S_n = X_1 + X_2 + \ldots + X_n$ もマルコフ確率過程となり，その条件付き期待値は次のように求まる．

$$\begin{aligned}E\{S_{n+1}|S_n\} &= E\{S_n + X_{n+1}|S_n\} = S_n + E\{X_n|S_n\} \\ &= S_n + E\{X_n\} = S_n + 2p - 1\end{aligned} \tag{6}$$

そして，確率変数の和 $S_n = X_1 + X_2 + \ldots + X_n$ は，

(1) $p < 0.5$ のとき，優マルチンゲール，

(2) $p=0.5$ のとき，マルチンゲール，
　(3) $p>0.5$ のとき，劣マルチンゲール，
がそれぞれ成り立つ．マルコフ確率過程になる．

　賭け事（ギャンブル）などは，マルチンゲール性をもつ．例えば，i 回目のギャンブルで獲得する利益を確率変数 X_i で表わすとき，確率変数の和 S_n にマルチンゲールが成り立つとき（$p=0.5$）は，ギャンブルをする人にとって公平なギャンブルとなる．優マルチンゲールとなるとき（$p<0.5$），ギャンブルをする人に不利なゲーム，劣マルチンゲールが成り立つとき（$p>0.5$），ギャンブルをする人に有利なゲームになることがわかる．

　マルチンゲールは，株価の動きは"ランダムウォークする"という，市場の効率説（効率的金融市場仮説）の理論的な基盤になっている．資本市場が効率的ならば，株式，債券，その他あらゆる金融資産には，その投資価値を正しく反映した価格がつく．資本市場は，投資家が将来に対する予想や判断を表明する場である．どの事業が成功するか，どんな技術が将来開花するか，どの新製品は成功し，どの新製品は失敗に終わるかなどは，多数の投資家の意見を集約して，証券価格に正確に織り込むことになるので，市場は効率的であるという考え方である．

第 5 章　社会の選択

補足ノート 5-2　壺モデル

　1931 年数学者のポリア（G. Polya）は，簡単なモデルを使って経路依存性として知られる重要な性質を導いた．

　壺に，赤と白のボールを 1 個ずつ加えていく．このとき，加えるボールの色は，既に加えられたボールの色の割合（確率）に応じて選ぶとき，壺の中のボールの割合は一定値に近づいていくが，壺の中のボールの割合は試行のたびに異なる．このような試行を何度も繰り返すと，赤のボールの割合は 0 から 1 の一様分布になる．

　t 番目までに加えられたボールの中で赤の個数は $A(t)$，白の個数は $B(t)$ であるとき，$t+1$ 番目に加えられるボールで赤を選ぶ確率を次式で与える．

$$S(t) = \frac{A(t)}{A(t)+B(t)} \tag{1}$$

　最初に赤と白のボールが 1 個ずつ壺の中に加えられ，初期値を $S(0)=1/2$ とする．(1)式の確率で選ばれたボールを壺の中に加えていくと，赤の割合は一定値に近づいていき，それ以降，その値はほとんど変化しない．壺にボールを加える試行を最初から何度も繰り返すとき，赤の占める割合 $S(t)$ の頻度分布は，0（最初の 1 個を除き，全部白）から 1（最初の 1 個を除き，全部赤）の間の値をとる一様分布になる．

　このような性質をもつポリアの壺モデルは，多くの注目をあびることになった．その理由は，数多くの状態をとる可能性がある中，どのような状態が起こるのか予測することは困難なことが，簡単なモデルで明らかになったからである．どのようなボールが初期段階で選ばれるかによって，いわば偶発的な出来事によって，その後の結果が支配されるからである．ポリアの壺モデルでは，加えられるボールの選択過程がマルチンゲール性をもつ．

　次に，多人数による逐次選択においてもマルチンゲール性が成り立つことを見ていく．N 人による集団において，各人は順番に A または B の二者択一の選択を行う．t 番目までに A を選択した人数を $M(t)$，B を選択した人数を $N(t)$ で表わす．そして，t 番目に選択する人が A を選択する確率を $S(t)$ で表わす．

　まず $t+1$ 番目の人は A を選択したとして，A が選択される確率の差は次式で求まる．

$$\Delta S_{t+1} = S(t+1) - S(t)$$
$$= \frac{M(t)+1}{M(t)+N(t)+1} - \frac{M(t)}{M(t)+N(t)} \qquad (2)$$
$$= \frac{N(t)}{\{M(t)+N(t)+1\}\{M(t)+N(t)\}}$$

同じように $t+1$ 番目の人はBを選択したとき，Aが選択される確率の差は次式で求まる．

$$\Delta S_{t+1} = S(t+1) - S(t)$$
$$= \frac{M(t)}{M(t)+N(t)+1} - \frac{M(t)}{M(t)+N(t)} \qquad (3)$$
$$= \frac{-M(t)}{\{M(t)+N(t)+1\}\{M(t)+N(t)\}}$$

$t+1$ 番目の人がAを選択する確率は $p(t+1)$，Bを選択する確率は $1-p(t+1)$ なので，Aが選択される確率の差の期待値は次式で求まる．

$$E[\Delta S_{t+1}] = \frac{p(t+1)N(t)}{\{M(t)+N(t)+1\}\{M(t)+N(t)\}} + \frac{-\{1-p(t+1)\}M(t)}{\{M(t)+N(t)+1\}\{M(t)+N(t)\}}$$
$$= \frac{p(t+1)-S(t)}{\{M(t)+N(t)+1\}} = \frac{\alpha\{q-S(t)\}}{\{M(t)+N(t)+1\}} \qquad (4)$$

$t+1$ 番目の人がAを選択する確率 $S(t+1)$ の条件付き期待値は，次式で求まる．

$$E[S(t+1)|S(t)] = S(t) + \frac{\alpha\{q-S(t)\}}{\{M(t)+N(t)+1\}} \qquad (5)$$

この式の右辺が $S(t)$ になるとき，マルチンゲール性が成立する．すなわち，$\alpha=0$ で全員が全体動向に基づき選択するときである．

α が 0 でない場合には，時間が十分に経過すると，

$$\lim_{t\to\infty} \frac{\alpha\{q-S(t)\}}{\{M(t)+N(t)+1\}} = 0 \qquad (6)$$

となり，(5)式の第2項は0に収束するので，$S(t)$ は一定値 q に収束する．

5.2 社会ネットワーク

さまざまな情報が人々に伝わる上で，マスメディアは大きな影響力をもっている．一方で，人々が自発的に行う口コミがもつ影響力も大きく，特に新しいタイプのソーシャルメディアはマスメディアを凌ぐ影響力を持ち始めている．

情報が人々の間でどのように伝わるかは，情報の発信元と受け手となる一人ひとりの情報処理が決め手になる．情報の伝え手と受け手の結びつきの関係を表わすのが，社会ネットワークである．情報の伝搬以外に，感染症や信用不安などのさまざまなリスクの伝搬，ファッションや商品の流行，人々に共通する社会の関心事やその移り変わりの速さなどについて理解を深めるには，人々の間でどのようなネットワークが形成されるのかなどにも着目することが重要になる．

個人の力は小さいが，一人ひとりがつながったとき，驚くべき偉業を成し遂げる．人々の間に目的を実現するためのネットワークが形成されると，組織的な活動を行うことができ，より大きな力を発揮する．例えば，火災が起きたときなどでは，近くに居合わせた人たち同士で一列のネットワークを形成し，隣の人から受けとったバケツを隣の人に渡しながら水源から火事場まで水を運ぶ"バケツリレー方式"と呼ばれる組織的な活動が瞬時に生まれることは，昔から知られている．

2009年に米国防総省の研究機関 DARPA による，効率的な情報収集活動を競い合う「赤い風船を探せ」という公募型プロジェクトが行われた．アメリカ各地で全長2mの赤い風船を10個飛ばし，10個すべての正確な位置を最初に通報したグループに40,000ドルの賞金を出すというプロジェクトである．さまざまな大学のグループが挑戦したが，勝者はマサチューセッツ大学（MIT）のグループである．MITチームが生み出した基本戦略は，風船ごとに正しい位置情報を最初に提供してくれた人には2,000ドルを提供し，風船を見つけられない（自分で探す気がない）人でも友人に何らかの情報を提供したならば賞金を得ることができるというものであった．紹介された友人が正しい位

置情報を提供した場合，発見者だけでなく紹介した人にも1,000ドルの賞金が与えられる．紹介された友人が知らない場合でも，仲介者の仲介者が正しい位置情報を提供したならば500ドル，さらに仲介者の仲介者の仲介者には250ドルを与える．

　この仕組みは，バケツリレー方式（またはネズミ講）と同じである．MITチームが優勝できたのは，賞金をインセンティブにして，バケツリレー方式に大勢の協力者を集めたことにある．自分が風船を発見できなくても，人的ネットワークに紹介した人が発見にかかわれば報酬がもらえるため，多くの知人に呼びかけるという動機が生まれ，当初は4人によるネットワークが数日で約5,000人に拡大した．そして，約4,000の参加チームを圧倒して優勝した．ちなみに2位になったのは，ジョージア工科大学のチームで，賞金は全額赤十字に寄付すると宣言し，社会的奉仕活動を旗印にしてマスメディアの取材を受けるなどの注目を集める，という戦略をとった．

　DARPAの公募型プロジェクトの結果が示唆していることは，時間的な制約の大きい問題を解決するためには，広範囲から必要な人数の動員を募って大きなチームを即座に作りあげることが重要であるということである．そして，そのためにソーシャルメディアが果たす役割が大きい．MITとジョージア工科大学の両チームとも，社会ネットワークの力をうまく活用して成功したといえよう．両大学のチームとも大勢の賛同者を集める作戦をとり成功したが，そのための戦略は対照的である．MITチームがとった戦略は，多くの人を動かすには個々の利益につながる利己的な動機が基本という考え方に基づいている．一方で，ジョージア工科大学チームがとった戦略は，社会貢献につながるという一人ひとりの利他的な動機が基本という考え方に基づいている．

　アメリカの医学者クリスタキス（N. Cristakis）は，著書『つながり：社会的ネットワークの驚くべき力』の中で，人間を知るには，その人を取り巻く社会ネットワークを理解することが不可欠であると述べている．クリスタキスは，社会ネットワーク上での感染症の伝染，感情の伝染，パートナー探し，お金の流れ，人々の政治的な態度の決定，そしてインターネット上での人間の絆の形成などについて，幅広く研究している．クリスタキスによれば，多くの人は，

何でも自分で考え自分で決定していると思い込んでいるが，それは根本的に間違っているという．家族，上司や同僚，友人，知り合い，知り合いの知り合い，同じ地域で暮らしている人たちなど，私たちはさまざまな人とつながりをもって生活をしている．

　私たちは，つながりのある人から強い影響を受け，同時に，つながりのある人に影響を及ぼしている．つながりが全くないと思われる他者であっても，社会ネットワークを介して相互に影響を及ぼし合っており，他者から完全に独立して生活している人はいないのである．そして，人から人へと伝染するのは，感染症や情報だけでなく，習慣的な行動，投票行動に対する個人の態度や感情なども含まれる．私たちは自分では気づかないうちに，友人や知人どころか，友人の友人，そのさらに友人など弱いつながりしかない人から，社会ネットワークを介して間接的な影響を受ける．個人が他者から受ける影響は，社会ネットワークを介すことで，自分で意識している以上に大きい．

　ソーシャルメディアの普及などにより，人々のつながりは広範囲に拡大している．私たちは友人や周りの知人の間で頻繁に情報を交換し合う中，自分で意識しない人からの影響も受ける．そのような中，個人の意思や社会の関心事は，どこまで主体的なもので，あるいは他者から強い影響を受けて形成されたのかを区別することは難しい．そして，"人間とは社会ネットワークの中で生きる存在である"と考えるのが，クリスタキスによる人間理解の仕方である．

　IT技術が進歩した今日でも困難なことは，個人の行為は他者からどのような影響を受けているのか，また他者にどのような影響を及ぼしているのかを知ることである．人々の行為に関する大量のデータを収集し，ネットワーク科学やデータマイニングの手法などを使って分析しながら，人々の間で働くさまざまな影響力を推定するための研究などが進められている．

　一般にネットワークとは，ノードとノード間を結びリンクで構成されるシステムである．ネットワークの形は，ノードをリンクでつなげることによって描くことができる．ネットワークは，各ノードが連結され共同で作動することで，ネットワーク全体として機能する．その中で，社会ネットワークは，ノードによって個人，リンクによって知人関係などの個人間の関係を表わす．

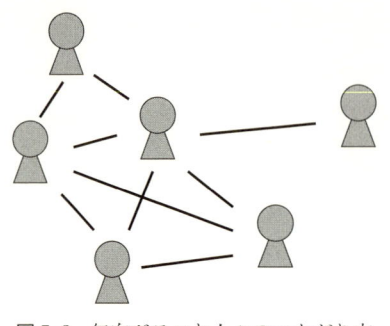

図 5.8　無向グラフと人々のつながり方の表現

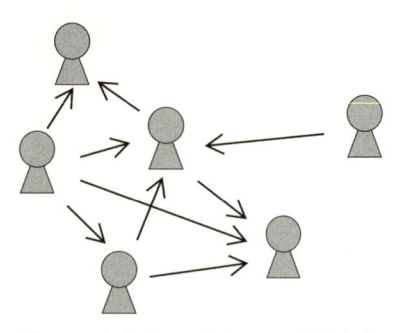

図 5.9　有向グラフと人々のつながり方の表現

　ネットワークはグラフとして表現でき，それはリンクに向きのない無向グラフと向きのある有向グラフに分けられる．無向グラフは，ノードの集合とリンクの集合からなる．そして，二つのノード v_i と v_j の間にリンクがあるとき，隣接しているという．ノード v_i との間にリンクをもつノードの集合を $N(v_i)$ で表わし，v_i の隣接点の集合という．有向グラフは情報の流れなどが一方向であるときに用い，無向グラフは流れが双方向であるときに用いる．

　グラフ（ネットワーク）に関する基礎的な用語や性質について解説する．

次数：無向グラフにおいて，ノード v と接続するノード数（またはリンク数）を次数という．有向グラフでは，ノード v に入ってくる辺の数を入次数，出ていくリンク数を v の出次数という．

次数分布：ネットワーク構造を特徴づけるのは，各ノードの次数（リンク数）の分布である．次数分布とは，次数 k をもつノードの数を $N(k)$ で表わすとき，全ノード N に占める頻度分布 $N(k)/N=p(k)$ のことである．次数の分布関数 $p(k)$ がわかると，ネットワーク構造の特徴やネットワーク上での情報の流れなどに関する性質をおおまかに知ることができる．

到達可能：ノード v_i からノード v_j へ結合されているリンクをたどることでたどりつくことができるとき，v_j は v_i から到達可能であるという．

連結：無向グラフにおいて，どのノードもそれ以外のノードから到達可能である（すなわち孤立したノードが存在しない）とき，連結であるという．

平均距離：二つの任意のノードを結ぶ経路の長さ（何ステップで到達できるか

(a) 全連結ネットワーク   (b) 正規格子ネットワーク

(c) ランダムネットワーク   (d) スケールフリーネットワーク

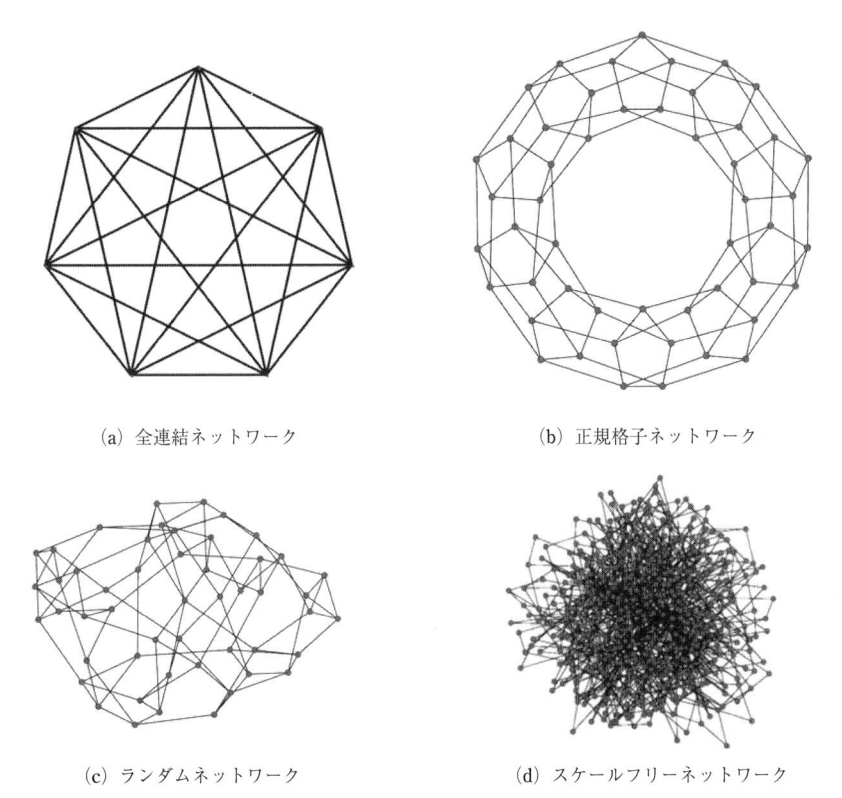

図 5.10 全連結，正規格子，ランダム，スケールフリーネットワークの概観図

を表わす指標）を，平均距離という．

次数相関係数：ある次数をもつノードが，どのような次数をもつノードとつながっているかを表わす係数である．大きい次数のノードは小さい次数のノードに結ばれていることが多いとき，次数相関は負，同程度の次数のノード同士が結ばれている場合，次数相関は正になる．生物ネットワークや工学的なネットワークの多くは次数相関が負，人間関係などの社会ネットワークの次数相関は正であることが知られている．

代表的なネットワークをいくつか以下にあげる．

全連結ネットワーク：全てのノードが他の全てのノードとつながっているとき，

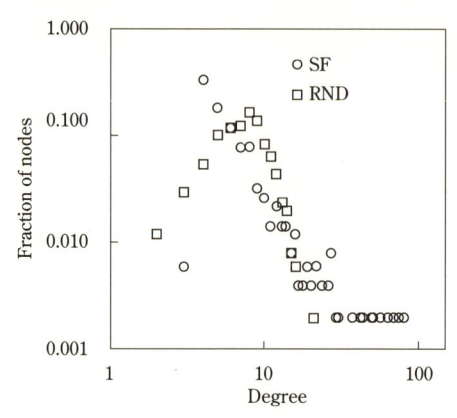

図5.11 両対数で表した次数分布（RND：ランダムネットワーク，SF：スケールフリーネットワーク）（ノード数：500，平均次数：$<k>=4$）

全連結ネットワークという．
正規格子ネットワーク：各ノードが同じ数の最近傍のノードとつながっているとき，正規格子ネットワークという．
ランダムネットワーク：次数分布がポアソン分布となるとき，ランダムネットワークという．正規格子ネットワークの平均距離は最も長いが，ランダムネットワークの平均距離は小さく，各ノードは短い距離で結ばれている．
スケールフリーネットワーク：次数分布がべき分布として表わされるとき，スケールフリーネットワークという．インターネット，電力網，航空路線，映画俳優の共演関係，学術論文の共著関係の次数分布は，べき分布であることが知られている．スケールフリーネットワークには，次数が極めて高いごく少数のノードが存在する．多くのノードがつながっているノードを，ハブノードという．

これらのネットワークの概観図を図5.10に示す．図5.11には，ランダムネットワークとスケールフリーネットワークの次数分布を両対数軸で表わす．スケールフリーネットワークのノード数と次数の関係を対数表示で表わすとき直線になり，きわめて多くのノードとつながっている少数のハブノードが存在する．

補足ノート5-3　ランダムネットワーク

ネットワークの次数分布がポアソン分布,

$$p(k)=\frac{\lambda^k}{k!}e^{-\lambda} \tag{1}$$

で与えられるとき，ランダムネットワークという．ネットワークに関する研究に多大な貢献をしたハンガリーの数学者エルデッシュ（E. Erödos）と共同研究者レニ（A. Reni）の頭文字をとって，ERネットワークともいう．

このネットワークの最小次数が k_{min}，最大次数が k_{max} のとき，平均次数は，

$$<k> \equiv \int_{k_{min}}^{k_{max}} kp(k)dk = \lambda \tag{2}$$

と求まる．

ランダムネットワークは，平均次数 $<k>$ に近い次数をもつノードが圧倒的に多い．また，次数が極端に少ない，逆に次数が極端に多いノードも存在しない．$\lambda=50$ のとき，(1)式のポアソン分布をグラフに描くと，平均50を中心とする釣鐘の曲線になる．

ポアソン分布は，二項分布の連続変数版である．すなわち，N 個のノードの中から k 個のノードをランダムに選び，それらにリンクを張っていく．そのとき，N 個のノードから k 個のノードがランダムに選ばれる確率は，二項分布，

$$B(n,p) = {}_N C_k p^k (1-p)^{N-k} \tag{3}$$

で与えられる．ここで p は，あるノードからリンクを張るノードとして選ばれる確率である．pN を一定（$pN=\lambda$），そして N を大きく，p を小さく選ぶとき，(3)式は(1)式のポアソン分布に近づく．

ランダムネットワークの簡易な生成法は，各ノードから，自分を除く全ノードの中から一定確率 p でランダムに選んだノードとの間にリンクを張るという方法がある．このとき，各ノードの平均次数は，$<k>=pN$ になる．

ネットワークの総リンク数を L で表わすとき，$<k>=2L/N$ となる．

〈距離〉

直接リンクが張られている二つのノード間の距離を1とし，二つのノード間の平均距離を，ネットワークの距離として定義する．そして，ランダムネットワークの距離 D は，ノード総数 N の対数として，

$$D = \log N \tag{4}$$

と求まる.

　円形や格子状の正規ネットワークの平均距離は最も長い．一方で，ランダムネットワークの平均距離は小さいので，各ノードは短い距離で結ばれている．

〈クラスターサイズ〉

　結合されているノードの総数を，クラスターサイズという．ランダムネットワークの生成において，

(i) $<k>=pN<1$ のとき，連結されているノード数は少なく（小さなクラスター），それは $\log N$ に比例した値として求まる．

(ii) $<k>=pN=1$ のとき，全てのノードは連結されることはないが，連結されたノード数（クラスターの大きさ）は，約 $N^{2/3}$ である．

(iii) $<k>=pN>1$ のとき，多くのノードが連結され，大規模なクラスターが形成される．このとき連結されているノード数（クラスターの規模）S は，平均次数 $<k>$ の関数として次式で求まる．

$$S = 1 - e^{-<k>S} \tag{5}$$

　ランダムネットワークの生成過程において，相転移現象が起きる．そして，平均次数 $<k>=pN=1$ を境に，多くのノードが連結された大きなクラスターをもつネットワーク，あるいは多くのノードが孤立したままのネットワークに分かれる．

第 5 章　社会の選択

補足ノート 5-4　スケールフリーネットワーク

(1) べき分布

地震規模の頻度分布，戦争やテロでの犠牲者の分布，企業の成長率，株価変動の分布，本などの売り上げ，大都市の人口分布などは，分布の裾野が大変長い，べき分布となることが知られている．

べき分布とは，規模が x 以上の事象が起こる回数 $N(x)$ は，x のべき乗で減少することを意味する．すなわち，

$$N(x) \sim x^{-\gamma} \quad (\gamma > 0) \tag{1}$$

γ は，べき指数と呼ばれる定数である．

べき分布の確率密度関数と累積分布関数は，以下の式で与えられる．

〈確率密度関数〉

$$f(x) = \gamma x^{-(1+\gamma)}, \ (x \geq 1, \gamma > 0) \tag{2}$$

〈累積分布関数〉

$$F(x) = 1 - x^{-\gamma} \tag{3}$$

相補累積分布関数は，規模の大きい事象が起こる割合を表わすが，それは次式で求まる．

〈相補累積分布関数〉

$$1 - F(x) = x^{-\gamma} \tag{4}$$

べき分布は，大きな x 以上の規模の事象が起こる割合は小さくないことから，"長い裾野"をもつという．

(2) スケールフリーネットワーク

各ノードがもつリンク数（次数）を確率変数 X で表し，次数 $X = x$ をもつノードの割合を確率密度関数 $f(x)$ で表わす．次数の密度関数 $f(x)$ が次のべき分布で与えられるとき，スケールフリーネットワークという．

$$f(x) = \frac{\gamma x_{\min}^k}{x^{\gamma+1}} \tag{5}$$

$x_{\min}$ は，次数の最小値とする．次数分布のべき指数 γ は，$1 < \gamma < 3$ の範囲であることが多い．特に，べき指数 γ が $2 < \gamma < 3$ の範囲のとき，スケールフリーネットワークの距離は，$D = \log(\log N)$ と求まり，ランダムネットワークよりも，

さらに短い距離で各ノードは結ばれる．

スケールフリーネットワークにおいて，次数が k 以上のノードが占める割合は，

$$\Pr(X \geq x) \equiv F_{>x} = \int_x^\infty f(x)dx = (x/x_{\min})^{-\gamma} \tag{6}$$

と求まる．また，次数が kx（k：正の定数）以上のノードが占める割合は，

$$\Pr(X \geq kx) = \int_{kx}^\infty f(x)dx = (kx/x_{\min})^{-\gamma} \tag{7}$$

と求まる．そして，両者の比は次式で与えられる．

$$\Pr(X \geq kx)/\Pr(X \geq x) = k^{-\gamma} \tag{8}$$

このように，次数 x を k 倍しても（スケールの変更という），その次数以上のノードが占める割合比は x に依存しないことから，スケールフリーという．

(6)式のべき分布の相補累積分布を両対数で表わすと，

$$\log F_{>x} = \gamma \log x_{\min} - \gamma \log k \tag{9}$$

この式は，べき指数 γ を傾きとする右下がりの直線として表わされる．

(9)式の x を kx と置き換えてスケール変更したときの相補累積分布を，両対数で表わすと，

$$\log F_{>kx} = \gamma \log x_{\min} - \gamma \log k - \gamma \log x \tag{10}$$

と求まるので，傾き γ は同じで，スケール変更に対して不変である．

また，スケールフリーネットワークでは，極めて大きな次数 x をもつノードが占める割合は，次数分布が指数分布のネットワークなどと比較して大きいことである．例えば，

(1) べき分布　$f(k) \propto k^{-2}$ のとき：$f(1000) \propto 1000^{-2} = (10^3)^{-2} = 10^{-6}$

(2) 指数分布　$f(k) \propto 2^{-k}$ のとき：$f(1000) \propto 2^{-1000} \approx 10^{-300}$

となるので，スケールフリーネットワークでは，次数が 1000 以上のノードの割合は小さくないが，指数分布のネットワークでは，ほぼゼロである．

べき分布の裾野は長いことから，長い尾（heavy-tailed）をもつという．より厳密には，裾野の部分が占める割合が指数関数的に制約されていないことである．すなわち，

$$\lim_{x \to \infty} e^{\lambda x} \Pr(X \geq x) = \infty \quad (\lambda > 0) \tag{11}$$

となる．

5.3 社会の選択に及ぼすネットワークの影響

個人が受ける他者からの影響を，社会的影響力と呼ぶ．それは，個人の行為，態度，感情などを変化させうる，他者からの力を総称した概念である．5.1 節では，個人が全体の選択から受ける社会的影響力の働きについて明らかにした．本節では，人々のつながりを表わす社会ネットワークが社会の選択に及ぼす影響について調べる．

5.1 節では，個人は全体の動向を考慮するとしたが，ここでは直接つながりのある人の動向に限定する．ネットワーク結合された N 人を考え，ある争点となっていることに対して，一人ひとりが順番に反対（または保留）($x=0$）あるいは賛成（$x=1$）を表明していく．$t+1$ 番目に表明する人が賛成する確率 $q(t+1)$ を次式で与える．

$$q(t+1)=S_{N_i}(t),\ (S_{N_i}(0)=0.5) \tag{5.4}$$

$S_{N_i}(t)$ は，$t+1$ 番目の人と直接つながりのある人（その集合を N_i で表わす）の中で賛成した人の割合で，それは次式で与えられる．

$$S_{N_i}=\sum_{i\in N_i}k_i x_i / \sum_{i\in N_i}k_i \tag{5.5}$$

x_j は，つながりのある j 番目の人が賛成するときは 1，反対（または保留）するときは 0 をとり，k_i は i 番目の次数（つながりのある人の数）を表わす．

社会ネットワークとして，全員がつながっている全連結ネットワーク（全員の意見を参照して決める），直近の $k(=20)$ 人とつながっている正規格子ネットワーク，個人によって次数が大きく異なるスケールフリーネットワークを考える．スケールフリーネットワークの次数分布（べき分布）のべき指数を $\gamma=2$，平均次数を $<k>=20$，最小次数を $k_{\min}=10$ とする．

一度賛成をした人は，それ以降は意見を変更することなく，賛成の状態を維持する（$x=1$ のまま）．各人の選択が一巡したときの賛成者の割合を初期値として，一巡目に反対または保留（$x=0$）をした人は，再度反対（保留）または賛成の選択を行う．このとき，賛成者の割合 $S(t)$ がどのように推移するの

(a) 全連結ネットワーク（図5.1と同じ）

(b) 正規格子ネットワーク

(c) スケールフリーネットワーク

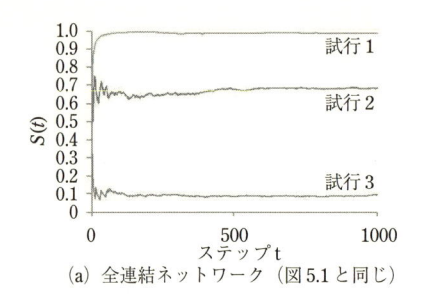

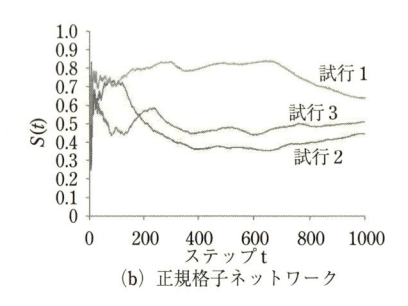

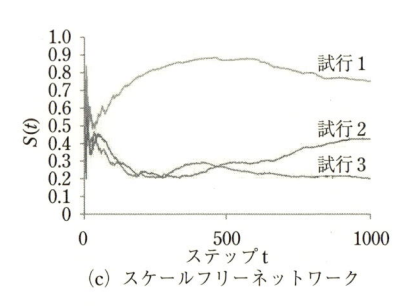

図5.12　ネットワーク上での賛成者の割合 $S(t)$ の推移

かを調べる．

人々のつながりが全連結ネットワークまたは正規格子ネットワークの場合の社会的影響力は，以下のように求まる．

〈全連結ネットワーク〉全連結ネットワークの下での各人の次数は，$k=N-1$ であるので，(5.5) 式は次式で求まる．

$$S_N = \frac{\sum_{i \in N} k_i x_i}{\sum_{i \in N} k_i} = \frac{\sum_{i=1}^{N-2}(N-1)x_i + (N-1)}{N(N-1)} = \sum_{i=1}^{N-2} x_i + 1/N \tag{5.6}$$

〈正規格子ネットワーク〉正規格子ネットワークのとき (5.6) 式は次式で求まる．

$$S_{N_i} = \frac{\sum_{i \in N_i} k_i x_i}{\sum_{i \in N_i} k_i} = \frac{(d-1)\sum_{i=1}^{d-2} x_j + (d-1)}{d(d-1)} = \sum_{i=1}^{d-2} x_i + 1/d \tag{5.7}$$

総人数を $N=1{,}000$ 人として，賛成者の割合の推移を図 5.12 に示す．全連結ネットワークのときは，図 5.1 と同じで人々の選択は一致していくが，どのように一致するかは，試行のたびに大きく異なる．そして，このケースではマ

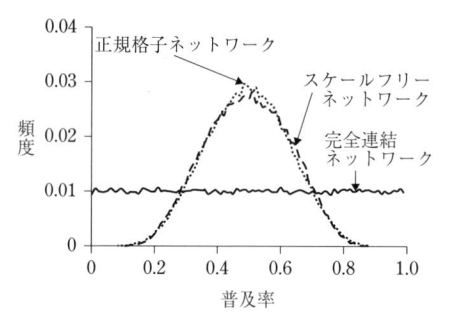

図 5.13 賛成者の割合の頻度（1,000 回の試行での頻度分布）

ルチンゲール性が成り立つ．正規格子やスケールフリーネットワークでは，賛成者の割合は変動し，人々の同調現象は強く現われない．正規格子やスケールフリーネットワークでは，大半の人はつながりをもつ人が少ないため，周りから受ける影響が小さいためである．そのため，まだ態度を決めていない人が賛成するまでには長時間を要することがわかる．

次に，賛成者の広まりにネットワーク構造の違いがどのような影響を及ぼすのかを調べる．それぞれのネットワークの下，全員の選択が終了した時点での賛成者の占める割合を求める．このようなシミュレーションを 1,000 回行ったときの賛成者の割合の頻度分布を，図 5.13 に示す．全連結ネットワークのとき，第 4 章の 4.4 節のときと同じように，賛成の割合は $[0,1]$ の値を等確率でとる一様分布に近くなる．正規格子やスケールフリーネットワークのときは，釣り鐘型分布になり賛成者と反対者に半々ずつに分かれるケースが最も多い．そして，意見を参照する相手の範囲が限定されるとき，賛成者と反対（保留）者に二分されるケースが最も多いことがわかる．一方で，意見を参照する範囲を広げると，個人の受ける社会的影響力は強まり，人々の選択が一致する傾向が強まる．一方で，どのような値に収束するかは不確定となり，賛成者の割合は 0 から 1 までのあらゆる値をとる可能性がある．それを決めるのは，最初の段階で意思表示をする人の動向である．

次に，1,000 人の対象者が賛成または反対（保留）の意思表示を逐次行い，一巡した時点での賛成者の割合を初期値として与え，再度選択を繰り返すとい

(a) 全連結ネットワーク

(b) 正規格子ネットワーク（$k = 20$）

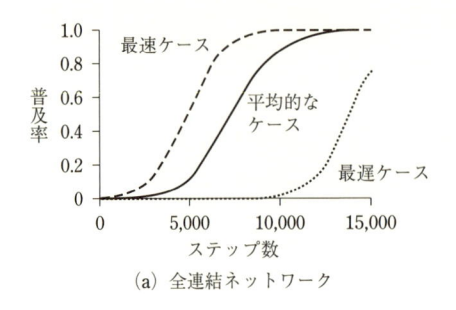

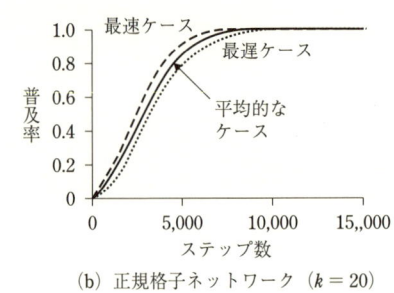

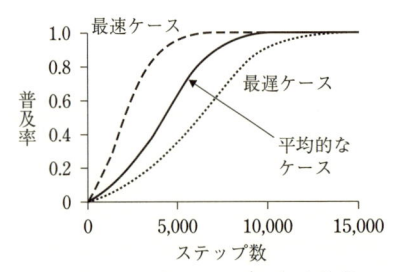

(c) スケールフリーネットワーク（べき指数：2，平均次数：$<k> = 20$）

図5.14　ネットワーク上で繰り返し選択が行われるときの賛成者の割合の推移

うことを，1,000回繰り返したとき，賛成者の割合の推移を図5.14に示す．一度賛成した人は賛成を維持し，反対（保留）の人には判断する機会が繰り返し与えられるため，十分に時間が経過していくとき，反対（保留）者の数は減少し，賛成者は増加していく．このとき，賛成者が増加していく様相は，人々のつながり方（ネットワーク構造）によって大きく異なることがわかる．

全連結ネットワークでは，全員が賛成するまでに長時間を要し，最速のケースでも5,000ステップ目になって（約5回の選択を繰り返す），賛成者の割合は50%に達するが，最遅のケースでは，10,000ステップになっても（約10回の選択を繰り返す），賛成者はほとんど広まらない．この理由は，一人ひとりが他の全員の意見を参照するため，一部の賛成者による影響力は小さく，大半の人は反対（保留）のままとなるからである．一方で，賛成者がある割合（クリティカル・マス）を超えると，賛成者の影響力が強く働き，賛成者が一気に増加していく．正規格子ネットワークでは，賛成者の割合の増加は比較的速く，

5,000 ステップ目になると，ほぼ全員が賛成者になる．また，賛成者が増加していく速さに差はあまりなく，賛成者は安定的に増加していく．スケールフリーネットワークの下，賛成者が増加していく様相は，全連結と正規格子ネットワークの中間的な様相になる．

補足ノート 5-5　ネットワーク上での意見の集約

社会ネットワークの下での意見の集約に，マルチンゲール性が成立するかどうかを調べる．各人がつながりをもつ他者には，賛成の人と反対の人が少なくとも1人おり，彼らとつながっている人数（次数）を k とし，彼らを除きつながりのある人で賛成者の人数を $M_R(t)$ $(0 \leq M_R(t) \leq k)$ で表わす．t 番目の人が受ける社会的影響力は，次式で与えられる．

$$S(t) = \frac{kM_R(t) + k}{k \cdot k + 2k} = \frac{M_R(t) + 1}{k + 2} \tag{1}$$

ここで，$t+1$ 番目の人が賛成（$x=1$）または反対（$x=0$）をする場合を考える．
（ケース1）賛成する場合（$x=1$）

賛成する人の割合は $M_R(t)/k$，反対する人の割合は $1 - M_R(t)/k$ であるので，賛成者の割合の差分の期待値は次式で求まる．

$$E[\Delta S_{t+1}|x=1] = \frac{M_R(t)}{k} \cdot \frac{0}{k+2} + \left\{1 - \frac{M_R(t)}{k}\right\} \cdot \frac{1}{k+2} \tag{2}$$

（ケース2）反対をする場合（$x=0$）

このケースでの賛成者の割合の差分の期待値は次式で求まる．

$$E[\Delta S_{t+1}|x=0] = \frac{M_R(t)}{k} \cdot \frac{-1}{k+2} + \left\{1 - \frac{M_R(t)}{k}\right\} \cdot \frac{0}{k+2} \tag{3}$$

$t+1$ 番目に選択する人が賛成する確率 $p(t+1)$ は，次式で求まる．

$$E[\Delta S_{t+1}] = q(t+1) \cdot \left\{1 - \frac{M_R(t)}{k}\right\} \cdot \frac{1}{k+2} + \{1 - q(t+1)\} \cdot \frac{M_R(t)}{k} \cdot \frac{-1}{k+2}$$

$$= \frac{q(t+1) - \frac{M_R(t)}{k}}{k+2} = \frac{\alpha\{q(t) - S(t)\} + S(t) - \frac{M_R(t)}{k}}{k+2} \tag{4}$$

そして，$\alpha = 0$ のとき，

$$E[\Delta S_{t+1}] = \frac{\frac{M_R(t)+1}{k+2} - \frac{M_R(t)}{k}}{k+2} = \frac{k - 2M_R(t)}{k(k+2)^2} \tag{5}$$

と求まる．全連結ネットワークの平均次数 $k = N - 1$ と大きくなるので，

$$\lim_{k \to \infty} \frac{k - 2M_R(t)}{k(k+2)^2} = 0 \tag{6}$$

そして(5)式の右辺はほぼゼロとなるので，マルチンゲールが成り立つことがわかる．

一方で，各人が同じ数の少人数とつながっている正規格子ネットワークでは，以下のことがいえる．

(1) 賛成者の割合が 0.5 未満（$M_R(t)/k < 0.5$）のとき，賛成者は増加する．
(2) 賛成者の割合が 0.5 以上（$M_R(t)/k > 0.5$）のとき，賛成者は減少する．

つまり賛成者が少ないとき，賛成者は増加し，賛成者が多いときは賛成者は減少するので，賛成者と反対者の割合が同じになる状態に近づく．すなわち，

$$\lim_{t \to \infty} S(t) = 0.5 \tag{7}$$

5.4 社会の極化

　市場には，類似した数多くの新商品が登場する．一方で，売り上げなどに大きな差がやがて生じ，生き残れる商品はその中のごくわずかである．特に，グローバル化が進み市場が世界的な規模で拡大することで，ごく少数の商品だけが売り上げを極端に伸ばして成功するという，一人勝ち現象が顕著になってきている．一人勝ち現象は，縦軸に売上げ，横軸に売上げの順位を表し，それらの対数値をとり両対数グラフで表わすと右下がりの直線，そしてべき分布として特徴づけることができる．

　このような極化現象を生む背景には，市場の世界的な規模での拡大だけでなく，個人が選択をする際の根拠が変化していることが考えられる．一人ひとりの関心や選択において，自らの選好に基づくのではなく，売れ筋や人気度などを根拠にする傾向を強めるとき，多くの人の関心や選択が特定のものに集中するようになる．

　さまざまな社会調査が頻繁に行われている．人気度調査などにおいて，「最も得票の多い人に投票した人には賞品を進呈します」というボーナスつき調査にすると，一人ひとりの投票行動は賞品がない場合とは異なってくる．賞品がない場合は，自分の好きな人の名前を書く人が多いであろう．ところが賞品が出るとなると，"勝ち馬に乗ろうとする心理"が働くために一人ひとりの投票の基準は変わり，誰が良いかではなく，多くの投票を集めそうな人は誰かを考えて投票するようになる．賞品がなくても自分の投票を無駄にはしたくないという気持ちが働くとき，誰が多くの投票を集めるのかに強い関心を寄せる．

　一人ひとりが，自分が望ましいと考えている人に投票するのではなく人気を集めそうな人に投票するとき，どのような極化現象が生じるのか，ネットワークの視点から考える．一般に，人気現象とは極端に不均衡な状態として特徴づけられる．ほとんどの人は，数百または数千人程度の人と知り合いになる程度で一生を過ごすが，少数の人は多くの人に名が知れわたる．その中で，ごく一握りの人は，世界中に名が知れわたるようになる．

人々が人気度によって選択をするとき，不均衡な現象が起こり得ることを，アメリカのコンピュータ科学者クレインベルグ（J. Kleinberg）によるモデルを使って見ていく．多数の投票者が，被投票者の人気度に応じて一人ずつ順番に投票していく．被投票者数（m）は，ごく少人数とする（$m=3$）．人気調査では，被投票者と投票者のグループは別であるが，ここでは投票した人は，被投票者のグループに加わり，それ以降に投票する人から投票される被投票者になるとする．そして，投票者が増加すると被投票者数も増加していく．

〈ステップ1〉 j 番目に投票する人を j で表わし，次の要領で被投票者を選んで投票する．

(i) 確率 α で，被投票者の投票数 $N(i), (i=1, 2,...,j-1)$ に比例した確率 $N(i)/j-1$ で1人選び，その人に投票する．

(ii) 残りの確率 $1-\alpha$ で，$j-1$ 人の被投票者から等確率 $1/(j-1)$ で1人選び，その人に投票する．

〈ステップ2〉 投票者 j は，被投票者に加わる．

以上の方法で多くの人が投票したとき，k 票を得た被投票者の占める割合を求めると，次の確率密度関数で与えられる．

$$f(k) \propto k^{-\left(1+\frac{1}{\alpha}\right)} \tag{5.8}$$

$\alpha=0$ のとき（投票者は被投票者を等確率で選んで投票する）は，(5.8)式は一定の分布になり，被投票者がほぼ等しい投票数を集める結果になる．また，$\alpha=1$ のとき（投票数（人気度）に基づく投票），(5.8)式は次式で表わされる．

$$f(k) \propto k^{-2} \tag{5.9}$$

すなわち，指数が2のべき分布となり，ごく少数の人だけが多くの投票を集めることになる．

α の値を変化させたとき，500人による投票結果を図5.15に示す（この図のリンクは投票先を表わす）．α が小さく，個人が投票する際に人気度に依存しないときは，投票が集中することはない．α が大きくなり，人気度に基づく投票の傾向が強まると少数の人に投票が集まるようになり，α を1に近づけると，投票は最初の被投票者（$m=3$）だけに集中する結果になる．

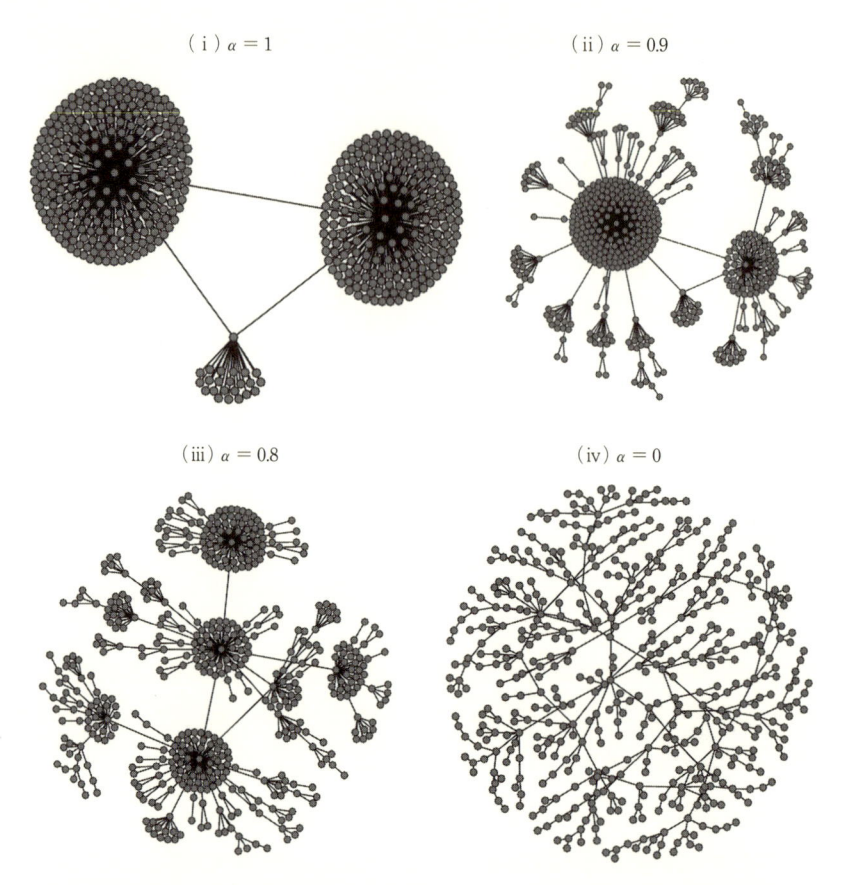

(ⅰ) $\alpha = 1$　　　　　　　(ⅱ) $\alpha = 0.9$

(ⅲ) $\alpha = 0.8$　　　　　　(ⅳ) $\alpha = 0$

図 5.15　投票行動における極化現象の様相（$m=3$，ノード数とリンク数：500）

　本の売り上げ，映画の動員数，人々に共通する社会の関心事などにも，極化現象は現われる．これは，多くの人が売り上げや人気度などに基づき選択するためである．極化現象の根底には，一人ひとりの周りや社会に同調しようとする無意識の働きがあるといえる．

　社会におけるさまざまな不平等が拡大していくことを，マタイ効果ともいう．マタイ効果とは，アメリカの社会主義者マートン（R. Merton）の唱えた概念である．マートンは，条件に恵まれた研究者は，優れた業績をあげると条件に恵まれ，さらに業績があがるという点に着目した．そして，新約聖書の中の文言

「持っている人は与えられて，いよいよ豊かになるが，持っていない人は，持っているものまでも取り上げられる」（マタイ福音書第13章12節）を借用して，研究者としての著名度，研究資金や論文賞の獲得，そして論文の引用度などに働く，不平等性の問題を取り上げた．科学界における報償や名誉の形成に見られる不平等な関係が自己強化されるメカニズムを，マタイ効果ともいう．

不平等が拡大されて一人勝ち現象が生じるとき，持てる者には好循環，持たざる者には悪循環のメカニズムが働く．いったん好循環のメカニズムが作動し始めると，良いことが次から次へと大きくなって起こる．例えば，面白い情報がたくさんあるところには利用者がたくさん集まり，人が集まればその人たちが欲しい情報がさらに集まっていく．一方で，情報が少ないところには人は集まらず，人が集まらないためにますます人は集まらず，寂れていく．同じように，仕事のできる人には仕事が集まり，その人の経験は増えて，ますます仕事ができるようになる．一方で，仕事で一度しくじると評価されなくなり，周りからますます見放されるという悪循環に陥る．

情報化社会の深化によって，多くの人が共通の情報に日常的に接し，情報を共有する機会は増している．社会の変動の激しさは，人々が社会に関する共通情報に接する頻度と連動している．社会の極化には，情報収集活動を含む個人の主体的な選択が根底にある．一人ひとりの好みや意見が多様であるならば，人々の選択は分散して特定のものに集中することは，あまりない．しかしながら，私たちは何かを選択しなければならないとき心が大きく揺れ動き，優柔不断になる．そのとき，社会の動向や周りの人の意見を参考にしながら最終的な判断をする．そして，人気度や売れ筋などから決める人が増すとき，社会の選択には，特定のものに集中していく極化現象が現れる．

インターネットは，不特定多数の人が同時にコミュニケートすることを可能にする媒体であり，同じ考え方や意見をもつ者同士が結びつくことを容易にしている．人々は，インターネット上のニュースや記事等を通じて，自らの考えや意見を形成する傾向を高めている．このとき，自分と考えを同じくする人や，反対の意見をもつ人を容易に知ることができ，同じ意見や考え方をもつ人とは結びつきを強め，異なる意見は関心をもたない，あるいは無視する傾向を強め

るようになる．このために，同じ意見をもつ者同士での結びつきを高め，意見の異なる者を排除する傾向が強まる．インターネット上では，このようなことが短期間に同時的に行われるために，意見や議論が最初の頃の主張から極端に先鋭化した方向に流れ易くなり，偏向した意見で集約される傾向が強まる．ごく少数の極端な意見がやがて大きな流れを作り，正当な意見を押し流すことで暴流になることもある．人々がインターネット上でつながるとき，極端化した閉鎖的なグループが誹謗中傷を繰り返すことなどは，頻繁に起こり得る．

アメリカの憲法学者サンスティーン（C. Sunstein）は，著書『インターネットは民主主義の敵か』の中で，インターネットを介して現れる人々の考えや意見の極化現象をサイバーカスケード（cyber cascade）と名付けた．サイバーカスケードは，インターネット上における集団分極化現象である．集団分極化は，同じような考え方をした人たちが集まって議論を行う場合，ものごとをより過激に考えるようになる現象のことである．インターネット上での議論は，集団分極化を助長させ，それがより大規模化して，社会の分裂が起こることなどが危惧されている．サイバーカスケードが起こるとき，誤った情報が広範囲に瞬時に伝搬し，多くの人がそのまま受け入れてしまう危険性なども指摘されている．

社会のダイナミクスは，人々の情報収集と情報発信活動が累積される中で生じる．情報社会を生きる私たちは，自分が気に入った情報には即座に反応し，そうでない情報は捨てる，という仕組みを習慣化させている．また，自分が共感できる情報だけを集め，共感できることについてのみ意見を述べる．一方で，共感できないことには背をむける．このような個人がもつ共感の仕組みがインターネットなどを介して連結されるとき，今までにはなかったような社会現象が現われる．その中には，合理性の無知という罠に陥る現象もある．

5.5 社会のトレンド：成長と衰退のサイクル

商品の売り上げ競争や携帯端末などのシェア競争において，勝者の交代は大変早い．栄枯盛衰は世の常と昔からいわれているが，盛衰の周期は極めて短くなっている．「築城3年，落城3日」という言葉があるが，社会変化のスピー

ドが速い今日では,「築城3年,落城1日」がふさわしいのかもしれない.多くの人の社会の関心事も,大変短い周期で盛衰が入れ替わる.情報化社会が進み,多くの人が共通の情報に日常的に接する機会が増えていることで,社会の関心事の変動サイクルはますます激しさを増している.

本節では,簡単なモデルを使って社会の関心事などが短い周期で移り変わることを見ていく.日常的に多くの人は,社会動向に関する情報を簡単に入手できることで,以前よりも増して社会の動きに追随しようとする気持ちが働く.人々の関心は特定のものに集中していくが,それは長続きすることなく,他の関心事に急速に移っていくことが背景にあることを,シミュレーションにより調べていく.

私たちが何かを選択するとき,成長率などを考慮する.例えば,株の購入などにおいて,株価だけではなく株価の変化率にも着目する.フランスの物理学者ベテンコウト(L. Bettencout)のモデルに準拠して,成長率を考慮した個人の選択モデルを次のように定式化する.

N人で構成される集団において,各人は全部でL個に分類されたトレンド(流行)の一つを選択する.選択基準は,各トレンドの成長率である.ある時点tにトレンドiを選択する人数をN_i,$(1 \leq i \leq L)$,で表わし,成長率を選択する人数の変化率として次式で定義する.

$$p_i(t) = \frac{N_i(t) - N_i(t-1)}{N_i(t)} \tag{5.10}$$

現在選択しているトレンドの成長率が満足できる水準であれば,各人は次回も同じトレンドを継続する.一方で,満足できる水準よりも低ければ,他の有望なトレンドに移る.時点tでトレンドiを選択している人は,トレンドi以外の任意のトレンド(jとする)の成長率と比較し,トレンドiの成長率が高ければ次の時点$t+1$も引き続き選択するが,トレンドjの方が高ければそれに切り替える.さらに,各人は満足度に関する最低基準値p_{crit}をもち,トレンドiの成長率がp_{crit}を下回る場合には,多くの人に選択されていない新たなトレンドに切り替える.このように,"各人は常に成長率の高い有望なものを追いかけ続ける"という仮説の下,社会のトレンドがどのように推移してい

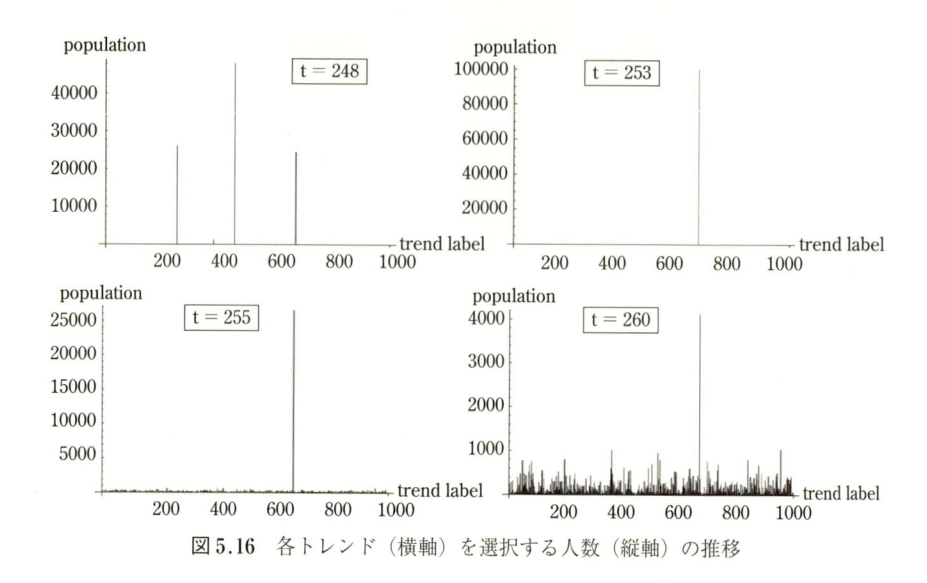

図5.16 各トレンド（横軸）を選択する人数（縦軸）の推移

くのか調べる．

　総人口を $N=10^5$，選択肢であるトレンド数を $L=10^3$，各人の最低基準値を $p_{\mathrm{crit}}=10^{-5}$ と設定し，各トレンド（横軸）を選択する人数（縦軸）の推移を図 5.16 に示す．時点 $t=248$ では，三つのトレンドに人気が集中し，時点 $t=253$ と $t=255$ では，一つのトレンドに人気が集中している．しかしながら，時点 $t=260$ になると，特定のトレンドは引き続き人気を集めるが，それ以外のトレンドも人気を集め人々の選択は分散していく．人々の人気が集中したトレンドの成長率は，それ以上あまり伸びないために，新しいブランドに人々の選択が移っていくためである．

　各トレンドの人数の推移をエントロピーの変化で解釈すると，トレンドが推移していく様相がわかり易くなる．各トレンドをそれぞれ N_i, $(1 \leq i \leq L)$ 人が選択している状態を，次式のエントロピーで表わす．

$$S = -\sum_{i=1}^{L} N_i \ln N_i \tag{5.11}$$

エントロピーが最大になるのは，全てのトレンドが等しく選ばれるときであり，そのとき，

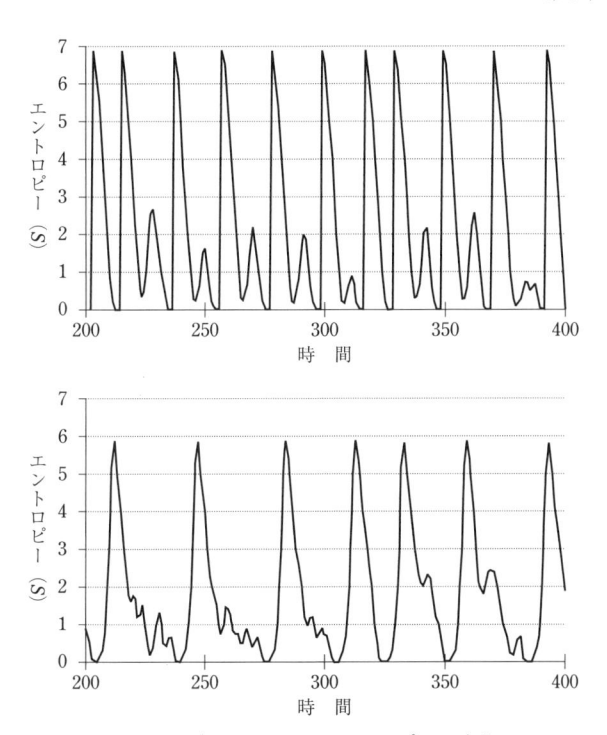

図 5.17　各トレンドのエントロピーの変化

$$S_{\max}=-\sum_{i=1}^{L}\frac{1}{L}\ln\frac{1}{L}=\ln L \tag{5.12}$$

と求まる．一方で，人々の選択が一つのトレンドに集中するとき，エントロピーは最小になり，$S_{\min}=0$ と求まる．

　各トレンドを選択する人数の変化をエントロピーの変化として表わすと，図 5.17 を得る．エントロピーが最大と最小になることが周期的に繰り返される．すなわち，ある特定のトレンドに人気が集中すると，そのトレンドの人気は長続きせず，人々の選択はさまざまなトレンドに分散していく．一方で，人々の選択が分散している状態も長続きせず，特定のトレンドに人々の人気が集中していく．このようにして，人々の選択は集中と分散が繰り返され，安定することはない．

　次に，各人の満足度に関する最低基準値が人気度の集中と分散に及ぼす影響

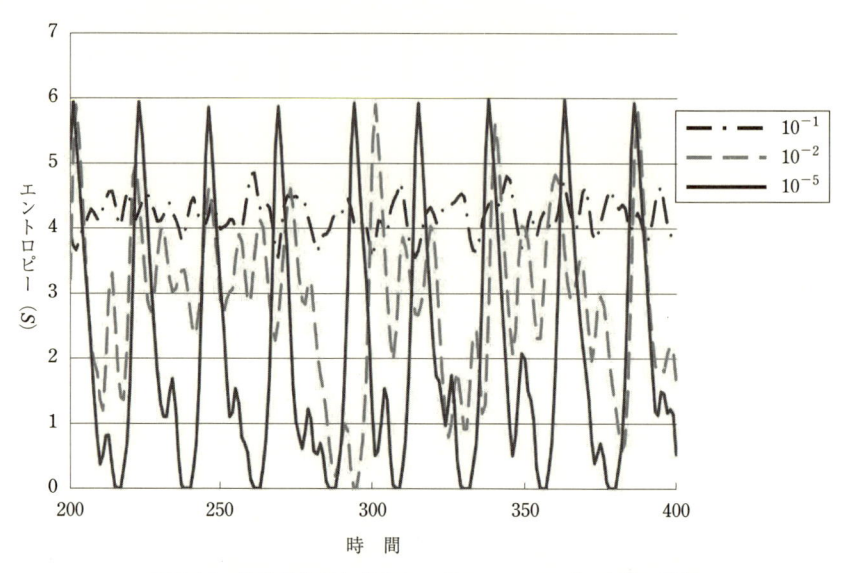

図 5.18 最低基準値と各トレンドのエントロピー変化の関係

について調べる．最低基準値とは，現在選択しているトレンドの成長率が小さいとき，新しいトレンドに切り替わる条件値である．それを，$p_{\text{crit}}=10^{-1}$, 10^{-2}, 10^{-5} と設定し，各トレンドのエントロピー変化を図 5.18 に示す．$p_{\text{crit}}=10^{-1}$ と最低基準値を高く設定したとき，エントロピーの変化は緩やかになる．このケースでは，各人は現在選択しているトレンドの成長率が小さくなると，新しいトレンドに切り替わり易いためである．しかしながら，そのような個々の小さな変化は全体で集約すると相殺され，各トレンドを選択する人数に大きな変化は現われない．一方で，最低基準値をより低く設定すると，現在選択しているトレンドの成長率が低くても，各人は我慢して選択を続ける．このとき，大きな変化が突然現われることがある．このことは，エントロピーの変化が大きくなり，エントロピーの最大値と最小値の間で周期的に変化している様相から知ることができる．

次に，人口の増減がもたらす変化について調べる．初期の人口を $N=5\times10^{4}$，トレンドの総数を $L=10^{2}$，最低基準値を $p_{\text{crit}}=10^{-5}$ とし，人口は各ステップ（時点）毎に一定数増加させる．各ステップでの人口増加を $R=100$ 人とした

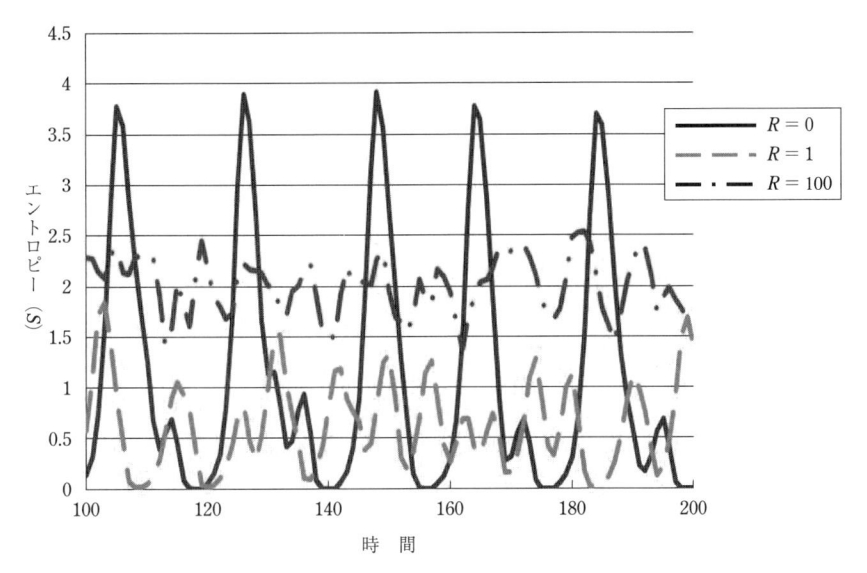

図 5.19　人口を増加させたときのエントロピー変化

ときのエントロピーの変化を，人口増加のない場合と合わせて，図 5.19 に示す．人口増加があるときは，エントロピーの変化は小さく，各トレンドを選択する人数を安定させる効果がある．

次に，人口の増減を途中で行うとき，どのような影響が現れるのかを調べる．500 ステップまで，各ステップ（時点）の人口を増加させ（$R=100$），500 ステップ以降は人口増加をやめたときのエントロピー変化を図 5.20 に示す．各ステップで人口増加があるときは，個人の満足度に関する最低基準値が $p_{\text{crit}}=10^{-5}$ と低くても，エントロピー変化は緩やかであり，人々の選択は分散して，どのトレンドも選択される．ところが，人口の増加がなくなると，大きなエントロピー変化が起こり，その変化は周期的に現れる．そして，図 5.16 に示す結果と同じように，人々の選択が特定のトレンドに集中する状態と分散する状態が周期的に繰り返される．

すべての栄光は，滅亡を招く種子をはらんでいる．そして，あらゆることに栄枯盛衰が共通することは，多くの歴史から学びとることができる．永井路子の小説『災環』のあとがきには，次のような文章がある．「一台の馬車につけ

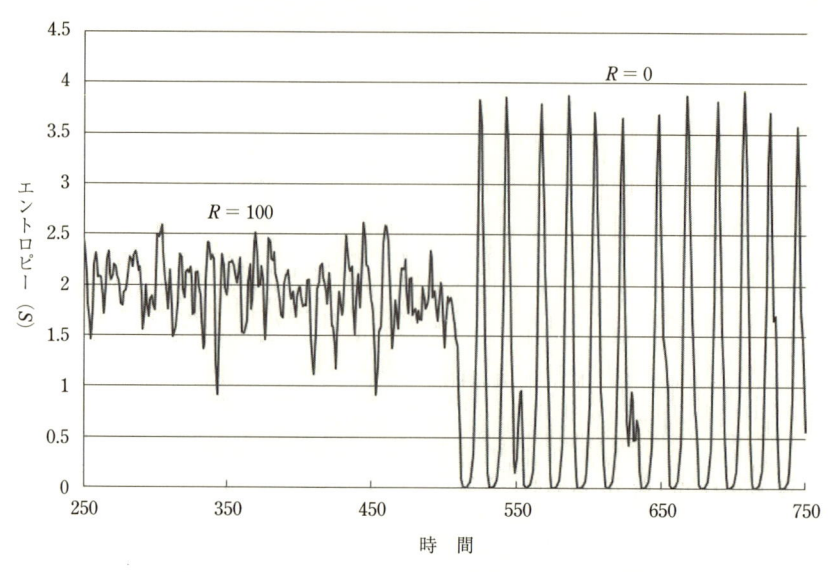

図 5.20 人口の増減を伴うときのエントロピー変化

られた数頭の馬が思い思いの方向に車を引っ張ろうとするように,一人ひとりが主役のつもりでひしめきあい,そして傷つけあううちに,いつのまにか歴史の流れが変えられていくことになる.」すなわち,無数の思惑がからみ合った多次元的な力が,特定の方向へ社会を変化させる.後世になって歴史を振り返り,その時代を支配してきた小さな多数の思惑を知ることは困難である.その結果,特定のできごとや中心的な人物の働きを特定し,それらの影響力を誇張してとらえがちになる.永井は,特定の人物の働きを過大評価はせずに,さまざまな思惑をもった多数の人々の働きを含めて,できるだけ相対的にとらえることの重要性を指摘したのであろう.

　組織を隆盛に導くのも指導者,衰退させるのも指導者ということが,当然の事理になっている.しかしながら,より本質的な要因は,"時の流れに身をまかせようとする"個人一人ひとりにあるといえる.そのような考えの持主が組織の大勢を占めると,一部の良識ある人,あるいは異端者(改革派)は去り,組織に残った者は,金太郎飴型の人間だけとなり,それまでの高い成長ぶりが嘘であったように急激に衰退するはめになった例は少なくない.

社会トレンドの盛衰を支配しているのは，現状に対する各人の満足度である．個人の最低基準値が低く，いわば我慢強い社会では，大きな変化をもたらすダイナミズムが生まれる．反対に，個人満足度の最低基準値が高くなり個人の我慢強さが失われると，小さな変化が多数生じるが，全体の変化は小さく，社会のダイナミズムは小さなものになる．

第6章

社会の合意と集合知

　本章では，大多数の意見を集約して社会の合意を得るための方法論について考える．一人ひとりが他者の意見に耳を傾けながら自らの意見を修正するとき，さまざまな見解の違いを乗り越えて合意を得ることができる．このとき，個人の意見が最終的な合意にどのように反映されるのかによって，個人の影響力を定義する．そして，個々の影響力がどのように働くとき全体の合意が得られるのかを調べる．個々の知性の働きをしのぐ全体の知性を，集合知という．大多数の意見を集約することで集合知を生むことになる条件やその困難性について見ていく．

6.1　合意形成と阻害要因

　個人や集団が何らかの基準に基づき，複数の選択肢の中から最良のものを選択するとき，その選択は合理的であるという．最良なものを選ぶには，望ましさなどに基づき優先順序を定める必要がある．複数の選択肢間の優先順位を，その人の選好関係というが，複数人の選好関係を一貫性の一つの選好関係に集約することが不可能なことは，アメリカの経済学者アロウ（K. Arrow）による不可能性定理として知られている．

　そして，集団としての選好関係を定める際に一人ひとりが自らの選好にこだわるならば，何も決まらないことになる．多くの人の合意を得ながら何かを決めるには，一人ひとりに譲歩することが求められる．特に，全体の問題を解決するには，利害関係にある人たちの間で何らかの合意を図る必要がある．合意形成とは，さまざまな意見をうまく集約することである．社会には，伝統的な価値を重んずる人，常に新しいものを追い求める人，どっちつかずの日和見的な人など，さまざまな人がいるために，激しい意見の対立などは避けられない．

さまざまな見解の違いを乗り越えて意見の集約化を図るためには，何らかの工夫が求められる．

個人は何かを決めるとき，自分勝手に決めることは稀で，他の人はどのように考えているのかを考慮する．自分の意見を他者の意見に合わせようとするのは，その人のもつ社会的知性の表われである．社会的知性をもたずに，多くの人が自分の意見に固執して周りの人を無視して自己本位に振る舞うならば，社会は無秩序に近い状態になる．現実には，このような無秩序な状態になることはあまりなく，たとえ争乱が生じても長く続くことはなく一時的であり，何らかの形で意見の集約が行われることが多い．

一人ひとりが相手の意見に耳を傾けるならば，相互に歩み寄ることができる．一方で，個人が周りの人の沈黙に順応して沈黙を守るという行為は，周囲の人たちの沈黙を一層強化させることになる．多くの人が自分の意見を自由に述べない状況では，沈黙の自己強化ループが作用し，正当な意見が葬り去られることが起こり得る．多くの人の沈黙による働きは，人々の相互作用から生まれる．このとき，独裁者などが抑圧するのと同じことを，個人同士で無意識的に行うことになる．

このことと対比されるのが，集合知（wisdom of crowds）で，いろいろな分野で話題になっている．グーグル（Google）の検索で使われている論理の一つに"みんなの意見は意外と正しい"というものがある．これは，検索の優先順位を付ける際に，そのサイトがどれだけ他からリンクが張られているのかを基準に，情報の有効性に結びつけることである．

グーグルなどが提供するインターネット上での情報検索以外にも，集合知の考えは，リアルタイムでさまざまな情報を共有し合い，相互に利用できる仕組みなどに生かされている．"三人寄れば文殊の知恵"という言葉があるように，多くの仲間と情報を共有しながら問題解決にあたるとき，個人では思いもつかないような優れた発想が生まれる．また，重要な判断を多人数で行うとき，問題をさまざまな視点からとらえることができ，少人数で行う場合に陥り易い偏った見方に基づく誤判断なども犯しにくい．

集合知は，多様な意見をうまく集約する中で生まれる．意見集約の方法とし

て，議論を繰り返す，あるいは投票やアンケートなどもあるが，これらがうまくいくとは限らない．特に，情報が不足する状況では，一人ひとりのあいまいな判断が積み重ねられ，意見が誤った方向に集約されてしまうことがある．また，問題解決をめぐる議論において関係者の思惑が一致しないために，劣悪な妥協策を選んでしまうこともある．さらには，他人の働きに便乗しようとして誰も動こうとしないために，共通する問題が解決されることなく，長く放置されたままになることもある．

　自己統治（self-governance）の概念は，全体を統括するための特別な機能がなくても何らかの合意が図られることである．すなわち，"王や大統領などの権力や権威を必要としない緩い形態"の下，自分たちの問題は自分たちで解決していく姿勢のことである．お互いの意見を尊重して相互に歩み寄るためには，自己統治の概念は大切である．一方で，集団心理などが自己統治の阻害要因になることがある．

　社会心理学には，社会的影響に関する研究領域がある．社会的影響とは，個人の感情，態度，行動などが変化させられることである．他者からの期待などが，個人に対し暗黙の圧力となって作用することも含まれる．アメリカの心理学者オールポート（F. Allport）によると，他者から個人に働く影響は，社会的促進と社会的抑制の二つの側面がある．社会的促進は，周りに多くの見物者や共に行動する人がいるとき，その人の行動が促進されることである．反対に，他者に見られている，あるいは同じ作業を遂行する人が存在することで作業効率が悪くなることを，社会的抑制という．また，個人が集団の中で作業するときは，社会的手抜きと社会的補償という二つの側面が現れる．社会的手抜きとは，協同作業を行う人数が多くなると，一人当たりの作業効率が低下することをいう．その反対が社会的補償で，個人にとって協同作業の成果は重要な意味をもっており，他者の働きが信頼できないときには他人の不足分を補わせようとして自分の仕事量を増大させることである．

　"烏合の衆"という言葉で表わされるように，集団の中で一人ひとりの理性が失われ，集団による成果が劣悪になることがある．個人が集団の一員であることを強く意識して，是非を判断しないまま時流に流され易いときである．集

団には，反対意見を述べる者を排除して全員の意見を一致させようとする斉一性の原理が働くために，不合理なことを選択してしまうことがある．集団や社会の圧力に屈しない少数者の勇気ある行動は，後になって歴史家などに称賛される可能性はある．だが，正論が少数意見のときには，集団や社会から強く排除されることが多いのも事実である．

　民主主義は，全体の合議を尊重する．一方で，"寄らば大樹の陰"，"出る杭は打たれる"などのことわざにもあるように，個人は多数意見に惑わされ易く，そして多数意見は正しいと考えてしまう．多数意見に従う方が無難である，"長いものには巻かれろ"といった心理が働き，さらには異を唱えることで異端児扱いされ仲間はずれにされる，という心理なども働く．

　多くの人の意見を集約する際に，集団心理が災いすることは，数多くの実験によっても確かめられている．被験者の多くが，あらかじめ用意された"わざと嘘の答えを言うサクラ"の意見に同調してしまう実験である．集団の意見が集約しつつあるとき，多くの人は自分の意見を述べようとはしない．集約されつつある意見に反対でも，反対意見を主張する気構えを失う．また，自分の異なる見解を根拠づけるための事実関係を明らかにする努力をせずに，多数派の主張を鵜呑みにし，安易に同調してしまう．特に，利害関係が生じているような状況や自分の立場や身の安全を危うくする状況では，このような心理が現われる．また，一人ひとりの個性が十分に確立されていないような集団組織では，集団心理による影響が顕著に現われ，個人的には望ましくない多数派の主張を肯定してしまうことなどが知られている．

　集団で合議を行う際に不合理な意思決定を容認してしまう，"集団思考 (groupthink)"という集団心理の働きがある．アメリカの心理学者のジャニス (I. L. Janis) は，歴代の米国大統領，政府首脳，そしてアドバイザーたちで構成された集団が失敗に終わった，数多くの外交政策上の事例を分析し，集団で合議を行う場合に，不合理あるいは危険な意思決定が容認され易いことを明らかにした．大統領とそのブレーンたちが密室で行った意思決定の中で，認識の欠如が顕著で不合理で誤った政策決定をしてしまった事例に共通しているのは，"集団で話し合って合議に至る背景に，思わぬ悲劇が隠れていた"という点で

ある．おそらく優秀なメンバーたちが個々に正当な判断をしたのであれば，このような愚かな決定を下してしまうことはなかったであろうと，ジャニスは述べている．集団が結束しており，そのために意見の一致を求める傾向が強いとき，集団による意思決定が失敗に終わることが多いことを，ジャニスは集団思考の特徴であるとしている．

1986年には，スペースシャトル・チャレンジャー号の不幸な爆発事故が起きた．事故原因を追及するための大統領調査特別委員会は，事故の直接原因となった技術的な問題とあわせて，NASAにおける組織的な意思決定の問題を取り上げ，当時のNASAの意思決定が集団思考に陥っていた可能性があると報告している．技術者たちは，ブースターロケットの接合部に欠陥があることを見つけ，それを指摘していたにもかかわらず，初めて民間人を宇宙に打ち上げることに社会全体が熱狂し，また宇宙計画に対する予算削減などの外的圧力があったために，事故が起きるかもしれないということをNASAの誰もが信じたくなかったとされている．これは，個人の思考や行動が所属する組織の論理に強く規定されるからである．

大衆とは，専門知識のない人たちのことだと思いがちであるが，スペインの哲学者オルテガ (J. Ortega y G.) は，専門家こそ最もやっかいな大衆であると述べている．なぜなら，専門家は狭い領域での専門知識しかもっていないのにもかかわらず，専門以外の領域についても知者のように振る舞うからである．テレビのワイドショーなどでは，専門家と称する人たちが官僚，政治家を叩き，それを見た視聴者は拍手喝采して，彼らをこらしめ無駄を省けば，より良い医療，年金，介護の仕組みなどが実現できると思い込んでしまう．一人ひとりが，さまざまな社会の現場における疲弊などに無関心であり続けるならば，社会問題が本質的に解決したことにはならず，社会は悪化の一途をたどることになりかねない．

私たちは，日々の生活の中で考えるべきことが多すぎて，共通する社会問題に対して十分な情報をもてず，自分なりの意見や態度を決めかねている．そのことで招く合理的な無知の問題を克服するために生み出された方法として，討論型世論調査がある．スタンフォード大学のフィシュキン (J. Fishkin) 教授と

テキサス大学のラスキン（R. Luskin）准教授が考案したもので，新しい合意形成法として注目されている．

討論型世論調査は，母集団を代表する参加者を統計学的なサンプリング手法を使って選定することで，積極的な参加希望者ばかりでなく，あまり積極的でない人や無関心な人をも含めた，"社会の縮図（microcosm）" として参加者を構成する．そして，論点となっている公共政策や共通する社会問題について，専門家の意見などを整理して示した後に，それらの情報に基づき討論を行う．このために，多くの参加者は，さまざまな問題を表面的に理解するのではなく全体的な視点でとらえることができ，個々に熟慮した意見を交換し合うことができるなどの利点も生まれる．

十分な情報を持ち合わせて他者と討論を行うことで，人々の意見はどのように変化するのか，あるいは変化しないのかを実証的に調査するための社会実験も行われている．閉鎖的なチームやグループで合意形成したことを，マスメディアなどをつかってプロパガンダする従来のやり方は望ましくないという反省から，討論型世論調査は生まれたのである．

民主主義の根幹は，正確な情報の下での個人一人ひとりの主体的な選択である．そのためには，個人は，広い視野，正確な知識，そして公正な判断力などを身に付ける必要がある．そのような個人を育てることも，社会の大きな責務である．

6.2　意見の集約

私たちの意見は，周囲の人たちの意見から少なからず影響を受ける．自分の意見が周りの人の意見と異なるとき，自分の主張は果たして妥当なのか不安になり，考え直す．また，一人ひとりが自分の意見を述べようとするとき，多勢を占める意見などその場で支配的な空気を素早く読み取ろうとする．そのことで，無意識的に周辺から影響を受ける．個人が自分の意見を修正するのは，外部からの強い働きかけ以外にも，自分の心の中で生まれる周囲に対する同調という心理が働くからである．そして，多くの人が暗黙に同調の力を及ぼし合う

ことで，全体の意見が決まることもある．

　本節では，多数の異なる意見を集約するための仕組みについて考える．個々に異なる信念や意見をもつ集団を想定し，相互に信念や意見を参照し合いながら，自らの信念や意見を個々に修正していく．このとき，どのような条件を満たすとき，異なる意見が一致した方向に収束していくのかを調べる．

　一人ひとりは全体の一部分しか観察できず，個人がもつ情報は不完全であるという状況は少なくない．部分情報しかもち得ない個人が，自分とつながりのある人たちと情報を交換し合うことで，全体の状況をより正確に知ることはできる．個々に観察した情報を一ヵ所に集めて処理し，それを個人にフィードバックすることで全体の情報を得ることはできる．ところが，情報を一ヶ所に集めることは，集団規模が大きくなると困難であり，また個人情報の扱いの難しさも一ヶ所に集約することの制限になる．

　N人で構成される集団において，論点となっていることに対する個人の意見の立場を変数 x_i, $1 \leq i \leq N$, で表わす．これらの変数は，個人の意見の違いを反映して，1からNの値をとるとする．各人は，すべての人の立場を知ることができ，他者がもつ値の重みづき平均値を，次の時点での自分の立場として表明する．すなわち，i番目の人は次式に基づき自分の立場を逐次更新していく．

$$x_i(t+1) = \sum_{j=1}^{n} p_{ij} x_j(t), \quad \sum_{j=1}^{n} p_{ij} = 1, \quad 1 \leq i \leq n \tag{6.1}$$

p_{ij} は，j番目の人がi番目の人に与える影響の重み，あるいはi番目の人がj番目の人から受ける影響力を表わす．

　全員の意見の修正プロセスを，(6.1)式をまとめて次の行列式で表わす．

$$x(t+1) = Px(t) = P^{t+1} x(0) \tag{6.2}$$

N人が(6.2)式に基づき自らの意見を他者の意見に適応していき，全員の意見が一定値に収束していくとき，意見が集約したとみなす．このとき，各人の他者の意見に対する重み係数の行列 $P = (p_{ij})$ が満たすべき条件を求める．

　行列Pのべき乗が収束するとき，すなわち，

$$\lim_{t \to \infty} P^t = P^* \tag{6.3}$$

を満たすとき，"意見の集約"ができたことになる．

　行列 $P=(p_{ij})$ の各行の要素の和が1になるとき，確率行列という．確率行列は，最大固有値1をもつ．確率行列のべき乗は，最大固有値1に対応する固有ベクトル $\pi=(\pi_1, \pi_2,...,\pi_N)$ を各行にもつ行列に収束するので，時間が十分に経過したときの全員の意見は次式で近似できる．

$$x(t+1) \cong P^* x(0) \qquad (t \to \infty) \tag{6.4}$$

各人の最終的な立場を収束した意見 $\bar{x}_i, 1 \leq i \leq n$，で表わすとき，全員の意見は一致し，各人の最初の意見の重みづけ平均として次式で求まる．

$$\bar{x}_1 = \bar{x}_2 = ... = \bar{x}_i =,..., = \bar{x}_n = \sum_{j=1}^{N} \pi_j x_j(0) \tag{6.5}$$

この式から，各人の影響力は行列 P の最大固有値に対応する固有ベクトル $\pi=(\pi_1, \pi_2,...,\pi_N)$ をとして求まる．

　次に，少人数による意見の集約の例を取り上げ，各人の影響力を求める．

（例1）二人による意見の集約において，お互いに等しい重み係数をもつとして，(6.2)式の重み係数行列を次のように与える．

$$P = \begin{bmatrix} 1/2 & 1/2 \\ 1/2 & 1/2 \end{bmatrix}$$

このときの重み係数行列のべき乗は不変である．すなわち，

$$P^t = P, t = 2, 3, 4,...$$

最大固有値1に対応する固有ベクトルは，$\pi=(1/2, 1/2)$ と求まり，各人の最終的な意見は初期意見の平均値として求まる．

$$\bar{x}_1 = \bar{x}_2 = \{x_1(0) + x_2(0)\}/2 \tag{6.6}$$

（例2）重み係数行列を次のように与える．

$$P = \begin{bmatrix} 1/2 & 1/2 \\ 1/4 & 3/4 \end{bmatrix}$$

2番目の人は自らの意見に執着し，相手（1番目の人）の意見に対する重み係数が小さいときである．この行列のべき乗は，

$$P^2=\begin{bmatrix}3/8 & 5/8\\5/16 & 11/16\end{bmatrix}\quad P^3=\begin{bmatrix}11/32 & 21/32\\21/64 & 43/64\end{bmatrix}\quad P^t=\begin{bmatrix}1/3 & 2/3\\1/3 & 2/3\end{bmatrix}\quad(t\to\infty)$$

と求まる.最大固有値1に対応する固有ベクトルは,$\pi=(1/3, 2/3)$ と求まり,各人の意見は次の値に収束する.

$$\overline{x}_1=\overline{x}_2=(1/3)x_1(0)+(2/3)x_2(0) \tag{6.7}$$

そして,自らの意見に執着する2番目の人の影響力が強く働く.

(例3) 各人の重み係数を次の行列で与える.

$$P=\begin{bmatrix}1 & 0\\0 & 1\end{bmatrix}$$

このケースは,お互いに自らの意見に執着する場合で,行列のべき乗は不変で,

$$P^t=P=\begin{bmatrix}1 & 0\\0 & 1\end{bmatrix},\quad t=2,3,4,\ldots$$

となり,意見の集約は不可能である.

この例は,二つの集団A,Bでの意見集約に拡張できる.集団Aのメンバー間での重み係数行列をA,集団Bのメンバー間での重み係数行列をBで表わす.そして,二つの集団間でコミュニケーションはないとして,重み係数行列を次式で与える.

$$P=\begin{bmatrix}A_1 & 0\\0 & B_1\end{bmatrix}$$

このときも意見集約は不可能である.

(例4) 3人による意見集約を考え,3者間の重み係数を次の行列で与える.

$$P=\begin{bmatrix}0 & 1 & 0\\0 & 0 & 1\\1 & 0 & 0\end{bmatrix}$$

例3とは異なり,3人とも自分の意見に自信がなく,相手の意見に過剰に傾聴するケースである.このときの重み係数行列のべき乗は,

$$P^2=\begin{bmatrix} 0 & 0 & 1 \\ 1 & 0 & 0 \\ 0 & 1 & 0 \end{bmatrix} \quad P^3=\begin{bmatrix} 1 & 0 & 0 \\ 0 & 1 & 0 \\ 0 & 0 & 1 \end{bmatrix} \quad P^4=P$$

と求まり，各人の意見は3周期で最初の意見に戻るので，意見の集約は不可能である．

（例5）例2のケースにおいて一人仲間が加わり，3者間の重み係数を次の行列で与える．

$$p=\begin{bmatrix} 1/2 & 1/2 & 0 \\ 1/4 & 3/4 & 0 \\ 1/3 & 1/3 & 1/3 \end{bmatrix}$$

最大固有値1に対応する固有ベクトルは $\pi=(1/3, 2/3, 0)$ と求まり，各人の最終的な意見は以下のように収束する．

$$\bar{x}_1=\bar{x}_2=\bar{x}_3=(1/3)x_1(0)+(2/3)x_2(0) \qquad (6.8)$$

このケースでは，1番目と2番目の人は3番目の人の意見を全く無視するので，3番目の人の意見は反映されず，意見の集約は不可能である．

6.3 大数の法則と集合知

アメリカのコラムニスト，スロウィッキー（J. Surowiecki）は，著書『みんなの意見は案外正しい』で，将来起こることや未知のことについて予測するとき，専門家の意見より広く一般の人の意見を多く集めるほうが予測精度が高かったことを，数多くの例で紹介している．この本の知見に刺激を受けて，さまざまな断片的な知識や情報をうまくまとめて集合知として活用しようとする試みは，いろいろな分野で行われている．

スロウィッキーは，広く群衆の意見や知恵を集めることで集合知が生まれるための条件を，以下のようにまとめている．

・意見の多様性（各人が独自の情報をもっている）

・独立性（他者の考えに左右されない）

・分散性（各人の情報は広く分散され，特定のことに偏りがない）
・集約性（各人の意見を集約して集団の判断につなげるメカニズムの存在）

一方で，これらの条件を同時に満たすことは大変難しく，多様な意見をうまくまとめるには，高い技法や工夫が必要とされる．

本節では，異なる意見の集約と集合知を関連付け，統計学の大数の法則に照らし合わせて，集合知を生む条件を求める．ある不確実な事象の生起確率について，N人が協力して推定する問題を考える．不確実な事象の生起確率をθで表わし，その真の値を誰もわからないとする．各人は，生起確率に小さな誤差を加えた値を個人情報（信念）としてもち，それを次式で表わす．

$$x_i(0) = \theta + \varepsilon_i, \quad 1 \leq i \leq n \tag{6.9}$$

この式のε_iは個人情報の誤差項を表わし，有限の期待値と分散をもつ，ある確率分布に従う個々に独立した確率変数とする．集団の規模Nが十分に大きいとき，大数の法則により，各人の信念の平均値は真の値に収束する．

$$\lim_{N \to \infty} \sum_{i=1}^{N} x_i(0)/N = \theta \tag{6.10}$$

すなわち，大多数の意見の集約において，各人がもつ誤差は相殺され真の値に近づく．この条件が成り立つとき，多数意見の集約により集合知につながる．

(6.2)式の重み係数行列Pの各列ベクトルと各行ベクトルの要素の和がそれぞれ1になり，次の条件を満たすとき"二重の確率行列"という．

$$\sum_{j=1}^{N} p_{ij} = 1, \quad 1 \leq i \leq N, \quad \sum_{i=1}^{N} p_{ij} = 1, \quad 1 \leq j \leq N \tag{6.11}$$

二重の確率行列Pの最大固有値1に対応する固有ベクトル$\pi = (\pi_1, \pi_2, \ldots \pi_N)$は，各要素が等しく，

$$\pi_i = 1/N, \quad 1 \leq i \leq N \tag{6.12}$$

と求まる．Pが対称行列になるとき，すなわち，

$$P = P^T \tag{6.13}$$

のときは二重の確率行列になる．

意見の集約において，各人は周りからの影響を受けると同時に，周りの人たちにも影響を及ぼす．このとき，各人が及ぼす影響が対称関係となってバランスが

とれているとき，(6.10)式を満たし集合知が得られる．相互に影響を及ぼす関係をネットワーク上でのフローとしてとらえると，各人に流れ込む周囲からの影響とその人が周りに及ぼす影響が等しいとき，集合知が得られる．このことから，双方向に及ぼす影響のバランスがとれるとき，集合知が生まれることがわかる．

意見の集約が集合知につながるかどうかは，各人が他者の信念に対する重み係数に依存する．ここで，重み係数の行列Pを次のように設定する．

$$p_{ii}=1-\varepsilon_i, \quad p_{ij}=\varepsilon_i/(N-1), \quad j \neq i, \quad 1 \leq i \leq N \tag{6.14}$$

すなわち，各人の重み係数の総和を1とし，それを自己信念への重み$(1-\varepsilon_i)$と他者の信念に対する重み(ε_i)に分け，他者の信念に対する重み係数は全て等しいとする．このときPは確率行列で，最大固有値1に対応する固有ベクトルの要素は(6.12)式で求まるので，意見の集約が集合知につながる．このとき，全ての人の意見の集約に及ぼす影響力は等しく，$\pi_i=1/N$，$1 \leq i \leq N$，と求まり，Nが大きくなると各人の影響力はゼロに近づくので，意見の集約は個人の影響力が限りなく小さくなるときに可能となる．

意見の集約が集合知につながる秘訣は，さまざまな意見を集約するメカニズムにある．そのためには，一人ひとりが他者の意見に耳を傾けながら，自らの意見を積極的に修正していく姿勢が求められる．しかしながら，現実の世界では，意見の集約が集合知につながることはなく，劣悪な結果を招くことも少なくない．このようなケースがあてはまるのは，より良い選択や結論を求めて意見の集約を図ることなく，形式主義がはびこり表面的な意見の集約を装うときである．事前の根回しや調整などにより，主催者側の意向が強く反映された意見の集約にも同じことがあてはまる．一部の有識者や権限のある人の意見に基づき，トップダウン的に物事を決め，そして，閉鎖的な手法で決めたことをマスメディアなどを使ってプロパガンダするなどの手法は，意見の集約につながるとはいえない．

6.4　意見集約における個人の影響力

本節では，人々のつながり方を考慮してネットワーク上での意見集約につい

て調べる．ネットワーク上での意見集約では，各人は自分とつながりのある人の意見に自らの意見を修正していく．多様な意見を集約できるかどうかは，各人の他者の意見に対する重み係数に依存することから，ネットワーク上での意見集約は，人々のつながり方に依存して決まる．ネットワーク構造が意見の集約にどのような影響を及ぼすのか，各人のネットワーク上の位置がどのような影響を与えるのかなどについて調べる．

ネットワークが分断されているときには，意見の集約は不可能であるので，すべての人は連結されているとする．前節で扱ったのは，各人が他の全員の意見に耳を傾ける場合であり，全連結ネットワーク上での意見集約と同じになる．各人の他者の意見を参照する関係を，次の2値変数で表わす．

$$a_{ij} = \begin{cases} 1 & (i \text{ は } j \text{ の意見を参照する}) \\ 0 & (i \text{ は } j \text{ の意見を参照しない}) \end{cases} \quad (6.15)$$

N人全員の意見の参照関係を表わした$N \times N$行列 $A = \{a_{ij}\}$ を隣接行列という．隣接行列によるネットワークの表現の例を図6.1に示す．各人の参照関係は対称とし，i番目の人がj番目の人の意見を参照するとき，j番目の人も同じようにi番目の人の意見を参照し，そして隣接行列Aは対称行列になる．i番目の人が参照する人数を $k_i = \sum_{i=1}^{N} a_{ij}$ （i番目の人の次数）で表わし，それを対角要素としてもつ対角行列をDで表わす．

各人は，ネットワークでつながりのある人の意見だけに耳を傾けるとして，(6.2)式の重み係数行列 $P = (P_{ij})$ を隣接行列Aと対角行列Dの逆行列の積として次式で定義する．

$$P = D^{-1} A \quad (6.16)$$

そして，i番目の人がj番目の人とつながりをもつとき，$p_{ij} = 1/k_i$ と求まる．

(6.16)式の行列Pの各列の要素の和は1で確率行列になるので，最大固有値1に対応する固有ベクトル $\pi = (\pi_1, \pi_2, \ldots, \pi_N)$ の各要素は $\pi_i = k_i / \sum_{i=1}^{N} k_i$, $1 \leq i \leq N$, と求まる．そして，各人の意見は次のような値に収束する．

$$\lim_{t \to \infty} x_i(t) = \sum_{i=1}^{N} \pi_i x_i(0) = \sum_{i=1}^{N} (k_i / K) x_i(0), \quad 1 \leq i \leq N \quad (6.17)$$

Kは各人の次数の総和を表わし，$K = \sum_{i=1}^{N} k_i$ である．

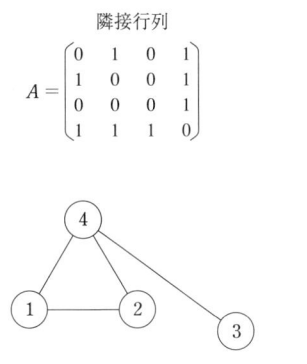

$$A = \begin{pmatrix} 0 & 1 & 0 & 1 \\ 1 & 0 & 0 & 1 \\ 0 & 0 & 0 & 1 \\ 1 & 1 & 1 & 0 \end{pmatrix}$$

隣接行列

図 6.1 隣接行列によるネットワークの表現

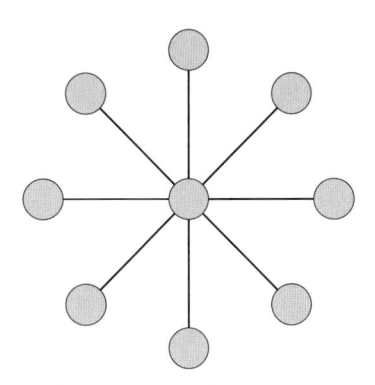

図 6.2 スター・ネットワーク

そして，ネットワーク上での意見の集約では，各人の初期意見を次数比で正規化した値（k_i/K）で重みづけした平均値に収束する．各人の次数が等しいときは，(6.12)式に収束する．一方で，各人が参照する人数が異なるとき，参照人数に比例した値がその人の影響となって働く．すなわち，意見集約における各人の影響力の比は，その人の次数比として次式で求まる．

$$\pi_j/\pi_i = k_j/k_i \tag{6.18}$$

例として，図 6.2 に示すスター・ネットワーク上での意見の集約を考える．中央に位置するノードを中心的な人（リーダー）とし，周辺ノードに位置する $N-1$ 人はリーダーとだけ意見を調整し，リーダー以外とは調整しない．このとき，中央のリーダーが周りの人の意見をどのように調整するかによって，次の 2 ケースを考える．

（ケース 1） リーダーは，他の全ての人の意見に等しく耳を傾ける．リーダー（1 番目の人）の次数は $k_1 = N-1$，それ以外の人の次数は 1 であるので，(6.17)式における重み係数は，次数を総次数 $K = 2(N-1)$ で割った次式で求まる．

$$\begin{aligned} \pi_1 &= k_1/K = 1/2 \\ \pi_i &= k_i/K = 1/2(N-1), \quad 2 \leq i \leq N. \end{aligned} \tag{6.19}$$

このケースでは，リーダーの初期値に 1/2 を乗じ，残り 1/2 を $N-1$ で割っ

た値を残り $N-1$ 人の初期値に乗じた重みづき平均値として求まる．このとき，集団規模が大きくてもリーダーは一定の影響力を維持するので，集合知につながる意見集約にはならない．

（ケース2）　リーダーは自らの意見に固執し，他の人の意見をあまり考慮しない．一方で，残り $N-1$ 人はリーダーを高く信頼し，自らの意見に固執することなくリーダーの意見に合わせるとして，重み係数行列 P を次のように与える．

$$p_{11}=1-\varepsilon,\ p_{1j}=\varepsilon/(N-1),\ j\neq 1 \\ p_{ii}=\delta,\ p_{ij}=1-\delta,\ i\neq 1,\ 2\leq i\leq N \tag{6.20}$$

ε と δ は小さい値とする．このとき，重み係数行列 P の最大固有値1に対応する固有ベクトルの各要素は次のように求まる．

$$\pi_1=(1-\delta)/(1-\delta+\varepsilon) \\ \pi_i=\varepsilon/(N-1)(1-\delta+\varepsilon),\quad 2\leq i\leq N \tag{6.21}$$

このケースでは，リーダー以外の意見は反映されず，リーダーの意見が意見集約となる．このとき意見集約に及ぼすリーダーの影響力は，ほぼ1で，それ以外の人の影響力はほぼ0である．このケースも，集合知につながる意見集約にはならない．

多数の分散システム（ノード）が観測した部分的で不完全なデータを集約して，全体として正しい情報を得るための問題は，コンセンサス問題としても知られている．各ノードは結合されているノードがもつ局所情報を入手して，自らの情報を逐次修正する．各ノードが局所的に観察した情報を相互に交換し合う分散処理を施すことで，全ての情報を一ヶ所に集めて全体的な情報処理を施した結果と同じになるのかを問う問題である．各ノードの局所的な制御により，ネットワーク全体の挙動を制御するためのコンセンサス問題と，意見の集約の問題には共通性がある．

ネットワーク結合された N 個のノードが構成されるシステムを考える．各ノードの状態を状態変数で表わし，各ノードは結合された他ノードとの差が小さくなる方向に自らの状態を逐次修正していく．各ノードの時点 t における状態

値を連続量の変数 $x_i(t)$ で表わし，次の時点 $t+1$ では，結合されている他のノードの状態値との差分により次式で状態値を修正する．

$$x_i(t+1) = x_i(t) + \varepsilon \sum_{j \in N(i)} (x_j(t) - x_i(t)), \quad 1 \leq i \leq N \tag{6.22}$$

N_i は，i 番目のノードが結合されているノードの集合を表わす．ε はパラメータで，他ノードとの差分に対する各ノードの修正量を表わす．全ノードの状態値の更新を，(6.22)式をまとめて次式で表わす．

$$x(t+1) = \{(I - \varepsilon D) + \varepsilon A\} x(t) \tag{6.23}$$

このとき，(6.2)式の各人の重み係数行列 P は次式で与える．

$$P = (I - \varepsilon D) + \varepsilon A = I - \varepsilon (D - A) \equiv I - \varepsilon L \tag{6.24}$$

各ノードの状態推移をまとめて，次の行列式で表わす．

$$x(t+1) = P x(t) \tag{6.25}$$

P は対称行列（$P = P^T$）で，各行の要素の和と各列の要素の和は1になるので，二重の確率行列である．そして，各ノードの状態値は，全てのノードの初期の状態値の平均値に収束していく．

$$x_1(t) \cong x_2(t) \cong \ldots \cong x_n(t) \cong \sum_{i}^{N} x_i(0) / N \tag{6.26}$$

各人が，周りの人の意見に耳を傾けながら自らの意見を修正するならば，全体の意見が平均的な意見に集約していく．このような形で意見集約が行われるのは，相互に及ぼす影響が等しくなるときである．すなわち，各人が及ぼす影響力の間でバランスがとれているときである．すなわち，各人が他者から受ける影響と，他者に及ぼす影響が等しくなるときである．このときを，個別釣り合いがとれている．

6.5　意見集約の誘導

本節では，ネットワーク上での意見の集約において，他者の意見に耳を傾けない一部の人の存在が，意見の集約にどのような影響を及ぼすのかを調べる．

コンセンサス問題を解くためのアルゴリズムの評価では，一部のノード間での情報交換の不具合や一部のノードの誤った動作に際して，全体としての影響

を小さく抑えることができるロバスト性などが重要になる．そして，以下に示すような故障モードに対する評価などが行われる．

(故障モード1) 一部のノードが周りとの通信が途絶えて，自らの状態を更新することができない．

(故障モード2) 一部のノードは，誤って同じ値を送信し続け，自らの状態を更新しない．

(故障モード3) 一部のノードは故障して，任意の状態値を送信する．

各人は(6.22)式に基づき，ネットワークとつながりのある人の意見に修正していく．このとき，自らの意見に固執する一部の人（異常ノード）の存在により，どのような影響を受けるのかを調べる．特に，自分の意見に固執する人のネットワーク上の位置関係の依存により，意見の集約はどのように誘導されるのかを調べる．意見の集約は，次の四つのネットワーク上で行われるとして，それぞれのネットワーク構造が及ぼす影響を比較する．各ネットワークのノード数は，$N=3,000$ とする．

(i) スケールフリーネットワーク（SF）：平均次数が $4(<k>=4)$，べき指数が $\gamma=2$ の次数分布をもつネットワーク．

(ii) ランダムネットワーク（RND）：各ノードは，他のノードの中から一定の確率 $p=<k>/N(=4/3000\cong 10^{-3})$ でランダムに選ばれたノードと結合して生成したネットワーク．

(iii) ランダムレギュラーネットワーク（RR）：各ノードは，他のノードの中から任意に選ばれた四つのノード（$k=4$）とつながる正規ネットワーク．

(iv) 円形ネットワーク（Circle）：各ノードは，円形上に配置された最近傍の四つのノードとつながっている円形ネットワーク．

各ノードに順番をつけ，ノードの初期値をそれぞれのノード番号で与え，$x_i(0)=i$，$1\leq i\leq 3000$，と設定する．

(実験1) 意見集約の速さの比較

各ノードが異なる初期値をとるとき，どのような意見の集約が進むのかを，図6.3に示す．それぞれのネットワークとも，各ノードの状態値は全ノードの

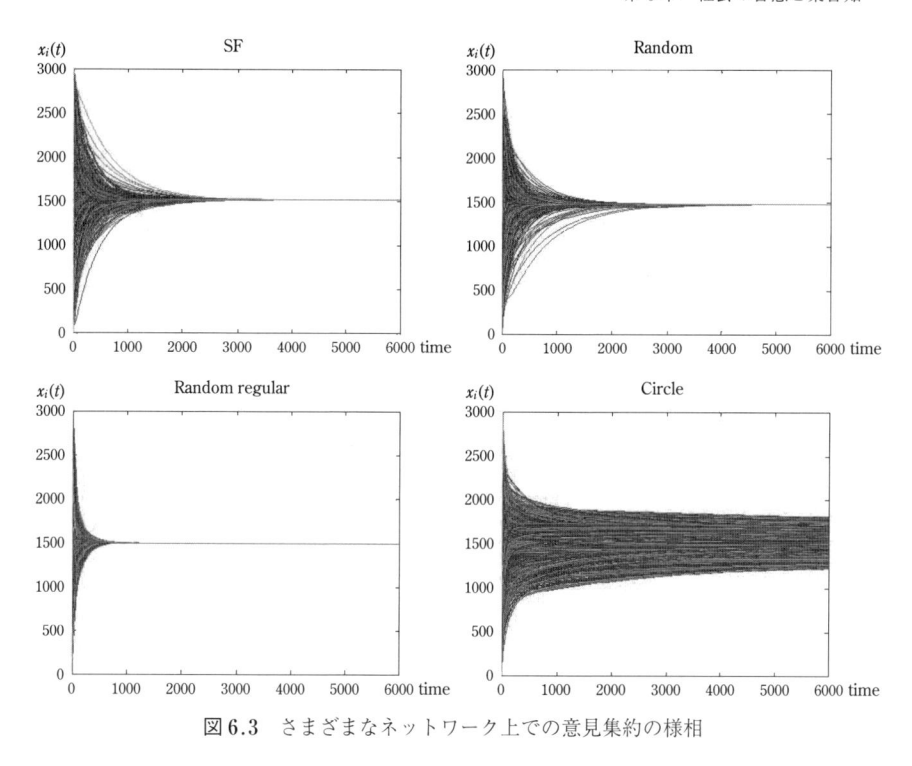

図 6.3 さまざまなネットワーク上での意見集約の様相

初期値の平均値（1,500）に収束していく．その中で，各ノードが同じ次数をもち他のノードとランダムにつながっている，ランダムレギュラーネットワークでの意見の集約が最も速いことがわかる．

（実験 2） 自分の意見を修正しない少数者による影響の比較

図 6.4 には，最も高い次数をもつノードが自らの意見を更新しないときの結果を示すが，全ノードが同じ値に収束することはない．

（ケース 1） スケールフリーネットワーク（SF）

最大次数をもつノード 3,000 番目のノードとし，初期値を $x_{3000}(0)=3,000$ と設定する．他の全てのノードは最大次数をもつノードの初期値 ($x_{3000}(0)=3,000$) に引きずられ，最大次数をもつノードの意見が全体の意見

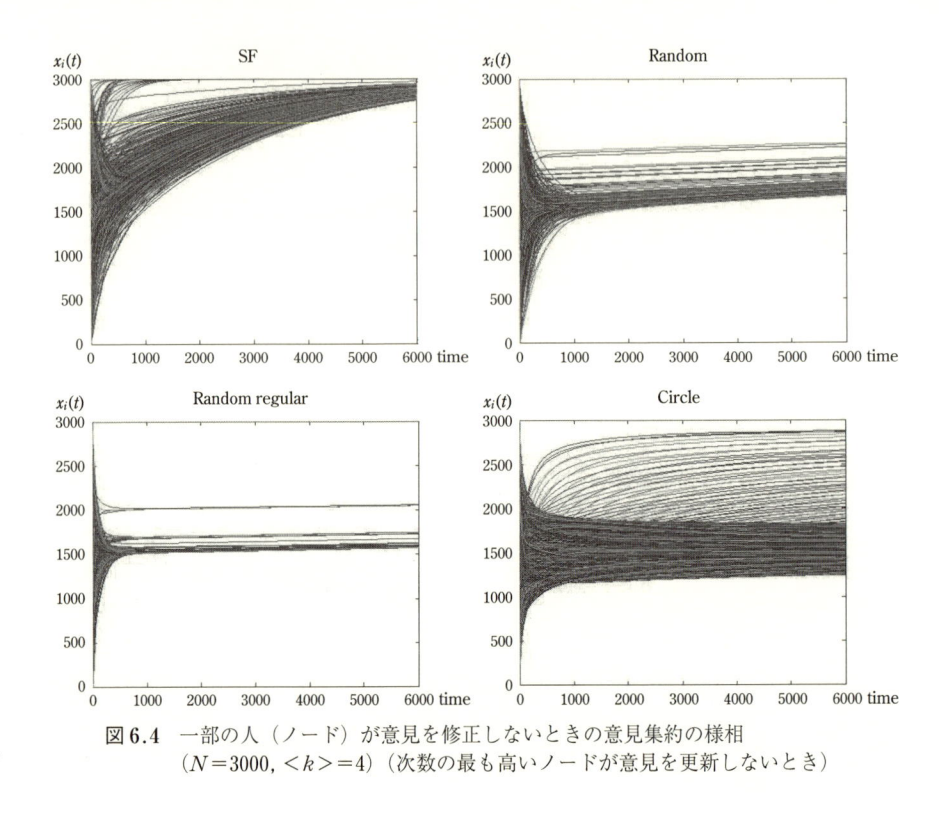

図 6.4　一部の人(ノード)が意見を修正しないときの意見集約の様相
($N=3000$, $<k>=4$) (次数の最も高いノードが意見を更新しないとき)

になる.

(ケース 2) ランダムネットワーク (RND) とランダムレギュラーネットワーク (RR)

　状態を更新しないノードの初期値を $x_i(0)=3,000$ とする. 初期値を更新しないノードを除く全てのノードの状態値は, 全ノードの初期値の平均値 (1,500) に収束していく. すなわち, このケースでは, 自らの意見を修正しないノードの影響をあまり受けることなく, 全ノードの初期値の平均値にほぼ収束していく. したがって, ランダムレギュラーネットワーク上での意見の集約は最も迅速である. また, 周りの意見に合わせようとしない一部のノードの存在によって影響を受けることもあまりない. ランダムレギュラーネットワークでは, 全てのノードが同じノードと結合され, そのつながり方も規則的でなくランダムなために, 各人が他者から受ける影響と他者に及ぼす影響とが等しい.

個別釣り合いがとれているためである．

（ケース3）円形ネットワーク（Circle）

更新しないノードの初期値を $x_i(0)=3{,}000$ とする．このとき，初期値を更新する大半のノードは全ノードの初期値の平均値（1,500）に近づくが，一部のノードは，初期値を更新しないノードの影響を受けるために収束値はさまざまである．

本来，話し合いの目的は，お互いの利益を尊重しつつ，妥協点を探し，そして合意できるところに着地させることである．だが，集団での話し合いによる合意は，むしろその構成員の力関係によって形成され，民主主義的に話し合うということは，必ずしも正しい方向に向かないことがある．

ドイツのノエレ＝ノイマン（E. Noelle-Neumann）は著書『沈黙の螺旋』の中で，沈黙の螺旋階段（spiral of silence）という概念を提起している．これは，世論形成におけるメディアの作用を扱った理論である．人々は，自分の意見が多数派ならば他の人の前で自分の意見を堂々と述べるが，少数派だと思うと沈黙してしまう傾向が強い．そのとき，自分の意見が多数派か少数派かの判断は，メディアなどによって左右される．また個人は，その場での空気を察知し，声をあげて発言をすることもあれば黙ってしまうこともある．特に，意見が対立する局面では，多数意見のほうがおおっぴらに公言し易くなり，それに影響されて多数派はますます増えて勢いづき，逆に少数派はますます沈黙しがちになる．そして，少しでも発言力の強い人がいると，全体の意見がそちらに傾き易くなる．さらには，傍若無人な人がいると，なかなか反対意見も言えず，ついついその人の意見が全体の意見となってしまうこともある．

"サイレント・マジョリティ（silent majority）"とは，積極的な発言をしない大多数である勢力のことである．アメリカのニクソン元大統領は1969年の演説の中で，発言はしないが現体制を支持している多数派というニュアンスで，この言葉を用いたとされる．当時，ベトナム戦争に反対する学生などにより反戦運動がうねりを見せて高まっていた．しかし，ニクソン元大統領はそういった運動や発言をしない大多数のアメリカ国民は，ベトナム戦争を支持しているという意味で，この用語を使ったとされている．

サイレント・マジョリティと呼ばれるべき人々は，社会には数多く存在する．民主主義国家では，これらの見えない大勢力に対する配慮は欠かせない．"声なき声"という言葉があるが，サイレント・マジョリティとほぼ同じ意味で用いられる．一方で，サイレント・マジョリティと称される人たちが公の場で発言することは稀であるために，サイレント・マジョリティは自分たちを支持しているという都合の良い解釈が，客観的な根拠なしに行われることがある．その人たちの主張は明らかに少数意見であるにもかかわらず，意見の見えないサイレント・マジョリティの存在を利用して，自分の主張を正当化するために利用しようとする．

　サイレント・マジョリティと対比的な"ノイジー・マイノリティ (noisy minority)"の存在が大きくなっている．この人たちは，自らの意見は決して多数意見ではないのだが，声高な主張を繰り返すことで目立って周りに存在感を示す．ノイジーは，うるさい，騒々しいといったことが語源であるが，主張に理論的ないし道義的裏付けが乏しいのにもかかわらず，声の大きさに任せて騒ぐだけの少数者のことである．特に，過激かつ積極的な姿勢のために，実際は少数派であるにもかかわらず，穏健かつ消極的な多数派（サイレント・マジョリティ）より目立った存在になる．社会的少数者たるマイノリティは，社会的な偏見や差別や抑圧に対する改善要求を社会的多数者に認知させることで，社会に望ましい働きをすることがある．しかしながら，ノイジー・マイノリティは実質的にはクレーマーと同等の意味合いしかもたないかも知れない．

　意見の集約において，他の人の意見に耳を傾けないで自らの信念や意見を変えない人をノイジー・マイノリティとみなすとき，その人たちが存在感を示すためには，いくつかの条件が必要である．そして，

(1) 人々の関係性（ネットワーク構造）が，多くの人とつながりをもっている人（ハブ的な人）が存在する，スケールフリーネットワークであること．

(2) ノイジー・マイノリティとなる人は，多くの人とつながっているハブ的な存在であること．

　以上の二つの条件を満たすとき，自分の意見を曲げない人の意見に沿う形で全体の意見が集約されていく．しかしながら，社会ネットワークがスケールフ

リーネットワークの構造であっても，ノイジー・マイノリティが多くの人とつながりをもたないときは，単なるクレーマーとして少数派の意見にとどまり，全体の意見の集約に一定の影響力をもつことにはならない．

6.6 不確実性と集合知の困難性

戦略とは，集団や組織が良くなるように将来の活動を計画するものであり，将来を予測することが必要になる．しかしながら，不確実なことを予測することは，一般的には不可能である．将来起こり得ることはランダム性に支配されるために，それまでの実績などを使って予測することは無意味である．そのような中で戦略の効果を高めるためには，何が不確実なのかをはっきり見極め，不確定な要因が将来の活動をどのように阻むのか認識する必要がある．その際に，将来起こり得ることに関して，多くの人の意見や情報を集約することは妥当な方法である．

工学的なシステムのリスク評価・解析では，確率論的な方法が用いられる．このとき，不確実な事象に関する確率分布などを得ることは困難なことが多い．どのようなことが起こるのか誰にもわからないとき，多くの人が依拠しているのは，不確実性に対する個々の主観的な見積もり（主観的確率）である．このとき，私たちは，実際のリスクに対して過剰に反応をする，逆に過信するという過ちを犯し易い．

専門知識を豊富にもっていれば，リスクを正しく認知できるとは限らない．極めて小さな確率で起こることでも，マスコミなどで報じられると，そのことがすぐにでも起こる，あるいは身近に迫っていると，多くの人は思い込む．過信とは，リスク対策などに過大な信頼を抱き，適正な警戒心をもって事象や状況を見定める努力を怠ることをいう．社会システムなどにトラブルがなく，安全な状態が長く続くと，誰もが事故は起こるはずがないという過信を抱くようになる．専門家と称する人たちも，過剰な反応あるいは過信の罠から逃れることはできない．不確実性に対して，多くの人の主観的な見積もりを集約することで，過剰な反応あるいは過信という過ちを防ぐことはできるであろうか？

不確実な状況におかれると，多くの人は不安になり，同じ状況におかれている他者から情報を入手したり学ぼうとする．このとき，個人の主観的な見積もりを，どのようにしてうまく集約できるであろうか？ 多くの人がもつ情報を共有し合う仕組みがあれば，集団や組織としての多様性の利点を生かすことはできる．

第2章では，個人がもつ情報の多様性が反映されなくなり，全員が同じ行動をとってしまう雪崩現象が起こることを，情報カスケードとして扱った．情報カスケードが起こるのは，情報や信念を共有することなく，一人ひとりが他者のとった行動から合理的な方法で推論しようとするときである．このとき，各人が個人情報を共有し合うのであれば，多くの人の行動が同じ方向に引き付けられることは防ぐことができるのであろうか？

第2章の情報カスケードの例と同じように，多くの人が災害保険に加入するかどうかを順番に決定する状況を考える．その際に，先行して選択した人は，災害が起こる可能性に関する個人情報（個人の信念）を公開するとする．このとき，不確実な事象の生起確率に関する社会の見積もり（集合的信念）がどのように形成されるのかについて見ていく．

ステップ $t+1$ で決定する人が参照できる情報を，それまでに決定した人たちがもっている情報（個人の信念）の集合 $S_t=\{s_1,...,s_t\}$ とする．ステップ $t+1$ で決定する人の合理的な選択は，その人が悲観者か楽観者かにより，次のようになる．

(i) 悲観者の場合

$s_{t+1}=1$ をもつ悲観者の期待利得は以下のように求まる．

$$P(\theta=1|X_t, s_{t+1}=1)-c \equiv \mu_{t+1}^{+}-c \tag{6.27}$$

この式の右辺は次式で求まる．

$$\mu_{t+1}^{+}=P(\theta=1|S_t, s_{t+1}=1)=\frac{q\mu_t}{q\mu_t+(1-q)(1-\mu_t)}>\mu_t \tag{6.28}$$

このように，災害が起こる可能性は高いと考えている悲観者が一人加わると，災害が起きる確率の見積もり（集合的信念）は高まる．

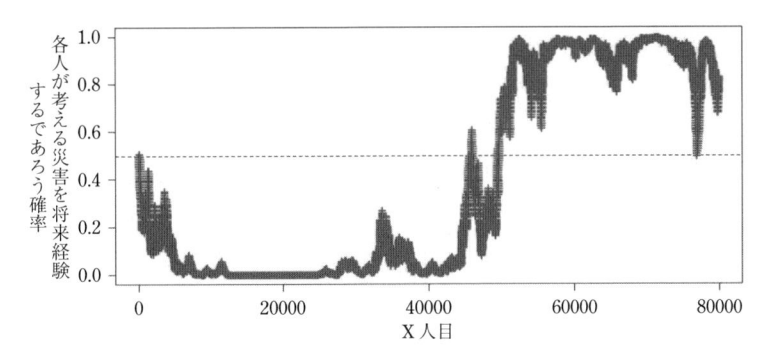

図6.5 個人情報を共有し合うときの集合的信念の推移

(ii) 楽観者の場合

$s_{t+1}=0$ をもつ楽観者の期待利得は以下のように求まる.

$$P(\theta=1|S_t, s_{t+1}=0)-c \equiv \lambda^-_{t+1}-c \tag{6.29}$$

この式の右辺は次式で求まる.

$$\mu^-_{t+1}=P(\theta=1|S_t, s_{t+1}=0)=\frac{(1-q)\mu_t}{(1-q)\mu_t+q(1-\mu_t)}<\mu_t \tag{6.30}$$

このことから，災害は起きないと考えている楽観者が一人加わると，災害が起きる確率の見積もり（集合的信念）は下がる.

各人の信念は公開されず，その人がとった行動からどのような信念の持ち主か推察しなければならないときには，同じ行動をとる人が続くと集合的信念は単調に増加（または減少）し，全員が同じ方向に走る情報カスケードが起きる.

一方で，各人の信念を共有し合うとき，集合的信念は単調に増加（あるいは減少）することなく，信念 $s=0$ をもつ人が加わると減少し，信念 $s=1$ をもつ人が加わると増加する．したがって，集合的信念が高い値で推移していたとしても，信念 $s=0$ をもつ人が加わると低くなるために，情報カスケードは起きなくなる.

(6.27)式と(6.29)式の集合的信念は，それまでの経路に依存して複雑な推移をたどる．その推移の様相を，図6.5 に示すが，集合的信念は上昇と下降を繰り返して特定の値に集約することはない.

補足ノート 6-1　個人情報の共有と集合的信念の形成

個人情報の集合と初期値を以下の記号で表わす．
$$S_t = (s_1, s_2, \ldots, s_t) \qquad S_0 = (\phi) \tag{1}$$
また，個人情報（または個人行為）の集合の下での事後確率と初期値を，以下の記号で表わす．
$$P(\theta=1|S_t) \equiv \mu_t \qquad \mu_0 = P(\theta=1) = 0.5 \tag{2}$$
個人情報の集合に，新たに個人情報 $s_{t+1}=1$ または $s_{t+1}=0$ をもつ人の事後確率を，それぞれ以下の記号で表わす．

以上の記号を使って各人の推論を求める．
$$\lambda_{t+1}^+ = P(\theta=1|S_t, s_{t+1}=1) \qquad \lambda_{t+1}^- = P(\theta=1|S_t, s_{t+1}=0) \tag{3}$$

ステップ 1：$t=1$

（ア）　$s_1=1$ をもつ人の推論

(6.27)式は，ベーズの定理を用いると次のように変形することができる．$P(\theta=1) = P(\theta=0) = 0.5$ であるので，個人情報 $s_1=1$ をもつ人の条件つき確率は，
$$\mu_1 = P(\theta=1|s_1=1) = \frac{P(s_1=1|\theta=1)P(\theta=1)}{P(s_1=1|\theta=1)P(\theta=1|S) + P(s_1=1|\theta=0)P(\theta=0)}$$
$$= \frac{q\lambda_0}{q\lambda_0 + (1-q)(1-\lambda_0)} = \frac{q/2}{q/2 + (1-q)/2} = q \tag{4}$$

（イ）　$s_1=0$ をもつ人の推論
$$\lambda_1 = P(\theta=1|s_1=0) = \frac{P(s_1=0|\theta=1)P(\theta=1)}{P(s_1=0|\theta=1)P(\theta=1) + P(s_1=0|\theta=0)P(\theta=0)}$$
$$= \frac{(1-q)\lambda_0}{(1-q)\lambda_0 + q(1-\lambda_0)} = \frac{(1-q)/2}{(1-q)/2 + q/2} = 1-q \tag{5}$$

ステップ 2：$t=2$

（ア）　$s_2=1$ をもつ人の推論

（ケース 1）　先行者が $s_1=1$ のとき
$$\lambda_2 = P(\theta=1|s_1=1, s_2=1)$$

第6章　社会の合意と集合知

$$= \frac{P(s_2=1|s_1=1, \theta=1)P(\theta=1|s_1=1)}{P(s_2=1|s_1=1, \theta=1)P(\theta=1|s_1=1)+P(s_2=1|s_1=1, \theta=0)P(\theta=0|s_1=1)} \quad (6)$$

$$= \frac{q^2}{q^2+(1-q)^2} \quad (\because P(\theta=1|s_1=1)=q)$$

（ケース2）先行者が $s_1=0$ のとき

$$\lambda_2^+ = P(\theta=1|s_1=0, s_2=1)$$

$$= \frac{P(s_2=1|S_1, \theta=1)P(\theta=1|S_1=0)}{P(s_2=1|S_1, \theta=1)P(\theta=1|S_1=0)+P(s_2=1|S_1, \theta=0)P(\theta=0|S_1)} \quad (7)$$

$$= \frac{q(1-q)}{q(1-q)+(1-q)q} = 0.5 \quad (\because P(\theta=1|X_1)=\lambda_1^-=1-q)$$

（イ）　$s_2=0$ をもつ人の推論

（ケース1）先行者が $s_1=1$ のとき

$$\lambda_2 = P(\theta=1|s_1=1, s_2=0)$$

$$= \frac{P(s_2=0|s_1=1, \theta=1)P(\theta=1|s_1=1)}{P(s_2=0|s_1=1, \theta=1)P(\theta=1|s_1=1)+P(s_2=0|s_1=1, \theta=0)P(\theta=0|s_1=1)} \quad (8)$$

$$= \frac{(1-q)q}{(1-q)q+q(1-q)} = 0.5 \quad (\because P(\theta=1|s_1=1)=q)$$

（ケース2）先行者が $s_1=0$ のとき

$$\lambda_2 = P(\theta=1|s_1=0, s_2=0)$$

$$= \frac{P(s_2=0|s_1=0, \theta=1)P(\theta=1|s_1=0)}{P(s_2=0|s_1=0, \theta=1)P(\theta=1|s_1=0)+P(s_2=0|s_1=0, \theta=0)P(\theta=0|s_1=0)} \quad (9)$$

$$= \frac{(1-q)^2}{(1-q)^2+q^2} \quad (\because P(\theta=1|s_1=0)=1-q)$$

ベイズの定理を使って以上の合理的な推論を一般化すると，ステップ t までに人の信念情報の集合 S_t に，個人情報 $s=1$ をもつ人が a 人，$s=0$ をもつ人が b 人いるときの事後確率は，以下の一般式で求まる．

$$\mu_t = P(\theta=1|S_t) = \frac{q^a(1-q)^b}{q^a(1-q)^b+(1-q)^aq^b} \quad (a+b=t) \quad (10)$$

個人情報 $s_{t+1}=1$ をもつ人の事後確率は，次のように変形できる．

$$\mu_{t+1} = P(\theta=1|S_t, s_{t+1}=1)$$

$$= \frac{P(s_{t+1}=1|S_t, \theta=1)P(\theta=1|S_t)}{P(s_{t+1}=1|S_t, \theta=1)P(\theta=1|S_t)+P(s_{t+1}=1|S_t, \theta=0)P(\theta=0|S_t)} \quad (11)$$

$$= \frac{q\mu_t}{q\mu_t+(1-q)(1-\mu_t)} = \frac{q^{a+1}(1-q)^b}{q^{a+1}(1-q)^b+(1-q)^{a+1}q^b}$$

個人情報 $s_{t+1}=0$ をもつ人の個人の事後確率は，次のように変形できる．

$$\mu_{t+1}=P(\theta=1|S_t, s_{t+1}=0)$$

$$= \frac{P(s_{t+1}=0|S_t, \theta=1)P(\theta=1|S_t)}{P(s_{t+1}=0|S_t, \theta=1)P(\theta=1|S_t)+P(s_{t+1}=0|S_t, \theta=0)P(\theta=0|S_t)} \quad (12)$$

$$= \frac{(1-q)\mu_t}{(1-q)\mu_t+q(1-\mu_t)} = \frac{q^a(1-q)^{b+1}}{q^a(1-q)^{b+1}+(1-q)^a q^{b+1}}$$

$s=1$ をもつ人が一人加わると，事後確率は高まり，$s=0$ をもつ人が一人加わると，事後確率は下がる．そして，事後確率の変動は，ランダムウォークのようになり，一定の確率で増加または減少することにはならない．このときの推移は，楽観者と悲観者の人数に依存して決まる．そして，集合的信念の推移は極めて複雑になる．

第7章

社会のリスク

　小さな不具合や失敗を引き金として，次から次へと新たな障害を招き事態が泥沼化していくことがある．このような負の連鎖が作動し始めると，最悪な事態を招くまで止まらなくなる．さまざまなものが連結されつつある今日，負の連鎖を招く危険性は社会のいたるところに存在している．本章では，システムが相互に連結されることで生じる連鎖型リスクについて取り上げる．負の連鎖のメカニズムを探りながら，連鎖型リスクを緩和するための方法として，リスク共有について考える．

7.1　リスクの伝搬

　リスクの意味合いは，人々によって異なる．さまざまな事故に巻き込まれることや危険な事態に対する不安などを意味する．また，自然災害や社会経済システムの不具合がもたらす甚大な被害の危険性などを意味する．さらには，結果が予測できない不確実なこと全般を指す．このように，リスクに込められた意味はさまざまであるが，多数の人が同時に直面し（同時性），被害規模が甚大（巨大性）なリスクに対して，社会としてどのように取り組むべきかが問われている．毎年のようにどこかの地域を襲う巨大地震，大津波，そして大洪水などの自然災害，汚染物質の拡散や地球環境の悪化，さまざまな感染症の流行，コンピューター・ウイルスの拡散やサイバー・テロによる被害などは，世界中の国々が共通して直面しているリスクである．

　世界中で進んでいる都市部への人口の集中化，特定地域への経済活動の集結化などにより，新たなタイプのリスクが生み出されている．グローバル化は，人々の移動，物流，貨幣の流れなどをますます拡大させている．今後，さまざまな分野で進むことが予想されるグローバル化の波は，連鎖型リスクという新

しいタイプのリスクの台頭という懸念材料をもたらしている．連結型リスクは，複数の要因が複雑に絡み合うことで生じるために，事前に予知することは困難であるという特徴をもっている．

　一部の金融機関で起きた金融危機は，世界的に拡散する危険性を有している．2008年，米国の証券会社リーマン・ブラザーズの破産による影響が多くの国々の金融機関に急速に広まったことは，私たちに連鎖型リスクの影響の甚大さを認識させることになった．一部の金融機関が債務超過等で経営破綻に陥ると，国境を越えて多くの健全な金融機関に波及する．一部の金融機関の異常事態が，金融市場を介して世界中の金融機関に連鎖的に波及する危険性を，システミック・リスク（systemic risk）という．

　グローバルな市場での生き残りをかけた激しい競争を背景にして，新たな科学的発見により新技術が次から次へと生み出され，それらは社会経済システムに組み込まれる．技術革新の恩恵を受け，私たちの社会生活の利便性は高まっている．特に，IT（情報通信技術）の発展により，社会基盤の根幹である電力，通信，交通，金融システムなどは相互連結度を高めながら大規模なネットワークを形成している．そのことで，社会経済システムの効率性や利便性は高まっているが，その代償として，社会の脆弱性を高めている．一部のシステムに生じた障害は他の多くのシステムに波及し，社会全体に甚大な影響を及ぼす危険性が高まっている．

　連鎖型リスクに個別的に対処するのでは効果はあまりなく，ネットワーク的な視点から対処することが大切なことを，簡単なモデルを使って見ていく．N個のノードで構成されるネットワークを考える．一部のノードが受けた障害（またはショック）は，ネットワークを介して他の正常なノードに波及し，次から次へと波状的に障害が広まることで，甚大な障害を引き起こす．

　あるノード（あるいは全ノード）が受けた初期ショックが，ネットワーク結合された他のノードに伝搬していく様相をモデル化する．各ノード i が受ける初期ショックを $x_i(0)$ $(0 \leq x_i(0) \leq 1)$ とし，次の時点 $t=1$ に各ノードに伝搬するショックを次式で表わす．

$$x_i(1) = \sum_{j=1}^{N} w_{ij} x_j(0), \quad \sum_{j=1}^{N} w_{ij} = 1 \quad 1 \leq j \leq N \tag{7.1}$$

$w_{ij}(\geq 0)$ は，ノード j からノード i へ伝搬されるショックの割合を表わす．二つのノードが結合されていなければ，$w_{ij}=0$ である．

ネットワーク結合されているノード間でショックの伝搬が繰り返され，時点 t にノード i に伝搬するショックを $x_i(t)$，全ノードのショックを以下のベクトルで表わす．

$$x(t)^T = \{x_1(t), x_2(t),…, x_i(t),…, x_N(t)\}^T \tag{7.2}$$

(7.1)式を一般化し，一部のノード（あるいは全ノード）が受けた初期ショックが他のノードに伝搬していく様相を次の行列式で表わす．

$$x(t+1) = Wx(t) \tag{7.3}$$

行列 $W=(w_{ij})$ の各要素は，ノード間でショックが伝搬される割合（係数）を表わす．初期ショックが時間の経過と共に全ノードに伝搬していく様相は次式で表される．

$$x(t+1) = Wx(t) = W^{t+1}x(0) \tag{7.4}$$

ショック伝搬係数の行列 W を具体的に定めると，各ノードに伝搬していくショックが求まる．ショックは，結合されているノードに均等に伝搬していくとする．このとき，時点1に i 番目のノードに伝搬するショックの大きさは，i 番目のノードに結合されたノードが受けた初期ショックを次数で割った値として次式で求まる．

$$x_i(1) = \sum_{j \in N_i} x_j(0)/k_j \tag{7.5}$$

N_i は，ノード i に結合されているノードの集合，k_j はノード j の次数を表わす．(7.5)式を一般化すると，各時点で全ノードが受けるショックは次式で求まる．

$$x(t+1) = AD^{-1}x(t) \equiv Wx(t) \tag{7.6}$$

$D(=k_i)$ は，各ノードの次数を対角要素にもつ対角行列である．$A(=a_{ij})$ は，ノード間の結合関係を表わす隣接行列で，ノード i とノード j が結合されているとき $a_{ij}=1$，結合されていないときは $a_{ij}=0$ である．

(7.6)式の行列 $W=AD^{-1}$ の各列の要素の和は1なので最大固有値1をもち，

次式を満たす列（固有）ベクトルが存在する．

$$\lambda = W\lambda \tag{7.7}$$

列（固有）ベクトルの各要素は，各ノードの次数比として次式で求まる．

$$\lambda_i = k_i / \sum_{i=1}^{N} k_i, \quad 1 \leq i \leq N \tag{7.8}$$

(7.6)式において，行列 W のべき乗 W^t は，t が十分に大きくなると，π を各列ベクトルにもつ行列に収束する．そして，各ノードに伝搬していくショックの大きさは次式で求まる．

$$x_i(t) = \lambda_i \sum_{i=1}^{n} x_i(0) \cong \left(k_i / \sum_{i=1}^{N} k_i \right) \sum_{i=1}^{N} x_i(0), \quad 1 \leq i \leq N, \quad (t \to \infty) \tag{7.9}$$

このことから，各ノードが受けるショックは，時間が十分に経過すると，各ノードの次数の相対比に比例し，次数の大きいノードは次数に比例して大きなショックを受け，次数の小さいノードは小さいショックを受けることになる．

図6.1に示すスターネットワークの中央のノード（ハブノード）を1番目のノードとするとき，最大固有値1に対応する固有ベクトルの1番目の要素は，

$$\pi_1 = k_1 / \sum_{i=1}^{N} k_i = 1/2 \tag{7.10}$$

それ以外の固有ベクトルの各要素は，

$$\pi_i = k_i / \sum_{i=1}^{N} k_i = 1/2(N-1), \quad 2 \leq i \leq N \tag{7.11}$$

と求まるので，各ノードが最終的に受けるショックは次のように求まる．

$$\text{ハブノード}: x_1(t) \cong \sum_{j=1}^{N} x_j(0)/2, \quad (t \to \infty) \tag{7.12}$$

$$\text{周辺ノード}: x_i(t) \cong \sum_{j=1}^{N} x_j(0)/2(N-1), \quad i \neq 1, \quad (t \to \infty) \tag{7.13}$$

各ノードが受けたショックが結合されている他ノードに均等に伝搬していくとき，ハブノードは初期ショックの総和の半分，周辺ノードは残りを $N-1$ で割ったショックを受けることになる．

次に，ネットワーク上でのリスク伝搬として，第4章で取り上げた感染症の伝搬を再び取り上げる．ノード i の時点 t での感染確率 $x_i(t)$ をリスクレベルとし，全ノードの時点 t でのリスクレベルを次のベクトルで表わす．

$$x(t)^T = \{x_1(t), x_2(t), ..., x_i(t), ..., x_N(t)\}^T \tag{7.14}$$

次の時点 $t+1$ でのノード i のリスクレベルは，結合されている他ノードの時点 t でのリスクレベルに依存して求まり，それは次式で与えられる．

$$x_i(t+1) = \beta \sum_{j=1}^{N} a_{ji} x_j(t) + (1-\gamma) x_i(t) \tag{7.15}$$

a_{ij} は，ノード i とノード j が結合されているとき 1，結合されていないときは 0 である．β は二つのノード間でのリスクの伝搬率（感染率），γ は各ノードのリスクからの回復率（治癒率）を表わす．

各時点での全ノードのリスクレベルは，(7.15)式より次の行列式で表わす．

$$x(t+1) = (\beta A^T + (1-\gamma) I) x(t) \equiv W x(t) \tag{7.16}$$

I は単位行列，$A(=a_{ij})$ はノード間の結合関係を表わす隣接行列である．この式の右辺の行列

$$W = \beta A^T + (1-\gamma) I \tag{7.17}$$

は，各ノードに1ステップで伝搬される直接的なリスクとネットワークを介して伝搬する間接的なリスクに関する情報を含んでいる．

感染症などリスクが伝搬していく様相は，行列 W の最大固有値 $\lambda_1(W)$ とその固有ベクトルを求めると明らかになる．特に，最大固有値が，

(ⅰ) $\lambda_1(W) < 1$ のとき，全ノードのリスクは 0 に収束していく．
(ⅱ) $\lambda_1(W) > 1$ のとき，全ノードのリスクは拡大していく． (7.18)

感染症の拡散では，感染者は，ある確率（β）で未感染者を感染させ，感染した人は別の未感染者を感染させるということを繰り返すことで，感染者数は増加していく．感染者は一定時間が経過すると治癒に向かうので，治癒者は増えていく．このとき，新たな感染者の増加率と治癒者の増加率の関係から，多くの人が感染する感染爆発が起こる，拡散することなく終息に向かう，あるいは感染者が一定の割合で定着し続けるかが決まる．

時間が十分に経過したときの感染者が占める割合 π は，第4章の(4.5)式で与えられ，感染率を治癒率で割った相対的感染率 $\tau \equiv \beta/\gamma$ と閾値 τ_c の関係から次式で与えられる．

(i) $\tau > \tau_c$ のとき, $\pi > 0$,
(ii) $\tau < \tau_c$ のとき, $\pi = 0$ \hfill (7.19)

例えば, 全ての人が等しく接触する可能性があるときの閾値 λ_c は, 人口規模 (N) のほぼ逆数として次式で求まる.

$$\tau_c = 1/(N-1) \tag{7.20}$$

鉄道網などの交通機関は世界中で整備され, 航空網も世界的な規模で拡大している. それに伴い人々の移動コストも安価になり, 多くの人が頻繁に広域を移動している. 感染症の拡散は, 人々の移動パターンにも依存する. そして, 人々の移動性の高まりは, 感染症が今まで以上のスピードで広域に拡散していくことを意味している. 例えば, 14 世紀に猛威をふるったペストが欧州で広まるのに 10 年以上の年数を要したが, 昨今では, 新型肺炎の一種である SARS (重症急性呼吸器症候群) は数カ月で世界中に拡散した.

人々の移動は, 感染者と未感染者の接触パターンに影響を与える. 人々の接触パターンを考慮するモデルが, 社会ネットワーク上での拡散モデルである. ネットワーク上での拡散モデルとして, 次式のケパ-ホワイト (Kephart-White) モデルがある.

$$dn(t)/dt = \beta <k> n(t)(1-n(t)/N) - \gamma n(t) \tag{7.21}$$

N は, ネットワークのノード総数, $n(t)$ は時点 t で感染しているノード数, $<k>$ は, 各ノードの平均次数 (各ノードのリンク数の平均値) である. (7.21)式を解くと, 時間が十分に経過した後に感染しているノード数が次式で求まる.

$$n = N(1 - \gamma/\beta <k>) \tag{7.22}$$

この式から, 相対感染率 β/γ と各ノード平均次数 $<k>$ の関係から,

(i) $\beta/\gamma < 1/<k>$ のとき, 感染症は拡散することなく, 終息する.
(ii) $\beta/\gamma > 1/<k>$ のとき, 感染症は拡散し, 多くのノードが感染する. \hfill (7.23)

そして, ネットワーク上での拡散モデルの閾値は, 平均次数の逆数として次式で求まる.

$$\tau_{KW} = 1/<k> \tag{7.24}$$

全てのノードが連結されている全連結ネットワークの平均次数は

$<k>=N-1$ なので,全員が等しく接触することを前提にして求めた(7.20)式の閾値と一致する.つながりのある人だけに感染が限定されるとき,平均次数 $<k>$ は小さくなり,閾値は大きくなる.このことから,ネットワーク上では拡散し難いことがわかる.ネットワーク上での拡散の閾値は,正確には次式で求まる.

$$\tau_c = <k>/<k^2> \tag{7.25}$$

$<k^2>$ は,次数の二乗平均で $<k^2>=\sum k^2 p(k)$ と求まり,$p(k)$ はネットワークの次数分布である.

また,ネットワーク上での伝搬の閾値は,隣接行列の最大固有値の逆数としても求まる.(7.17)式の行列 W の i 番目に大きい固有値 $\lambda_i(W)$ と,隣接行列 A(無向グラフのとき対称行列となり,$A=A^T$)の i 番目に大きい固有値 $\lambda_i(A)$ の間には,以下の関係式が成り立つ.

$$\lambda_i(W) = \beta \lambda_i(A) + 1 - \gamma \qquad i=1, 2, \ldots, N \tag{7.26}$$

最大固有値が1以上のとき,感染は拡大していくので,ネットワーク上での伝搬の閾値は,人々のつながりを表わす隣接行列 A の最大固有値 $\lambda_1(A)$ の逆数として次式で与えられる.

$$\tau_c = 1/\lambda_1(A) \tag{7.27}$$

そして,相対感染率 β/γ との関係から,

(ⅰ) $\beta/\gamma < 1/\lambda_1(A)$ のとき,感染症は拡散することなく終息する.
(ⅱ) $\beta/\gamma > 1/\lambda_1(A)$ のとき,感染症は拡散し,多くのノードが感染する. (7.28)

全員がつながっている全連結ネットワークの最大固有値は $\lambda_1(A)=N-1$,平均次数が $<k>$ のレギュラーネットワークの最大固有値は $\lambda_1(A)=<k>$ と求まり,これらのネットワークでの閾値は(7.25)式の閾値と一致する.

補足ノート 7-1　ネットワーク上での確率的拡散

ノード i が，時点 t にネットワーク結合されている近傍のノードから感染しない確率を $\Omega_i(t)$ で表わすと，それは次式で求まる．

$$\Omega_i(t) = \prod_{j \in N_i} (x_j(t-1)(1-\beta) + (1-x_j(t-1)) \cong 1 - \beta \sum_{j \in N_i} x_j(t-1) \quad (1)$$

N_i は，ノード i と結合されているノードの集合を表わす．

ノード i が時点 t で感染していない確率は，次の二つの確率の和として求まる．

(i) 時点 t 以前に感染しておらず，時点 t に他ノードから感染しない確率，

(ii) 時点 t 以前に感染し，時点 t に治癒した確率，

すなわち，

$$\begin{aligned} 1 - x_i(t) &= (1 - x_i(t-1))\Omega_i(t) + \gamma x_i(t-1)\Omega_i(t) \\ &= (1 - (1-\gamma)x_i(t-1))\Omega_i(t) \\ &\cong 1 - (1-\gamma)x_i(t-1) - \beta \sum_{j=1}^{n} a_{ji} x_j(t-1) \end{aligned} \quad (2)$$

この式から (7.15) 式の拡散ダイナミクスを得る．

拡散行列 W の各要素は非負なので，固有値はすべて実数値で，それらを大きさ順に次のように並べる．

$$\lambda_1(W) \geq \lambda_2(W) \geq \ldots \lambda_n(W) \quad (3)$$

これらの個々の固有値に対して次式を満たす固有ベクトル e_i が存在する．

$$W\lambda_i(W) = \lambda_i(W)e_i, \quad i = 1, 2, \ldots, N. \quad (4)$$

スペクトラム分解定理により，以上の N 個の固有ベクトルを相互に直交するベクトルとして選ぶことができる．そして行列 W は，N 個の固有値と相互直交ベクトルを使って次式で表わすことができる．

$$W = \sum_{i=1}^{N} \lambda_i(W) e_i^T e_i \quad (5)$$

各時点でのネットワーク上での感染の様相は，全ノードの感染確率を求めると明らかになる．時点 $t+1$ における全ノードの感染確率は，初期感染を表わすベクトルと感染行列 W のべき乗である次の確率ベクトルで求まる．

$$x(t+1) = W^{t+1} x(0) \quad (6)$$

W の固有値を大きさ順に並べ，i 番目の固有値の固有ベクトルを，$v_{il}, l=1, 2, \ldots, N$ で表わすとき，各ノードの各時点での感染確率は，最大固有値

と i 番目の固有値の固有ベクトルによって次式で近似できる.

$$x_i(t) = \sum_{i=1}^{N}\sum_{j=1}^{N}(\lambda_i)^t v_{i,l} v_{j,i} x_j \approx (\lambda_1)^t \sum_{j=1}^{N} v_{i,l} v_{j,l.} \tag{7}$$

また(4)式と(5)式より,時間が十分に経過したとき,全ノードの感染確率は,拡散行列の最大固有値と最大固有値の固有ベクトルを使って次式で近似できる.

$$\begin{aligned}x(t+1) &= \sum_j \lambda_j(W)^{t+1} e_j^T e_j x(0) \\ &\cong \lambda_1(W)^{t+1} e_1^T e_1 x(0)\end{aligned} \tag{8}$$

7.2 脆弱なノード

リスク対策は,ここまでやれば完璧であるという保証はない.一般には,リスク対策を講じれば講じるほどリスクは小さくなるが,その分,コストは高くなる.一般には予算や時間の制約があるため,リスクとコストの間で何らかの妥協点を見つけることが求められる.

本節では,リスクの連鎖が拡大していく様相をネットワークの連結性に着目して明らかにし,リスク伝搬における"中心的なノード",あるいは最も被害を受け易い"脆弱なノード"を求める.このようなノードを事前に知ることで,リスクの連鎖をうまくコントロールすることにもつながる.例えば,脆弱なノードを抽出し,それらのノードでのリスク吸収率(感染症の場合には治癒率)を高めるなど,優先度をつけたリスク施策を講じることで,リスク連鎖による被害を最小限に抑え込むことができる.

各ノードの治癒率(回復率)は同じであるとした前節の(7.15)式において,各ノードの回復率は異なるとして,全ノードのリスク(感染)レベルの推移を次の状態方程式で表わす.

$$x(t+1) = \{\beta A + (I-\Gamma)\}x(t) \tag{7.29}$$

βはノード間の感染率,行列Aはノード間の隣接関係を表わす隣接行列,Γは各ノードの治癒率γ_i, $1 \leq i \leq N$, を対角要素にもつ対角行列である.

各ノードのリスクレベルは,次式のように推移していく.

$$x(t+1) = W^t x(0) \tag{7.30}$$

(7.30)式の右辺の行列を,リスク伝搬行列とよぶことにする.

$$W = \beta A + I - \Gamma \tag{7.31}$$

(7.30)式より,各ノードの状態値は,リスク伝搬行列Wの最大固有値$\lambda_1(W)$の値から次のようになる.

(i) $\lambda_1(W) > 1$ のとき,全ノードの状態値は大きく発散する.

(ii) $\lambda_1(W) = 1$ のとき,各ノードの状態値は,最大固有値1に対応する固有ベクトルの値に収束する.

(iii) $\lambda_1(W)<1$ のとき,各ノードの状態値は 0 に収束していく.

リスクの伝搬における中心的なノードは,以上のどのケースがあてはまるかに依存して求まる.

(ケース 1) リスク伝搬行列 W の最大固有値 $\lambda_1(W)$ が 1 以上のとき

全ノードの状態値は大きくなるので,感染爆発が生じる.このための条件は,(7.31)式の行列 $\Gamma-\beta A$ の非対角要素の総和が対角要素よりも大きいことである.すなわち,

$$\gamma_i < \beta \sum_{i=1}^{N} a_{ij} \equiv \beta k_i \tag{7.32}$$

このとき,全ノードの状態値は大きく発散する.

このケースのように,感染やリスクが爆発する可能性が高いときは,(7.32)式を満たすノードが"脆弱なノード"である.

(ケース 2) 伝搬行列 W の最大固有値 $\lambda_1(W)$ が 1 のとき

このケースでは,感染やリスクの伝搬は発散または終息したりはせず,一定値の定常状態に収束する.そして,各ノードの状態値は,時間が経過すると最大固有値 $\lambda_1(W)$ に対応する固有ベクトル v_1 に比例した値に近づく.

次式を満たす $N\times 1$ のベクトルは,"固有ベクトル中心性"として定義される.

$$Wv_1 = \lambda_1(W)v_1 \tag{7.33}$$

感染やリスクの伝搬状態が定常状態に収束するとき,最大固有値に対応する固有ベクトルにより,高い確率で感染する"脆弱なノード"が求まる.

特に,全ノードが次の条件式を満たすとき,

$$\gamma_i = \beta \sum_{i=1}^{N} a_{ij} \equiv \beta k_i, \quad 1 \leq i \leq N \tag{7.34}$$

伝搬行列 W の各列の要素の和は 1 で確率行列になるので,各ノードのリスク状態値は同じ値に収束する.すなわち,

$$x_1(t) \cong x_2(t) \cong \ldots = x_i(t) =, \ldots = x_N(t) \cong \sum_{i=1}^{N} \pi_i x_i(0), \quad (t\to\infty) \tag{7.35}$$

この式の重み係数 $\pi_i(1\leq i \leq N)$ は,W の最大固有値 1 の左固有ベクトルの各

要素として，次式を解くと求まる．

$$v_1 = v_1 W \tag{7.36}$$

そして，左固有ベクトル v_1 の各要素は，各ノードの相対次数比として次式で求まる．

$$\pi_i = k_i / \sum_{i=1}^{N} k_i \tag{7.37}$$

(7.34)式を満たすときは，各ノードのリスク状態は各ノードの初期値を相対次数で重みづけした同じ値に収束するので，次数の高いノードが"脆弱なノード"として求まる．

(ケース3)　行列 W の最大固有値 $\lambda_1(W)$ が1未満のとき

このケースでは，時間が経過すればリスクの伝搬は終息に向かうが，いくつかのノードは感染する．このとき，リスクが終息するまでに感染する平均的な割合を求め，その割合が高いノードを"脆弱なノード"として求める．

長期間に各ノードが感染，あるいは受けるショックの総和を次式で表わす．

$$\sum_{t=1}^{T} x(t) = (I + W + W^2 + \ldots) x(0) \approx (I-W)^{-1} x(0) = (I - \Gamma^{-1} A)^{-1} \Gamma^{-1} x(0) \quad (T \to \infty) \tag{7.38}$$

その値は，各ノードの回復率（治癒率）の逆数に初期ショックを乗じた値 ($\Gamma^{-1} x(0)$) の関数として求まるので，回復率（治癒率）の低いノードが，"脆弱なノード"になる．

アメリカの社会学者ボナシィク (P. Bonacich) は，各ノードの中心性を測るための指標として，次式で定義される α-中心性 (α-centrality) を考案した．

$$(I - \alpha A)^{-1} e = (I + \alpha A + \alpha^2 A^2 + \ldots + \alpha^t A^t + \ldots) e \tag{7.39}$$

e は，各要素に1をもつ $N \times 1$ の行ベクトルである．α は，隣接行列 A の最大固有値 $\lambda_1(W)$ の逆数よりも小さい正の係数とする．行列 A のべき乗行列の (i, j) 番目の要素 $(A^t)_{ij}$ は，i 番目のノードから出発して j 番目のノードに t ステップで到達できる経路数を表わす．各ノードから他ノード（自分自身を含む）にたどりつく経路に，感染する確率（相対的伝搬率）を乗じた値は，他

のノードを介さずに伝わる直接的なリスクと他のノードを介して伝わる間接的なリスクを表わす．そして，α が小さいときは直接的なリスク，α が大きいときは間接的なリスクを重視した値として求まる．

各ノードの回復率（治癒率）は等しく，α を相対的伝搬率（$\alpha=\beta/\gamma$）とおくと，(7.38)と(7.39)式は等価になるので，隣接行列 A の α-中心性を求めると感染頻度の高い"脆弱なノード"が求まる．そして，(7.39)式の α-中心性の定義より，

(i) α（相対的伝搬率 β/γ）が非常に小さいときは，

$$(I-\alpha A)^{-1}e = (I+\alpha A+\alpha^2 A^2+\ldots+\alpha^t A^t+\ldots)e \tag{7.40}$$

と求まるので，次数の大きいノードが"脆弱なノード"になる．

(ii) α（相対的伝搬率 β/γ）が大きく，隣接行列 A の最大固有値 $\lambda_1(A)$ の逆数に近いとき，

$$\lim_{\alpha \to 1/\lambda_1}(I-\alpha A)^{-1}e = \sum_{i=1}^{N}\frac{1}{1-\alpha\lambda_i}v_i v_i^T e \approx v_i v_i^T e = \left(\sum_{i=1}^{N}\pi_i\right)v_1 \tag{7.41}$$

と近似できる．この式の λ_i，($1\leq i \leq N$) は，隣接行列 A の i 番目に大きい固有値 v_1 は，その固有値に対応する固有ベクトルである．このケースでは，各ノードでのリスクレベルは隣接行列の最大固有値に対する固有ベクトルに収束する．このとき，"脆弱なノード"は最大固有値の固有ベクトル値の大きなノードとして求まる．

(iii) α（相対的伝搬率 β/γ）が隣接行列 A の最大固有値の逆数よりも小さいときは，(7.39)式の α-中心性（$\alpha=\beta/\gamma$）を求めると"脆弱なノード"が求まる．

(iv) 各ノードの回復率（治癒率）は異なり，そして感染爆発が起きないときは，長期間にわたって各ノードが受けるリスクの総和を表わす(7.38)式から，"脆弱なノード"を求めることになる．

7.3　個人の安心と社会の安全

新たな感染症が発見されると，それを抑制するためのワクチンが開発される．そして多くの人がワクチンを接種するならば，それ以降は，同じタイプの感染

症が流行することを未然に防ぐことはできる．感染症の流行を防ぐためには，ほぼ全員がワクチンを接種すべきなのか，あるいは一部の人が接種すれば十分なのであろうか？　後者の場合，人々の自発的な接種により社会的に最適なレベルで接種率が実現するのであろうか？

感染症の流行を知る上で重要なパラメータは，一人の感染者が治癒するまでに感染させる人数として定義される基本再生産数 R_0 である．それは，初期の未感染者数 $S(0)$ と相対的感染率 β/γ の積として次式で求まる．

$$R_0 \equiv S(0)\beta/\gamma \tag{7.42}$$

基本再生産数が1未満のとき，感染症は流行しない．そして，人口の少ない集団などでは感染症は流行し難い．(7.42)式の基本再生産数と未感染者数の関係から，感染症が流行するための最小人口（未感染者数）が求まり，それは次式で与えられる．

$$N_{\min} = \gamma/\beta \tag{7.43}$$

初期の未感染者数が集団規模にほぼ等しいとき $(S(0) \cong N)$，基本再生産数 R_0 は最小人口 $N_{\min}$ の関数として次式で求まる．

$$R_0 = N/N_{\min} \tag{7.44}$$

ワクチンを接種する人の割合を p で表わすとき，未感染者数は $(1-p)N$ になるので，一部の人がワクチンを接種するとき，基本再生産数は次式で修正される．

$$\overline{R}_0 = (1-p)N/N_{\min} = (1-p)R_0 \tag{7.45}$$

この基本再生産数 $((1-p)R_0)$ が1未満ならば，感染症は広まらない．したがって，感染症の拡散を防ぐために必要とされるワクチン接種者の割合 P_c は次式で求まる．

$$P_c = 1 - 1/\overline{R}_0 \tag{7.46}$$

ワクチンの接種は強制ではなく，個人（子供の場合は親など）の自主的な判断にまかされることが多い．このとき個人は，どのような判断をするであろうか？　個々の合理的な判断に基づくとき，社会全体にとって最適な接種率が実現するのかについて調べる．

個人の選択肢は，次の二つである．

選択肢 1：予防接種を受ける．　　　　選択肢 2：予防接種を受けない．
それぞれの選択肢の下での個人の利得を，次のように与える．

$$U_1 = Y - C, \qquad U_2 = Y - \pi(p)L \qquad (7.47)$$

Y は個人の収入など，C は予防接種のコスト（接種料や病院などに行くのに要する時間の対価など），L は感染症にかかったときのコストとする．$\pi(p)$ は，予防接種を受ける人の割合が p のとき，予防接種を受けない人が感染する確率を表わす．

(7.47)式の利得関数を図 7.1 に示すが，横軸は予防接種を受ける人の割合 p，縦軸に個人の利得を表わす．Y，C，そして L の値を定めることは比較的容易であるが，予防接種を受けていない人が感染する確率 $\pi(p)$ を推定することは困難である．ここでは，感染症が拡散する様相を表わす SIR モデルを使って，近似的に求める．

予防接種を受ける人の割合が p のとき，時間 t における未感染者の割合 $S(t)$，感染者（I）の割合 $I(t)$，そして免疫を保持している人の割合 $R(t)$ の推移は，以下の SIR モデルを修正した式から求まる．

$$\begin{aligned} dS/dt &= (1-p) - \beta SI \\ dI/dt &= \beta SI - \gamma I \\ dR/dt &= p + \gamma I \end{aligned} \qquad (7.48)$$

β は感染率，γ は治癒率を表わす．

この式より，感染症が流行するかどうかを決める接種率の閾値 p_{crit} は，以下のように求まる．

$$\begin{aligned} &\text{(i)} \ R_0 \leq 1 \ \text{のとき}：P_{crit} = 0 \\ &\text{(ii)} \ R_0 > 1 \ \text{のとき}：P_{crit} = 1 - 1/R_0 \end{aligned} \qquad (7.49)$$

そして，ワクチン接種率 p と閾値 p_{crit} の関係から以下のことがわかる．

(i) $p \geq p_{crit}$ のとき，

感染症は消滅し，未感染者（S），感染者（I），免疫保持者（R）の割合は，それぞれ次の値に収束する．

$$(S, I, R) \to (1-p, 0, p) \qquad (7.50)$$

(ii) $p < p_{crit}$ のとき，

感染症は消滅することなく，社会の一定の割合の人は感染症にかかったままになる．そして，未感染者（S），感染者（I），免疫保持者（R）の占める割合は次の値に収束する．

$$\hat{S}=1-p_{\mathrm{crit}}, \quad \hat{I}=p_{\mathrm{crit}}-p, \quad \hat{R}=p \tag{7.51}$$

この定常状態での割合を使って，予防接種を受けていない人が感染する確率 $\pi(p)$ は，次式で近似する．

$$\pi(p)=\frac{\hat{I}}{\hat{S}}=1-\frac{1}{R_0(1-p)} \tag{7.52}$$

(7.47)式より，予防接種を受けるときと受けないときの個人の利得を等しくする予防接種を受ける人の割合は，次式で求まる．

$$\pi(p^0)=C/L \tag{7.53}$$

この割合 p^0 は，個人の合理的な選択を集約した値として次式で求まる．

$$p^0=1-1/R_0(1-C/L) \tag{7.54}$$

次に，一人あたりの平均利得（あるいは全員の利得の総和）を最大にする予防接種の割合を，全体にとって最適な接種率として求める．(7.47)式より，予防接種を受ける人の割合が p のときの一人あたりの平均利得は次式で求まる．

$$E(p)=pU_1+(1-p)U_2=Y-\{pC+(1-p)\pi(p)L\} \tag{7.55}$$

全体にとって最適な接種率は，以上の平均利得を最大にする値として次式で求まる．

$$p^*=1-1/R_0 \tag{7.56}$$

そして，図7.1に示すように全体にとって最適な接種率は個人の合理的な選択に基づく接種率よりも高くなる．

$$p^0<p^* \tag{7.57}$$

このように，予防接種を個人の自主性に任せるとき，全体にとって最適な水準よりも低い接種率にとどまることがわかる．感染者の割合 $\pi(p)$ と予防接種の相対コスト比（C/L）の関係を図7.2に示すが，接種コスト C を低くすれば，自主的に接種する人の割合は増加し，全体にとって最適な接種率に近づくことがわかる．

(7.56)式より全体にとって最適な接種率は1未満であり，全員に予防接種を

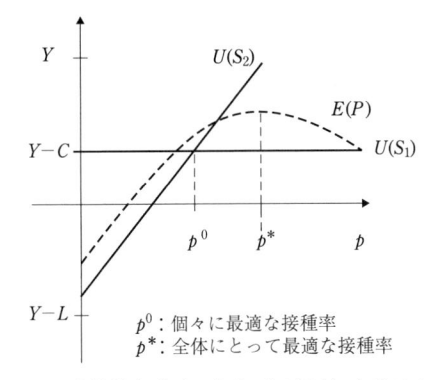

図 7.1 予防接種を受けるとき（$U(S_1)$）と受けないとき（$U(S_2)$）の個人の利得と全体の平均的な利得（$E(P)$）

p^0：個々に最適な接種率
p^*：全体にとって最適な接種率

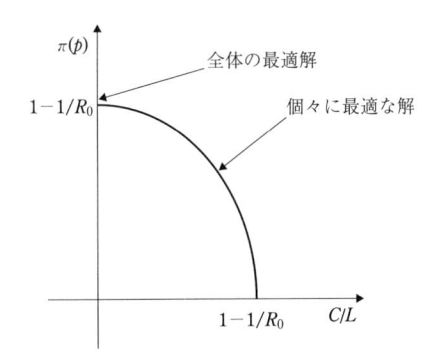

図 7.2 感染者の割合（$p(p)$）と予防接種の相対コスト比（C/L）の関係

強制することは最適ではない．さらに厄介なのは，不平等の問題である．個人の自主的な判断に任せる場合，予防接種を受ける人も受けない人も利得が等しくなる状態で均衡する．一方で，図 7.1 からもわかるように，全体にとって最適な接種率の下では，予防接種を受ける人の利得は受けない人の利得よりも低くなるために，予防接種を受ける人にとって不公平になる．

多くの人が予防接種を受けるように促しながら，感染症の拡散を抑制しようとするとき，全体の最適性と平等性という二つの両立し得ない問題が台頭する．すなわち，全体の最適性を追求するならば，予防接種を受ける人と受けない人の間で不平等が生じる．このとき，平等性を重視するならば，予防接種は個人

の自主的な判断に任せればよい．予防接種を受ける人も受けない人も利得が等しい状態で均衡するからである．しかしながら，全体の最適性は満たさないことになる．一般には，全体の最適性と平等性の二つの要件を同時に満たすことは困難である．社会には，このようなトレードオフの関係にある問題が数多く存在する．

7.4 カスケード障害

IT（情報通信技術）の発展の恩恵を受け，また社会からの高いニーズにより，ありとあらゆるものが接続されつつある．特に，電力ネットワーク，金融，交通，物流システムなどは相互に結合され，巨大なネットワークを形成している．さまざまなシステムが相互に連結されることで，社会の効率性が増す反面，社会の脆弱性を高めていることは大変懸念すべきことである．個々のシステムの耐故障性に十分な対策を講じたとしても，他のシステムに連結されることで想定外の障害に遭遇する可能性がある．さらには，相互連結度の高まりは，カスケード故障という新たなタイプのリスクに直面することになる．

カスケード（cascade）とは，連なった小さな滝を意味し，それが派生して，些細なことがきっかけとなって生じたことが連鎖反応を起こし，ネットワーク全体に影響を及ぼすことをいう．特に，偶発的な故障が次から次へと波及して，ネットワーク全体が機能不全に陥ることを，カスケード故障という．

電力ネットワークは，一部の地域で電力が不足したとしても周辺から相互に補塡する仕組みによって，安定した供給を可能にしている．このような仕組みにより，一部のノードが外乱（ショック）などを受けて供給が不安定になったとしても，電力ネットワーク全体では安定な供給をすることを可能にし，外乱等による影響を小さく抑え，高いロバスト性を維持している．一方で，各ノードが相互に補塡し合う仕組みは，一部のノード（地域）で生じた電力供給上の障害を次から次へと連鎖的に拡大させ，大停電（blackout）という事態に発展してしまうことが認識されるようになってきている．

例えば，1996年にアメリカ北東部とカナダ東部において起こった大停電で

は，たった一本の送電線が切れて生じた停電の障害が数多くの州に及んだ．切れた送電線の電流分を他の送電線に振り分けたところ，その送電線を流れる電流が許容範囲を超えたことで送電線が切れてしまうという事態が立て続けに起きたためである．社会システムの基幹である電力ネットワークが短時間でも大停電を起こすと，多くの社会経済システムに被害が波及し，社会に甚大な影響を及ぼすことになる．

インターネットでは，ノード間のリンクを介して情報伝達が行われ，ルータで経路制御しながら，ある端末から別の端末へパケットが送信される．こうした中，偶発的に発生した不具合が伝播して，ネットワーク全体が機能不全に陥る危険性はある．特に，インターネットの構造はスケールフリーネットワークとして特徴づけられる．このような構造をもつネットワークは，故障がランダムに起きるとき，すなわちどのノードも同じ確率で故障が起こる場合には，一部のノードの故障が他のノードに広まる可能性は非常に小さい．ところが，多数のノードにつながっているハブノードが故障すると，その影響は甚大で，多くの正常なノードが連鎖的に故障を起こして大規模なカスケード故障に発展する可能性がある．多くのノードと結合しているハブノードは，情報を効率的に伝達する上で重要な役目を果たしている．一方で，障害などをまん延させてしまう特性を併せもつことから，"ネットワークのアキレス腱"とも呼ばれている．

単独では障害耐性の高いネットワークが相互に結合され，大規模ネットワークを形成することで，小さなトラブルが壊滅的な障害につながるカスケード障害を起こすだけでなく，カスケード障害に至るまでの時間的な速さも深刻な問題である．ネットワークを構成している各ノードが徐々に壊れていくのではなく，多くのノードが一気に機能不全に陥る壊滅的な障害が突然起こることになる．

ネットワーク結合されたシステムの性質を調べる上で，ネットワーク構造は重要な鍵を握っている．統計物理学は，物質の巨視的な性質を調べるのに，個々の粒子（ミクロ）の状態ではなく，粒子全体（マクロ）がどのような状態にあり，特定の状態がどのような確率分布で存在するのかを統計学的手法を使

って調べる．カスケード障害は，一部ノードの障害が他の正常なノードに次から次へと波及することである．本節では，2.2節の閾値モデル (threshold model) を使ってカスケード障害をモデル化し，ネットワーク化がシステムの脆弱性をどのように高まるのかについて調べる．

ネットワーク結合されたN個のノードで構成されるシステムを考える．各ノードは，正常または故障のいずれかの状態をとり，それを変数x_iで表わす．

$$x_i = 0：正常, \qquad x_i = 1：故障. \tag{7.58}$$

このとき，各ノードは故障している他ノードの割合が一定値θ（閾値）を超えると故障するとして，各ノードの状態推移を次式で定義する．

$$\begin{aligned}&(\text{i}) \sum_{j \in N_i} x_j/k_i < \theta \text{ のとき，正常 } (x_i = 0)\\&(\text{ii}) \sum_{j \in N_i} x_j/k_i \geq \theta \text{ のとき，故障 } (x_i = 1)\end{aligned} \tag{7.59}$$

N_iはノードiに結合されているノードの集合，k_iはノードiの次数（N_iに含まれるノード数）を表わす．

例として，各ノードが同じ数のノードに結合された図7.3に示す格子ネットワークを考える．各ノードが左右のノードとつながっている一次元格子ネットワークの各ノードの閾値が$\theta \leq 1/2$のとき，ある一つのノードの故障は左右のノードに波及し，次から次へと故障は連鎖的に起こり，やがて全ノードに故障は波及する．二次元格子ネットワークでは，各ノードの閾値が$\theta \leq 1/4$のとき，一つのノードの故障は全ノードに波及することになる．

全ノードが等しくk個のノードとつながっている正規格子またはランダムレギュラーネットワークでは，カスケード故障が起こる閾値θ_cは次数kの逆数として，

$$\theta_c = 1/k \tag{7.60}$$

と求まる．各ノードの閾値（θ）が大きければ，各ノードは故障しにくい．各ノードが多くのノードにつながっているネットワークでは，カスケードが起こる閾値は小さくなり，カスケード故障は起き難くなる．そして，全ノードが相互に連結されている全連結ネットワークは，カスケード故障は最も起き難い．

カスケード障害の大きさを，一部のノードの故障が波及して故障するノード

(a) 次数2 ($k=2$)

(b) 次数4 ($k=4$)

図7.3　格子ネットワーク

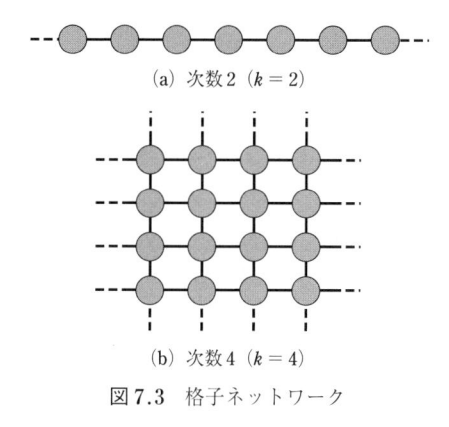

の割合で定義する．ネットワークの一部が断絶し孤立したノードが少なくないとき，カスケード障害は部分的で，広範囲に障害が及ぶことはない．各ノードが密につながっているネットワークもカスケード障害は起き難い．各ノードの状態は結合されている多数のノードと連動する結果，正常な状態が維持される．故障に至る各ノードの閾値が高いときも，他ノードの状態変化にあまり影響されないので，カスケード故障は起き難い．

一方で，リンク数の少ない低密度なネットワークでは，一部ノードの故障は多くの正常なノードに波及し易くなり，大きなカスケード故障を引き起こす．他ノードの状態変化に影響を受け易いノードを，脆弱なノード（vulnerable node）と呼ぶ．大規模なカスケード障害に発展するかどうかは，脆弱なノードがどのように結合されているかによって，おおまかに決まる．そして，脆弱なノード同士が結合されて大きなクラスター（ノード群）を形成しているとき，大規模なカスケード障害に発展する．一部のノードの状態変化が脆弱なノードの状態変化を引き起こし，その影響が同じクラスター内にある他の脆弱なノードに波及しクラスター全体で大きな状態変化が起こるので，ネットワーク全体に障害が及ぶことになる．

脆弱なノード同士が大きなクラスターを形成しているかどうかは，ノードの次数分布から知ることができる．各ノードが多くのノードにつながっている高密度なネットワークでは，大半のノードは一部のノードの故障から影響を受け

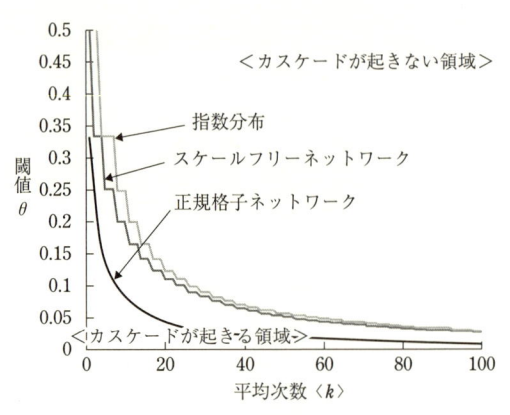

図 7.4 カスケードが起こる領域（平均次数と閾値の範囲）

ることなく正常な状態を維持できるが，大規模なカスケード障害が稀に起こる．すなわち，大きなカスケード障害に発展する可能性は小さいが，稀に甚大な障害を招くことがある．このようなネットワーク上の性質は，"頑強かつ脆弱性"（robust-yet-fragile）として知られている．

一般に，カスケードが起こる条件は，各ノードの状態変化が起きる閾値とネットワークの平均次数の関係から求まる．そして，閾値と平均次数の関係として表わされるカスケードが起こる領域を，"カスケードの窓"という．それは，ネットワークの次数分布から求まるが，カスケードの窓が狭いネットワークほど，カスケード障害が広まり難い．

図 7.4 には，次数分布が指数分布のネットワーク，べき分布をもつスケールフリーネットワーク，各ノードが同じリンク数をもつ正規格子ネットワークのカスケードの窓を示す．カスケードの窓の大きさを比較すると，正規格子ネットワークは狭く，カスケード障害が拡大する範囲は小さいことがわかる．正規格子ネットワークの最大固有値も小さく，感染症などのリスクも拡散し難い．このことから，正規格子ネットワークは，確率的なリスクやカスケード障害の伝搬を局限化するのに適していることがわかる．

補足ノート 7-2　カスケードの条件：変化し易いノードとそのつながり

複数のネットワークを相互接続すると，カスケード障害が起き易くなる．すなわち，障害が複数のネットワークをまたがるように次々と発生していく．例えば，あるネットワークのノードがダメージを受けると，それが連結された他のネットワークのノードをダウンさせる．最初のネットワークの別のノードをダウンさせ，それが別のネットワークのノードをダウンさせるという，障害の連鎖が次から次へと起こる．

すべてのノードが正常状態にあって，一部のノードに不具合が生じると，その障害が連鎖的に広がるカスケード (cascade) 障害が起こる最大の閾値は，ネットワークの次数分布から求まる平均次数 $<k>$ と，各ノードが状態推移する閾値 θ の関係から，以下のように求まる．

ネットワークの次数分布 $P(k)$ の母関数を式(1)で与える．

$$G_0(x) = \sum_{k=0}^{\infty} P(k) x^k \tag{1}$$

このとき，次数分布 $P(k)$ の平均次数（1次モーメント）$<k> = \sum k P(k)$ は母関数を用いて $G'_0(1)$ で求めることができる．また，n 次モーメントは式(2)で求まる．

$$<k^n> = \sum_{k=0}^{\infty} k^n P(k) = \left[\left(x \frac{d}{dx} \right)^n G_0(x) \right]_{x=1} \tag{2}$$

ネットワークから，ランダムに選択したリンクについて，その先にあるノードの次数が k である確率密度分布は，$kP(k)/<k>$ であり，これを係数にもつ母関数を $G'_0(x)$ により式(3)で与える．

$$\begin{aligned}
& \frac{\sum_{k=0}^{\infty} k P(k) x^k}{<k>} \\
&= \frac{0 P(0) x^0 + 1 P(1) x^1 + 2 P(2) x^2 + 3 P(3) x^3 + \cdots}{<k>} \\
&= \frac{x G'_0(x)}{<k>}
\end{aligned} \tag{3}$$

また，たどってきたリンクを除く次数分布（出次数分布）の母関数 $G_1(x)$ を式(4)で与える．

$$G_1(x) = \frac{1 P(1) x^0 + 2 P(2) x^1 + 3 P(3) x^2 + \cdots}{<k>} \tag{4}$$

ネットワークからm個のノードをランダムに選択したとき,それらのノードの次数の総和の確率密度分布は次数分布 $P(k)$ の母関数のべき乗 $G_0(x)^m$ で求めることができる.例えば,$m=2$ のときは次のようになる.

$$[G_0(x)]^2 = \left[\sum_{k=0}^{\infty} P(k)x^k\right]^2$$
$$= P(0)P(0)x^0 + (P(0)P(1)+P(1)P(0))x^1 \qquad (5)$$
$$+ (P(0)P(2)+P(1)P(1)+P(2)P(0))x^2 + \cdots$$

x^k の各係数は,選択した2つのノードの次数の和がkになる確率を表わす.

上述した母関数の性質を用いて,ネットワークにあるクラスタ(リンクによって結ばれたノード群)の平均サイズを求める.前提条件として,ノード数は無限大で,かつネットワークの平均次数が十分に小さく,ネットワークが木構造であるとみなせるとする.つまり,リンクの結びつき方について,場所による偏りがないとする.このとき,ランダムに選択したリンクの先にあるクラスタ(ノード群)と,リンクの端にあるノードから見たクラスタの差は無視できる.したがって,クラスタサイズの分布の母関数 $H_1(x)$ は,木構造による構造の再帰性と式(5)で示した母関数のべき乗の性質を利用して,自身の関数 $f(H_1(x))$ として次のように表わせる.

$$H_1(x) = f(H_1(x))$$
$$= xq_0 + xq_1H_1(x) + xq_2[H_1(x)]^2 + xq_3[H_1(x)]^3 + \cdots \qquad (6)$$
$$= xG_1(H_1(x))$$

ここで,q_k はたどったリンクの先にあるノードの次数の中で,たどってきたリンクを含まない次数kの確率密度分布を表わす.

あるリンクではなく,あるノードから見たクラスタサイズ分布の母関数 $H_0(x)$ は式(7)となる.

$$H_0(x) = xG_0(H_1(x)) \qquad (7)$$

ランダムに選択したノードを含むクラスタの平均サイズ $<n>$ を,次のようにして求める.

$$<n> = H'_0(1) = G_0(H_1(x)) + G'_0(H_1(x))H'_1(1)$$
$$= 1 + G'_0(1)H'_1(1) \qquad (8)$$

また,

$$H'_1(1) = G_1(H_1(1)) + G'_1(H_1(x))H'_1(1)$$
$$= 1 + G'_0(1)H'_1(1) \qquad (9)$$

であるから,式(8),式(9)から $<n>$ の関係式として式(10)を得る.

$$<n> = 1 + \frac{G'_0(1)}{1-G'_1(1)} = 1 + \frac{<k>G'_0(1)}{<k>-G''_0(1)} \tag{10}$$

次に，連結されている一つのノードの状態変化によって状態変化を起こす，変化し易いノードの平均クラスタサイズを求める．ノードの次数分布は式(11)より $\zeta_k P(k)$ として求まり，その母関数を式(12)で与える．

$$\zeta_k = \begin{cases} 1 & k \leq \lfloor 1/\phi \rfloor \\ 0 & k > \lfloor 1/\phi \rfloor \end{cases} \tag{11}$$

$$G_0(x) = \sum_{k=0}^{\infty} \zeta_k P(k) x^k \tag{12}$$

式(10)，式(12)から，状態変化を起こし易いノードのクラスタの平均サイズ $<n>$ として，式(13)を得る．

$$<n> = 1 + \frac{<k^*><k>}{<k>-G''_0(1)} \tag{13}$$

ここで $<k^*>$ は状態変化を起こし易いノードがもつ次数の平均である．

式(13)は式(14)が成り立つとき発散し，平均クラスタサイズ $<n>$ は無限大になるので，カスケードがネットワーク全体に広がる．

$$G''_0(1) = \sum_{k=0}^{\infty} k(k-1)\zeta_k P(k) = <k> \tag{14}$$

7.5 金融危機の連鎖

　1997年タイを中心に始まった急激な通貨下落は，インドネシアや韓国にも波及し，アジア各国の経済に大きな悪影響を及ぼした．さらには，アジアの金融危機は，1998年のロシア財政危機，翌年のブラジル通貨危機などの混乱を招いた．竹森俊平は，著書『1997年：世界を変えた金融危機』の中で，1990年代後半から世界各地で通貨危機が続発した背景には，高度に発展してきた国際金融システムに関わる不安定性という問題があると指摘している．資本移動の自由化が高度に進展してきた国際金融システムの下では，投機的な資金移動が発生し易くなってきている．その結果，ある国が潜在的な問題を抱えていると，従来であればその問題の影響が徐々に表面化していたのが，投機の格好の標的になり，一挙に表面化するようになってきている．

　伝染という用語は，主に感染症の伝染などに使われてきたが，1990年代のアジア金融危機以降，ある国の市場に発生したパニックが他国市場に伝搬するという意味で，また"リスクの伝染"という側面を強調するために，金融システムでも広く使われるようになってきている．

　21世紀に入り，金融市場のグローバリゼーション，そしてボーダレス化が急激に加速する中，債券市場におけるリスクの重要な判断基準として，国際的に信頼度の高い格付などが求められてきている．そのような中，2008年のリーマンショックから発生した金融危機は，世界各国で10以上の金融機関を破綻に追い込んだ．また，2009年のギリシャ政権交代による国家財政の粉飾決算の暴露から始まった経済危機の連鎖は，欧州内での通貨統合を進めた結果，金融システムの脆弱性を暴露することになった．このように，金融システムの負の連鎖は，多くの国々に波及して，世界的な金融危機に発展する恐れがあることが広く認識されるようになってきた．

　ケインズは，1930年代の大恐慌をもたらした原因を調べる中，市場で人々が不確実性に直面したとき，どのような行動をとるのかを考察し，多くの人々は貨幣の存在理由を将来の金利の不確実性にあることに見いだし，このことを

流動性選好と名づけた．金融システムの崩壊の危険性に直面したとき，多くの投資家たちがリスクを恐れて現金を確保する逃避行動に走ったために，1930年代の大恐慌を招いたと，ケインズは考えた．現在の金融不安は，投資家の流動性への逃避によって起きているという点で，1930年代の大恐慌と似ているという指摘もある．投資家は，リスクのある資産を売ってリスクの少ない国債や現金に換えようとするために，資産価格は暴落し，他の資産価格の暴落を引き起こしながら金融危機の連鎖は加速的に起こる．

　2008年のリーマンショックから発生した金融危機以降，世界各国の金融監督当局は，金融機関の相互連結度の実態を解明しながら，世界規模での危機の連鎖を抑止するための方策を見つけることなどに強い関心を寄せている．そのような中，金融危機の広まりや金融システムの安定性を，モデリング・シミュレーションにより定量的に評価するための方法論の確立が注目されている．

　この方法は，個別の金融機関の状態をバランスシートで表わし，金融機関の賃貸関係をネットワークとしてモデル化する．金融機関の連鎖倒産は，ある金融機関の財務状態の悪化が貸借関係を通して他の金融機関に波及するために起こる．金融システムをネットワークとしてとらえることの利点は，金融機関のバランスシートを個別に分析するだけでは解明できない連鎖倒産の仕組みや金融システム全体の安定性に影響を与える要因を明らかになることにある．

　個々の金融機関の財務状態を表わすバランスシートは，図7.5に示す項目で構成される．金融機関iの資産は，外部資産A_i^Mと他金融機関に対する貸し出し額A_i^{IB}で構成される．外部資産は，金融機関間の運用以外の一般貸出や証券投資などである．金融機関iの債務は，他金融機関に対する負債L_i^{IB}と預金者等からの預け入れ額D_iである．自己資本は，資産が負債を超過している額として定義され，返済の必要がなく直ちに損失の補塡に使える資本である．

　ここでは外部資産は劣化しないとして，金融機関間で資金回収ができなくなることによる連鎖倒産を扱う．金融機関の貸借関係を金融ネットワークとして表現し，ネットワークの各ノードは，金融機関の資産規模や他の金融機関との間で債権や債務関係を表わす．図7.6に示すように，二つの金融機関の債権と債務の関係を向きのあるリンクで表し，金融機関間の取引関係を有向グラフと

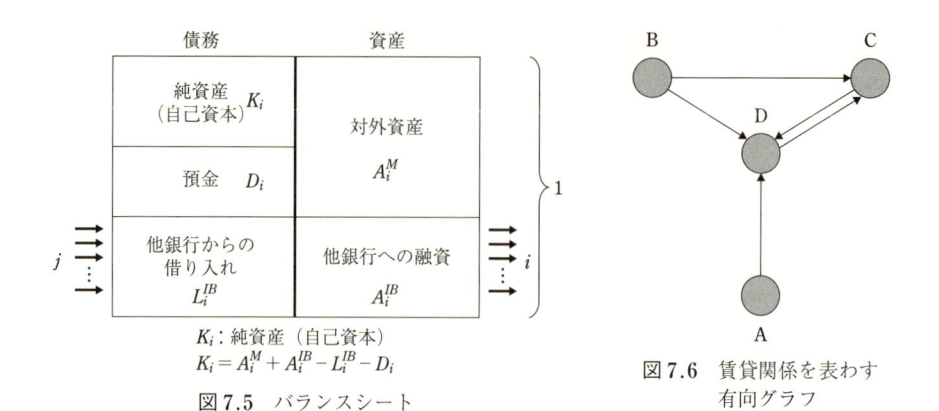

図7.5 バランスシート

- 債務: 純資産（自己資本）K_i、預金 D_i、他銀行からの借り入れ L_i^{IB}
- 資産: 対外資産 A_i^M、他銀行への融資 A_i^{IB}

K_i：純資産（自己資本）
$K_i = A_i^M + A_i^{IB} - L_i^{IB} - D_i$

図7.6 賃貸関係を表わす有向グラフ

して表わす．モデルを簡素化するために，金融機関間の取引を表わす一本のリンクは，一定値の取引規模に相当するものとする．ある金融機関の債務不履行が金融ネットワークを介して他の金融機関に波及し，どのように連鎖倒産が広まるのかを調べる．

連鎖倒産に至るメカニズムと連鎖倒産の規模は，各金融機関の自己資本や貸借関係を表わす金融ネットワークの構造から明らかになる．金融機関が保有する対外資産が何らかの理由により損失することを，初期ショックと呼ぶ．ある金融機関が初期ショックを受けると，これを償却するために自己資本は減少する．このとき，自己資本を使って損失分を補填できなければ，その金融機関は破産する．破産した金融機関に対して債権を保有している金融機関は，資産を損失し，その損失分を自己資本で補填できなくなった金融機関は破産する．このときの破産が連鎖していく様相は，前節のカスケード故障モデルを使って表わすことができる．

N個の金融機関の債務状態を，次の状態変数 x_i，$(1 \leq i \leq N)$ で表わす．

$$x_i = 0：正常（支払可能），\quad x_i = 1：異常（債務不履行） \quad (7.61)$$

これらの状態変数の集合 $x = (x_1, x_2, ..., x_N)$ は，金融システム全体の状態を表わす．金融機関 i が貸し付けている金融機関で債務不履行に陥った割合を p_i で表わす．

バランスシートが次の条件式を満たすとき，金融機関 i は支払い可能な状態

にあり，債務不履行に陥ることはない．

$$(1-p_i)A_i^{IB} + qA_i^M - L_i^{IB} - D_i > 0 \tag{7.62}$$

この式の $q(0<q<1)$ は，対外資産の価格（正規化された値）である．

金融機関 i の資産から債務と預け入れを差し引いた次式の値を自己資本として定義する．

$$K_i = A_i^{IB} + A_i^M - L_i^{IB} - D_i \tag{7.63}$$

各金融機関の資産を正規化し $A_i^{IB} + A_i^M = 1$ とすると，(7.62)式より，金融機関 i の状態は次式で表わされる．

$$\begin{aligned}&p_i < \frac{K_i - (1-q)A_i^M}{A_i^{IB}} \equiv \theta_i \text{ のとき}: x_i = 0 \quad 正常（支払い可能）\\ &p_i \geq \theta_i \text{ のとき} \qquad\qquad\qquad : x_i = 1 \quad 異常（債務不履行）\end{aligned} \tag{7.64}$$

すなわち，貸借関係にある金融機関で債務不履行に陥る割合が少なければ，金融機関 i は支払い可能な状態にあり正常な状態を維持できる．K_i/A_i^{IB} は，金融機関 i の自己資本と他金融機関に対する貸し出しとの割合を表わし，その割合が高いほど(7.64)式の右辺の閾値 θ_i は高く，債務不履行に陥る金融機関の割合が増えたとしても支払い可能であり，正常な状態を維持できる．

金融機関 i が貸し付けている金融機関の集合を N_i で表わすと，(7.64)は次式で表わされる．

$$\begin{aligned}&\text{(i)} \sum_{j \in N_i} x_j/k_i < \theta_i \text{ のとき} : x_i = 0 \quad 正常（支払い可能）\\ &\text{(ii)} \sum_{j \in N_i} x_i/k_i \geq \theta_i \text{ のとき} : x_i = 1 \quad 異常（債務不履行）\end{aligned} \tag{7.65}$$

k_i は，金融機関 i が貸し付けている金融機関の数（ノードの次数）を表わす．貸借関係にある金融機関が増す（金融ネットワークは密になる）と，(7.65)式の左辺は小さくなるので，一部の金融機関の債務不履行が他の金融機関に波及し債務不履行を引き起こす可能性は小さくなる．一方で，貸借関係にある金融機関が少ないとき（金融ネットワークは疎になる）は，一部の金融機関が債務不履行に陥ると他の金融機関に波及し，債務不履行が次から次へと連鎖的に起こる．そして，一部の金融機関の債務不履行による影響は金融システム全体に及ぶことになる．

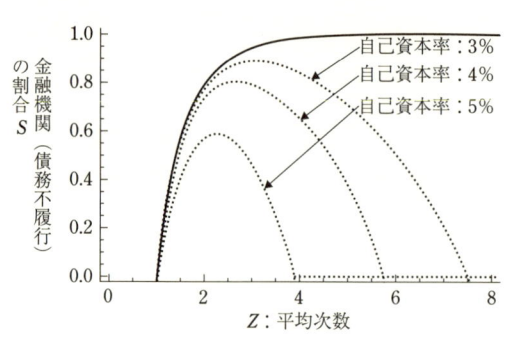

図7.7 自己資本率と債務不履行に陥る金融機関の割合の関係

オーストラリアの経済学者ガイ（P. Gai）等の調査によると，世界の主要な金融機関の資産を平均すると，内部資産は約 20％（$A_i^{IB}=0.2$），外部資産は約 80％（$A_i^M=0.8$）で構成されている．これらのデータに基づき，(7.64)式において自己資本を 4％（$K_i=0.04$），対外資産の価格を $q=1$ とおくと，債務不履行に陥る閾値は，$\theta=0.04/0.2=0.2$ と求まる．このとき，貸借関係にある金融機関数（次数 k）が平均して $5(k<1/\theta=5)$ 以下のとき，一つの金融機関が不履行に陥ると，支払い不可能になる金融機関が次から次へと発生することになる．

自己資本が 2％（$K_i=0.02$）とさらに低くなると，債務不履行に陥る閾値は，$\theta=0.02/0.2=0.1$ となる．このとき，債務不履行の連鎖を起こす金融ネットワークの平均次数は $10(k<1/\theta=10)$ 以下となるので，債務不履行の連鎖はさらに起こり易くなる．そして，各金融機関の自己資本が低下すると，債務不履行の連鎖は起き易くなる

一方で，自己資本が 6％（$K_i=0.06$）と高まると，債務不履行に陥る閾値は $\theta=0.06/0.2=0.3$ と高くなる．このとき，債務不履行の連鎖が起こるネットワークの平均次数は $3.3(k<1/\theta\cong3.3)$ 以下になる．このことから，自己資本の強化は各金融機関の債務不履行を抑止するだけでなく，金融ネットワーク全体の負の連鎖の防止につながることがわかる．図7.7 に，債務不履行に陥る金融危機の割合（縦軸）を，金融ネットワークの平均次数（横軸）と自己資本の関係として表わす．

7.6 べき分布型のリスク

さまざまなものが結合されることで生じる連鎖型の障害の特徴は，障害が小規模に収まるときが最も多いが，稀に極めて甚大な障害に進展してしまうことがある．すなわち，連鎖型障害の被害規模別頻度分布を調べてみると，べき分布になる．

地震の規模別頻度分布などは，べき分布になることが知られている．地震が発するエネルギーの大きさ（マグニチュード M）とその大きさの地震が起こる頻度 x の関係を両対数グラフで表わすと，次式で近似できる．

$$\log x = a - b\log M \tag{7.66}$$

この関係式を最初に明らかにしたアメリカの地震学者グーテンベルグとリヒターの名をとって，グーテンベルク・リヒター則（Gutenberg-Richter law）という．

地震の頻度がべき分布にしたがうとき，マグニチュードが1大きくなると，その規模での地震の発生頻度は約10分の1になる．もし，M=6 クラスの地震が年に1回の頻度で発生するとき，M=7 クラスの地震は10年に約1回，M=8 クラスの地震は100年に1回程度発生する．それよりさらに大きなマグニチュードの地震が起きる確率はゼロではなく，超大規模な地震が発生する可能性が非常に小さい確率で存在する．

デンマーク生まれの物理学者バク（P. Bak）は，砂山モデル（sandpile model）として知られているシミュレーションモデルを使って，小さい雪崩は頻繁に起きる一方で，大規模な雪崩が稀に起こることを示した．砂山モデルを使った雪崩シミュレーションは，次のように行われる．2次元平面の格子上に粒子をランダムに加えていき，同じ格子上に積み重ねられた粒子数が一定（通常は4）以上になると雪崩が起きる．雪崩が起きたとき，格子上の粒子は全て取り除かれ1個ずつ前後左右の格子に加えられる．新たに粒子が加えられた格子の粒子が4以上になると，その格子は新たな雪崩を引き起こす．このことを繰り返していくと，砂山はどんどんできていき，山の斜面が非常に大きくなると，一粒の砂の追加によって大崩落につながることがある．このようなシミュレーショ

ンを数多く行うと，頻繁に起こるのは小規模の雪崩であるが，極めて大きな雪崩が稀に起きる．そして，雪崩の規模と規模別頻度の関係について調べると，べき分布になることが知られている．

地震や雪崩などの災害規模と規模別頻度の関係がべき分布になることは，自己組織化臨界 (self-organized criticality) という原理で説明できる．砂山が一定の高さと傾きを保つ状態を，自己組織化臨界という．蓄積と雪崩を繰り返すことによって，砂山の高さと傾きは，ほぼ一定に保たれる．平面上に砂を積み上げていくと，円錐形の砂山ができていく．そして，山の斜面が大きくなると砂は滑り落ちるために，砂山の傾斜角度は，砂粒の量とは無関係に，ほぼ一定に保たれる．すなわち，斜面が急になると雪崩が起きて，砂山は一定の角度をもつ円錐形を保つ．

ある格子上に砂粒が追加されるとき，その格子上にとどまるのか，あるいは転がるのかを粒子が個々に選択することで，円錐形の砂山が形成されているかのように見える．すなわち，砂山は自己組織化によって一定の形状を保っているように見える．このとき砂山の形状は，変化のない静的なものではなく，砂の流れによって形状が維持されていることから，自己組織化臨界として知られている．砂山の規模が大きくなるほど臨界状態に陥り，臨界状態に達すると大規模な雪崩が発生し易くなる．

アメリカの工学者カールソン (J. Carlson) とドール (J. Doyle) は，HOT (highly optimized tolerance) というシステムの設計法を提起した．リスクの発生頻度が事前にわかれば，最適化手法などによってリスクに対する対処能力を高めることができる．リスクから防御するための資源をシステム内部に適正に配置することで，リスクの拡散を防ぎ壊滅的な損失を阻止するなどの方法がとれる．

カールソンとドールは，森林火災が発生する確率分布は経験的に知られているとして，森林火災の延焼を防御するための資源の最適配分問題を解いた．2次元格子上の各格子に1本ずつ木を植えると，格子上の木が落雷などによって燃えると山火事が発生する．このとき，何らかの対策を施しておかなければ山火事は広まり，2次元格子上の木が全焼してしまう危険性がある．森林火災を

最小限に抑えるための対策としては，全ての格子に木を植えるのではなく，木と木の間に適度な隙間を設けることである．落雷が発生する確率を使って森林火災による損失の期待値を求め，それを最小にする木の植え方を決定する．

このようにして求めた木々の配置計画は，森林火災による損失を最小にするという意味で，最適なリスク対処法である．この最適な配置計画の下，森林火災が起きたときの損失規模と規模別頻度の関係を求めると，べき分布になることを，カールソンとドールは示した．すなわち，リスクに最適な方法で対処することで，森林火災による損失が小規模にとどまる可能性が最も高い．一方で，森林の全焼という甚大な損害をもたらす可能性もわずかな確率で存在する．

さまざまな最悪な事態を想定し，それらに対処するための最適な計画を立てることは大切である．ところが，事前に想定したリスクに対処するためには最善であっても，想定外の事態に直面したとき，極めて脆弱な側面をさらけだす危険性がある．さらに悪いことには，事前に計画したことが想定外の事象に対応することを妨げることがある．このような背反する性質をもつことを頑健かつ脆弱性（robust-yet-fragile）という．

アメリカの経済学者タレブ（F. Taleb）は，著書『ブラックスワン』の中で，世の中のできごとを「月並みの国」と「果ての国」のできごとに区別し，両者を区別しないことで大きな間違いを起こすことを指摘している．月並みの国のできごとは，特定の事象が単独で全体の大きな部分を占めることはなく，正規分布などで表わすことができるので，事象の全体像は平均値と分散などで把握できる．人間の体重や身長，試験の得点分布などでは，特異な値をもつ人がいても，その特異値が全体に及ぼす影響はごくわずかであり，それらの存在は無視できる．

果ての国のできごとの例としては，個人の収入や財産などがある．このとき，無作為に抽出した人を1,000人ほど集めて，その中に国中で最も財産がある人物を一人加えると，その人の財産が残りの人の全財産を上回ることがある．すなわち，ごく少数のデータが全体の集計量に極めて大きな影響を及ぼすために，平均や分散を求めて全体像を理解することなどはできなくなる．

タレブのいう「果ての国」に属している事象は，数多く存在する．このこと

から，月並みの国に属する事象の論理ではなく，ごく少数の異常値にも焦点を当てる必要がある．ごく稀に起こる事象を異常値，あるいは想定外と見なすことなく，特異な事象によって甚大な影響を受ける可能性があることを肝に命じておかなければならない．

工学では，リスクが引き起こされる損害の規模とその頻度（確率）を合わせ，"被害の生起確率"と"被害規模"の積でリスクをとらえる．このことで，さまざまなリスクに直面する可能性があるとき，優先度をつけて対処することができる．すなわち，リスクをトレードオフの問題としてとらえ，発生頻度が多いリスクでも損害の規模が小さいリスクは軽視し，一方で，発生頻度は非常に小さくても損害規模が大きいリスクは無視しないで対処法を立てる，という考え方である．

池田信夫は，次のように述べている．社会のセキュリティ強化が重要な課題となる中，費用対効果を考えることなく完璧を求める傾向が強い．しかしながら，セキュリティは第一義的には経済的な問題であり，その本質はリスクをゼロにすることではない．どの程度のリスクであれば許容でき，どの程度のコストは負担しても良いのか制約条件などを明確にした上で，リスクの大きさを予測しながら，どのようなセキュリティ対策が費用対効果が高いかを検討することである（池田，2007）．

費用対効果の観点からリスクを評価する上で難しいのは，どのような規模の損害が，どのような確率で発生するのか見積もることである．特に，リスクがべき分布型であるとき，過去のデータに基づく平均や分散などを求めてもあまり重要な情報にはならない．リスクの規模と発生頻度がポアソン分布で与えられる場合と比較しながら，べき分布型リスクの特徴を明らかにする．

災害が起こる頻度を一日単位で測り，被害規模xの災害が起こる頻度分布（確率分布）を$p(k)$，損失（コスト）を災害規模xの関数として$c(x)$で与える．規模xの災害が起きるときの期待損失は$c(x)p(x)$で与えられ，規模x_1からx_2までの災害が起きるときの期待損失は次式で求まる．

$$E(C) = \int_{x_1}^{x_2} c(x)p(x)dx \tag{7.67}$$

災害の頻度分布 $p(k)$ を，ポアソン分布とべき分布で与えたときの期待損失をそれぞれ求めて両者を比較する．

（ケース1）　ポアソン分布： $p(k) = \dfrac{\lambda^k}{k!} e^{-\lambda}$ \hfill (7.68)

災害規模の平均値は次式で求まる．

$$E(S) = \int_{x_{\min}}^{x_{\max}} p(x) dx = \lambda \tag{7.69}$$

$x_{\min}$ は災害規模の最小値，$x_{\max}$ は最大値を表わす．

（ケース2）　べき分布： $p(x) = \dfrac{\gamma x_{\min}^k}{x^{\gamma+1}}$ \hfill (7.70)

この関数の両対数をとると，次式で表わされる．

$$\log p(x) = c - (1+\gamma)\log x \quad (c \equiv \log \gamma + k \log x_{\min}) \tag{7.71}$$

そして，災害規模の平均値は次式で与えられる．

$$E(S) = \int_{x_{\min}}^{x_{\max}} p(x) dx = \left(\frac{\gamma}{\gamma - 1}\right) x_{\min} \tag{7.72}$$

また，規模 x 以上の災害が起こる確率は次式で与えらる．

$$\Pr(S \geq x) = \int_{x}^{x_{\max}} p(x) dx = \left(\frac{x}{x_{\min}}\right)^{-\gamma} \tag{7.73}$$

災害の最小値を $x_{\min}=1$，最大値を $x_{\max}=10^6$，災害規模の平均値をポアソン分布型のリスクと同じく $E(S)=50$ として，べき指数を定める．(7.72)式より $\gamma(\gamma-1)=50$ を解くと，べき指数は $\gamma \cong 1.02$ と求まる．

ここで，損失は災害規模に比例するとして，次式で与える．

$$c(x) = ax \tag{7.74}$$

（ケース1）　ポアソン分布型のリスク

ポアソン分布の下では，$x=10^2$ 以上の規模で災害が起こる確率はほぼゼロとなるので，それ以上の規模での災害が起こるときの期待損失もほぼゼロになる．すなわち，

$$E(C)=\int_{100}^{10^6} \alpha x p(x)dx \cong 0 \tag{7.75}$$

（ケース 2） べき分布型リスク

災害規模が x_1 から x_2 の範囲で起こることの期待損失は，次式で求まる．

$$E(C)=\alpha\int_{x_1}^{x_2} x p(x)dx=\{\alpha\gamma/(\gamma-1)\}(x_1^{1-\gamma}-x_2^{1-\gamma}) \tag{7.76}$$

したがって，

（i）規模が $x_{\min}=1$ から $x_2=10^2$ の範囲で災害が起きるときの期待損失は，

$$E(C)=\alpha\int_{1}^{10^2} x p(x)dx \cong 0.02\alpha \tag{7.77}$$

と極めて小さい．一方で，

（ii）規模が $x_1=10^2$ から $x_2=10^6$ の範囲で災害が起きるときの期待損失は，

$$E(C)=\alpha\int_{10^2}^{10^6} x p(x)dx \cong 44\alpha \tag{7.78}$$

と極めて大きい．このように，ポアソン分布型リスクの場合とは異なり，大規模な災害が起きるときの期待損失は，極めて大きいことがわかる．

(7.73)式の災害頻度の累積分布より，$x=10^3$ 以上の規模で災害が起こる確率は約3年に1回，$x=10^6$ 以上の規模の災害が起こる確率は約3,000年に1回程度の可能性がある．そして，ポアソン分布型のリスクの特徴は，災害の規模が大きくなると，その規模の災害が発生する可能性は限りなくゼロに近づき，大規模な災害が起こることによる期待損失はゼロである．一方で，べき分布型のリスクは，極めて大規模な災害が起こる確率はゼロに近づくことなく，そして極めて大規模な災害が起きることによる期待損失は甚大になる．

災害が起きたときの被害の甚大性を考慮するならば，発生頻度は多いが損失の期待値は極めて少ない，小規模の災害（上の例では $x_{\min}=1$ から $x_2=10^2$ 付近までの範囲）より，発生頻度は極めて少ないが，損失が甚大な災害に対する対策を重視すべきであろう．しかしながら，自分たちの生きている時代に経験するかどうかわからない極めて可能性の小さいリスクに高額なコストをかけて対策を講じることは，"言うは易く，行うは難し" であろう．

繰り返しになるが，べき分布型のリスクの特徴は，甚大な被害をもたらす災

害が起きるということである．そして，"大規模な災害は忘れたころにやってきて"，そのときに負わなければならない社会的損害は極めて甚大である．べき分布型リスクのこのような特徴を理解し，予算の許す範囲で災害の想定範囲をできるだけ広く取ることは大切なことである．仮に想定を超えたリスクに直面したときには，想定して立てた計画を柔軟に変更しながら，即座に有効な対策を打てる適応能力を高めることも大切である．

7.7　リスクの共有

社会が直面するリスクの多くは，客観的なデータに基づく確率分布として与えられることはない．客観的なデータに基づく確率が未知で不確実な事象の評価には，工学的なリスクの評価や解析法は適していないが，主観確率を付与することで不確実な状況をリスクの伴う状況へと変換し，工学的な手法を適用することはできる．しかしながら，リスクに関わる課題は複雑で，主観的な見積もりに基づくことで完璧に対処できるほど，単純な問題ではない．

また，私たちはリスクに過剰に反応したり，反対に，過信という過ちをし易い．過信とは，リスク対策などに過大な信頼を抱くことで，適正な警戒心をもって事象や状況を見定める努力を怠ることである．

不確実性の概念として，アメリカの経済学者フランク・ナイト（F. Knight）は，経験やデータをもとに測定可能な不確実性をリスク，測定不可能な不確実性を真の不確実性であるとして区別した．そして，真の不確実性の下で意思決定する企業家への対価が利潤である，と説いた．経済学では，過去の前例や類例など客観的データから発生頻度に関する確率分布を想定できるケースをリスク，過去に類似した例がなく確率分布を想定できないケースを不確実性として区別する．

ドイツの社会学者ベック（U. Beck）は，著書『危険社会』で，近代産業社会がさまざまなリスクを生み出し，人々の生命と社会を脅かすリスク社会の到来を指摘した．そして社会学では，危険とリスクを区別する．危険は，人々などに危害を及ぼす可能性のあるものを指す．天災など，自らの選択の帰結ではな

い現象は危険には含まれるが，リスクではない．リスクは，人々の選択や行為に伴う不確実性から生じ，不確実な未来についての個人の主観的な認識と評価を意味する．

　リスク・マネージメントの手法として，リスクを災害保険などにより移転するリスク・ファイナンスがある．災害保険は，個人のリスクを対象とし，個人の保険料を社会全体でプールすることにより，総被害額を分散させる手法である．より多くの人が保険に加入するならば，リスクを分散できるので，一人ひとりが負うべきリスクは小さくなる．リスク・ファイナンスは，多くの人が制度に加入することでリスクの分散が小さくなる，という統計学の中心極限の定理の上で成り立っている．

　自然災害などは，巨大性と集合性に特徴がある．多くの人が同時に損害を被る可能性があるとき，集合的なリスクという．自然災害などは，たとえ生起確率は小さくてもいったん大きな災害が起こると，多くの人が同時に損失を被ることになる．そして，災害規模の巨大性と集合性の両方をもつリスクを，カタストロフ・リスク（catastrophe risk）という．カタストロフ性とは，多大な変化が起きたとき，その変化に追従できないものは絶滅への道をたどる，ということを意味する．

　カタストロフ・リスクに対処するには，新しい視点からのリスク・ファイナンス制度が求められ，特に，リスクをより広範囲に分散させるための仕組みなどが必要になる．最近になり，新しいタイプのリスク・ファイナンスが生まれ，国際的な資本市場を通して災害リスクを広範囲に分散することが可能になってきている．例えば，保険会社は，災害リスクを証券化して金融・資本市場に移転するなどして，できるだけ多くの金融機関とリスクを共有している．また，保険契約者から元受保険会社，元受保険会社から再保険会社，再保険会社から再々保険会社や政府などへとリスクを移転するため，世界的な金融ネットワークを介して，巨大なリスク分散の仕組みなどが整備されつつある．

　金融の用語として，レバレッジ（leverage）がある．本来の意味は，統制，制御，圧力をかけるなどである．金融では，元本を数十倍にして投機するときなどに使われる．例えば，特定の国や金融機関の債務不履行が救済されても，再

び危機に陥ってしまうのは，国債が未払いになったときに対する保険であるクレジット・デフォルト・スワップ（credit default swap）を元本にして，それを数十倍にして投機する金融機関が存在するからである，という指摘がある．いわば，地震保険をかけて人工的に地震を起こすことで利益を得ようとすることである．保険制度は，数多くの前例から統計的な手法を使って客観的に求めたデータに基づくことで成り立つ．レバレッジは，人工的にリスクを起こすようなもので，従来型のリスクマネージメント手法は機能しなくなる．例えば，担保などを十分にもたずにリスク商品の売買をしている金融機関が増え，それらが債務不履行に陥ると，他の健全な金融機関や国などが穴埋めをして救済しなければならない事態が起きている．このようなモラル・ハザードの問題が大きく台頭すると，従来型の保険制度に基づくリスク共有の仕組みは成り立たなくなる．

　ネットワークの流れを円滑にするため，さまざまな方法が考案されている．インターネットでは，TCP（transmission control protocol）というエンド間トランスポート層プロトコルが重要な役割を担っている．TCPは，フィードバックメカニズムに基づき，信頼性の高いデータ転送を行うと同時に，ネットワーク上でのフロー制御を行っている．高速なノードには高速なデータ転送を行う一方で，低速なノードには転送速度を下げるなどの調整を行う．TCPに基づく通信方式などの，各ノードでの許容量があふれないようにするための工夫により，ネットワーク全体の運用が円滑に行われている．

　人間の組織活動では，組織メンバーに仕事を割り当てる際に，割り当てられた仕事の処理が速い人には，その人の能力を最大限に生かすために多くの仕事を割り当て，処理が遅い人には，その人の処理能力を超えないように仕事量を相互に調整する．そして，そのときどきの状況に応じて相互に仕事量を分担し合うことで，組織活動は円滑に行われる．

　連鎖型リスクを防ぐための方法として，インターネットや組織活動における負荷分散方式に基づくリスク共有について考える．リスク共有とは，一部のノードが受けた過剰な負荷やショックを他ノードが共有するためのルールを定めることである．このとき，どのようなルールでリスクを共有し合うことで，ネ

ットワーク上での負の連鎖を抑止できるのかを調べる．

　N個のノードがネットワーク結合され，それぞれ過度の負荷（初期負荷またはショックという）を受ける可能性があるとする．ノードiが受ける初期負荷を$x_i(0)$で表わし，それをネットワーク結合されたノード間で分担する．そして，ノードiが次の時点$t=1$で分担する負荷を次式で与える．

$$x_i(1) = w_{ii}x_i(0) + \sum_{j \in N(i)} w_{ij}x_j(0), \quad w_{ii} + \sum_{j \in N(i)} w_{ij} = 1 \qquad (7.79)$$

$w_{ij}(w_{ij} \geq 0)$は，ノードiが分担するノードjの負荷の割合を表わす．ノードiとjが結合されていないときは，$w_i=0$である．またN_iは，ノードiに結合されているノードの集合を表わす．(7.79)式をまとめると，全ノードによる負荷分担は次の行列式で表わすことができる．

$$x(1) = Wx(0) \qquad (7.80)$$

$W=(w_{ij})$は，各ノード間での負荷分担率で構成される$N \times N$行列である．

　時間が十分に経過したとき，各ノードが分担する負荷は次式で求まる．

$$x(t+1) = W^t x(0) \qquad (7.81)$$

W^tは，時間が十分に経過するとWの最大固有値1に対応する左固有ベクトル$\pi = (\pi_1, \pi_2, ..., \pi_N)$を各行にもつ行列に収束する．

$$\pi = \pi W \qquad (7.82)$$

そして，各ノードが分担する負荷は等しく全ノードの初期負荷の重み付き平均値として次式で求まる．

$$x_1(t) \cong x_2(t) \cong ... = x_i(t) = , ... = x_N(t) = \sum_{j=1}^{N} \tau_j x_j(0), \quad \sum_{j=1}^{N} \tau_j = 1 \quad (7.83)$$

ここで，ノード間での負荷分担法をいくつか定め，各ノードが最終的に分担する負荷を求めて比較する．

〈方法1〉局所的に均等な分担

　結合されているノード間で均等に負荷を分担する．すなわち，各ノードは，自分の負荷と結合されている他ノードの負荷の総和を次数で割った負荷を分担する．そして，時点$t+1$でのノードiの負荷分担を次式で与えられる．

$$x_i(t+1) = \left\{ x_i(t) + \sum_{j \in N_i} x_j(t) \right\} / (k_i+1), \quad 1 \leq i \leq N \tag{7.84}$$

ノード i の次数 k_i は，N_i に含まれるノード数を表わす．

(7.84)式をまとめると，全ノードの負荷分担は次の行列式で表わされる．

$$x(x+1) = (I+D)^{-1}(I+A)x(t) \equiv W(t) \tag{7.85}$$

$D = (k_i)$ は，各ノード i の次数 $k_i (= \sum_{i=1}^{N} a_{ij})$ を対角要素にもつ対角行列，行列 A は，ノード間の結合関係を表わす隣接行列 $A = \{a_{ij}\}$ を表わす．(7.85)式の行列 $W = (I+D)^{-1}(I+A)$ の各列の要素の和は1なので，確率行列である．この行列 W の最大固有値1に対応する固有ベクトル π の各要素は，各ノードの次数比として次式で求まる．

$$\pi_i = k_i / \sum_{i=1}^{N} k_i \tag{7.86}$$

そして，時間が十分に経過したときの各ノードの負荷分担は，(7.83)式より次式で求まる．

$$x_i(t) \cong \sum_{j=1}^{N} \left(k_i / \sum_{i=1}^{N} k_i \right) x_j(0), \quad 1 \leq i \leq N, \quad (t \to \infty) \tag{7.87}$$

例として，第6章の図6.2に示すスターネットワークでは，各ノードが分担する負荷は次のように求まる．

$$x_1(t) \cong x_2(t) \cong \ldots \cong x_i(t) \cong \ldots \cong x_N(t) \cong x_1(0)/2 + \sum_{j \neq 1}^{N} x_j(0)/2(N-1) \tag{7.88}$$

例えば，ハブノードが過度な負荷やショックを受けたときは，ハブノードを含む全ノードがハブノードの初期負荷の半分を均等に分担する．一方で，周辺ノードが初期負荷を受けたときは，ハブノードが半分の負荷を分担し，周辺ノードは残り半分の負荷を均等に分担する．したがって，リスクを局所的に均等に分担する方法では，ネットワーク全体で均等に分担することにはならない．

〈方法2〉大域的に均等な分担

次に，全ノードで均等に負荷を分担する方法について考える．(7.80)式の行列 $W = (w_{ij})$ の各列と各行の要素の和がそれぞれ1となり2重の確率行列のと

き，(7.82)式を満たす固有ベクトルの各要素は $\pi_i=1/N$, $1\leq i\leq N$, と求まる．このとき，十分に大きい t に対して，各ノードが分担する負荷は，

$$x_1(t)\cong x_2(t)\cong\ldots=x_i(t)=,\ldots=x_N(t)=\sum_{j=1}^{N}x_j(0)/N \tag{7.89}$$

と求まり，各ノードが分担すべき負荷は均等になる．

次に，各ノードの結合の仕方（ネットワークの構造）に依存することなく，どのノードに初期負荷が生じても，全ノードで均等に負荷を分担し合うことになる行列 W を定める．各ノードは，結合されている他ノードとの負荷の差分に比例した負荷を分担する．そして，ノード i の負荷分担を結合されている他ノードの負荷との差に小さな係数 ε を乗じた次式で与える．

$$x_i(1)=x_i(0)+\varepsilon\sum_{j\in N(i)}(x_j(0)-x_i(0)) \tag{7.90}$$

この式を一般化して，時点 $t+1$ におけるノード i の分担を次式で与える．

$$\begin{aligned}x_i(t+1)&=x_i(t)+\varepsilon\sum_{j\in N(i)}(x_j(t)-x_i(t))\\&=(1-\varepsilon k_i)x_i(t)+\varepsilon\sum_{j\in N(i)}x_j(t)\end{aligned} \tag{7.91}$$

このとき，全ノードの負荷分担は次式で求まる．

$$x(t+1)=\{(I-\alpha(D-A)\}x(t) \tag{7.92}$$

$D=(k_i)$ は各ノード i の次数を対角要素にもつ対角行列，A はノード間の結合関係を表わす隣接行列である．

(7.92)式の行列 $W=I-\alpha(D-A)$ の各列と各行の要素の和は，それぞれ1になるので2重の確率行列である．したがって，時間が十分に経過したとき，各ノードが分担する負荷は等しくなり，各ノードが受けた初期負荷の総和の平均値として(7.89)式で求まる．

次に，以上の二つのリスク共有方式を評価する．各ノードに過度な負荷に対する許容量を定め，分担すべき負荷が許容範囲を超えたときは，そのノードは故障（破綻）するとする．各ノードの初期負荷の分布を一様分布で与え，各リスク共有方式の下，破綻しない安全なノードの割合を比較することで，リスク共有の有効性を評価する．

各ノードの負荷許容値を，ネットワーク全体の初期負荷の平均値に一定係数

を乗じた値で与える．そして，各ノードの状態を次式で定義する．

(i) $x_i(\infty) \leq \alpha E(x_i(0))$, $(\alpha>0)$ のとき，ノード i は安全．
(ii) $x_i(\infty) > \alpha E(x_i(0))$ のとき，ノード i は破綻（故障）． (7.93)

$x_i(\infty)$ はノード i の最終的な負荷分担量，$E(x_i(0))$ は初期負荷のネットワーク全体での平均値である．また，α は各ノードの負荷に対する許容係数である．

リスク共有がないときの安全なノードの割合は次式で与えられる．

$$P_r(x_i(\infty) \leq \alpha E(x_i(0))) = \alpha E(x_i(0)) \tag{7.94}$$

一方で，各ノードが均等に負荷分担し合うとき，各ノードの最終的な負荷分担量は初期負荷の総和の平均値として次式で求まる．

$$x_i(\infty) = \sum_{i=1}^{N} x_i(0)/N = Y, \quad (1 \leq i \leq N) \tag{7.95}$$

確率論の中心極限定理により，同じ確率分布をもつ N 個の独立した確率変数 $x_i(0)$, $(1 \leq i \leq N)$, の平均 Y は，平均 $E(x_i(0))$，分散 $\delta^2 \equiv V(Y) = V(x_i(0))/N = N/12$ の正規分布に近づく．したがって，安全なノードの割合は，この平均と分散をもつ正規分布の下，

$$P_r(x_i(\infty)) \leq \alpha E(x_i(0)) \tag{7.96}$$

を満たすノードの割合として求まる．

図7.8には，リスク共有をしない場合とリスク共有のある場合，安全なノードの割合（縦軸）を比較した図である．横軸は，各ノードのリスクに対する許容係数 α を表わす．リスク共有がないときは，安全なノードの割合はリスクに対する許容係数に比例して増加し，傾きが45度の右上がり直線として求まる．一方で，リスク共有の下での安全なノードの割合は，初期負荷の平均値 $E(x_i(0))$ を分岐点とするステップ関数に近い関数として求まる．

このことから，各ノードの負荷に対する許容値が高い場合（許容係数 α が1以上）は，リスク共有によりネットワーク全体の安全性は高まる．一方で，負荷に対する許容値が低い場合には，リスク共有は危険であり，リスク共有をしない方が安全なノードの割合は高くなる．このことから，リスク共有が有効なのは，各ノードのリスクに対する許容度がある程度高い場合であることがわかる．

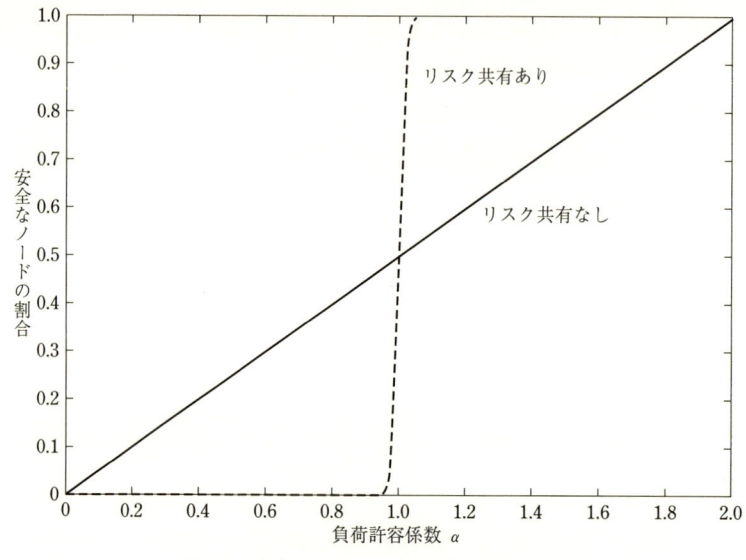

図 7.8　安全なノードの割合（縦軸）の比較

補足ノート 7-3　確率行列で規定される線形ダイナミクスの性質

$N \times N$ 行列 $W=(w_{ij})$ の各行の要素の和は1になる確率行列とし，線形ダイナミクスを次式で定義する．

$$x(t+1) = Wx(t) \tag{1}$$

$x=(x_1, x_2, \ldots, x_N)^T$ は，N個の状態変数で構成される縦ベクトルである．

確率行列 $W=(w_{ij})$ のべき乗は，一定の行列に収束する．

$$\lim_{t \to \infty} W^t = W^* \tag{2}$$

したがって，時間が経過したとき，各状態変数は次式で近似できる．

$$x(t) = W^{t-1}x(0) \cong W^*x(0) \tag{3}$$

また，W^* の各列は，W の最大固有値1に対応する次式を満たす左固有ベクトル $\pi=(\pi_1, \pi_2, \ldots, \pi_N)$ で構成される．

$$\pi = \pi W \tag{4}$$

各ノードの状態値は同じ値に収束し，その収束値は，各ノードの初期値の重み付き平均値として次式で求まる．

$$x_1(t) \cong x_2(t) \cong \ldots = x_i(t) =, \ldots = x_N(t) = \sum_{i=1}^{N} \tau_i x_i(0), \sum_{i=1}^{N} \tau_i = 1 \tag{5}$$

(1)式の確率行列 W に対して，各ノードの状態変数を横ベクトル $y=x^T=(x_1, x_2, \ldots, x_N)$ で表し，線形ダイナミクスを次式で定義する．

$$y(t+1) = y(t)W \tag{6}$$

各ノードの状態変数は，十分に大きい t に対して，次式で近似できる．

$$y(t) = y(0)W^{t-1} \cong y(0)W^* \tag{7}$$

(7)式の W^* の各列は，(5)式を満たす左固有ベクトル $\pi=(\pi_1, \pi_2, \ldots, \pi_N)$ となるので，各ノードの状態値は，十分に大きい t に対して，次式で求まる．

$$x_i(t) = \pi_i \sum_{i=1}^{N} x_i(0), \quad 1 \leq i \leq N \tag{8}$$

例えば，図6.1に示すスターネットワーク上では，中央のノード（ハブノード）の次数は $k_1=N-1$，周縁ノードの次数は 1，そして総次数は $K \equiv \sum_{i=1}^{N} k_i = 2(N-1)$ となるので，(8)式の重み係数は次のように求まる．

$$\begin{aligned} \pi_1 &= k_1/K = 1/2 \\ \pi_i &= k_i/K = 1/2(N-1), \quad 2 \leq i \leq N \end{aligned} \tag{9}$$

(5)式において，

$$\sum_{i=1}^{N} x_i(t) = N \sum_{i=1}^{N} \tau_i x_i(0) = \sum_{i=1}^{N} x_j(0) \tag{10}$$

の関係を満たすとき，全ノードの状態値の総和は不変である．この不変性の条件は，(3)式の重み係数が $\tau_i = 1/N$, $1 \leq i \leq N$, となるときである．この条件を満たすのは，確率行列 $W = (w_{ij})$ の各行だけでなく，各列の要素の和も1となることである．すなわち，

$$\sum_{j=1}^{N} w_{ij} = 1, \quad 1 \leq i \leq N, \quad \sum_{i=1}^{N} w_{ji} = 1, \quad 1 \leq j \leq N \tag{11}$$

確率行列 $W = (w_{ij})$ が対称行列（$W = W^T$）になるとき，二重の確率行列というが，二重の確率行列は，この条件を満たしている．

ネットワークの隣接行列 $A = \{a_{ij}\}$ と各ノードの次数を対角要素にもつ行列 $D = \{k_i\}$ の逆行列の積 $P = D^{-1}A$ は，各行の要素の和は1で確率行列になる．このとき，ネットワークの隣接行列 A の各行と列の要素の和が等しいとき，そして，

$$\sum_{j \neq i} a_{ij} = \sum_{j \neq i} a_{ji}, \quad i = 1, 2, \ldots, N \tag{12}$$

が成り立つとき，"個別釣り合い"のとれたネットワークという．隣接行列 A が対称行列のとき，この条件を満たす．そして，個別釣り合いのとれたネットワークのとき，$P = D^{-1}A$ は二重の確率行列になる．

第8章

社会の最適化

　社会システムは最適化を図るべきである，という考えは一般的であろう．最適化とは，全体の目標や満足度を設定し，それを最も高くするための方策をとることである．本章では，リスクやカスケード障害などの負の拡散の最小化，イノベーションの普及などの正の拡散の最大化，合意形成の最速化などの課題を取り上げる．社会における拡散や合意形成の様相は，根底にあるネットワーク構造に大きく依存することから，最適化の課題をネットワーク構造の最適化として扱う．また，リスクや障害の拡散を局限化し，さらには悪化した事態から速やかに回復できる，レジリエンスの高いネットワークの構成法について取り上げる．

8.1　社会拡散の最適化

　社会では，実に多くのものが拡散していく．このとき，感染症や流言など有害なものの拡散は最小限にとどまり，多くの人にとって有用な情報やイノベーションなどは，社会の隅々まで広く普及することが望ましい．社会における拡散は，多くの場合，人々のつながり（ネットワーク）を介して広まることから，拡散を最小化するネットワーク，反対に拡散を最大化するネットワークをそれぞれ求める．これらの最適化されたネットワークの構造上の特徴を明らかにしながら，社会拡散の最適化について考えていく．

　第7章で取り上げたように，感染症の多くは空気感染，そして人々の接触によって広まる．感染症などが拡散していく様相は，感染者と非感染者が接触した際の感染確率によって決まることから，確率的な拡散という．確率的な拡散は，拡散が拡大する，あるいは拡大することなく終息に向かうのかは，感染確率が一定の閾値を超えるかどうかによって決まる，閾値現象としての特徴をも

つ．このときの閾値は，ネットワーク構造に依存して決まる．

前章では，その閾値を隣接行列の最大固有値の逆数として求めたが，この関係を使って，拡散の最小化と最大化にそれぞれ適したネットワークを求める．感染症などのリスク拡散を最小化するネットワークは，隣接行列の最大固有値が最小となるネットワーク，有用な情報などを最大限に広めるのに適したネットワークは，最大固有値が最大となるネットワークである．さまざまなものが拡散するのに適したネットワークの構造上の特徴を明らかにすることで，拡散現象をうまくコントロールするための知見などを得ることができる．

(1) 拡散の最小化

多くのノードが孤立しているとき，一部のノードが感染しても他のノードに広まることはない．また，分断されているネットワークも感染は一部のノードに限定される．このようなネットワークを，非連結ネットワークという．このような自明なネットワークを除き，各ノードは連結されているという条件の下，感染症などのリスクの拡散を最小化にするネットワークを求める．

ネットワークの隣接行列の各要素は，0または1である．このような非負の要素をもつ行列の最小固有値と最大固有値との間で，ミニ・マックス原理という関係式が成り立つ．このミニ・マックス原理により，ネットワークの平均次数が一定の下，隣接行列の最大固有値が最小となるネットワークは，各ノードが同じリンク数（次数）で結合されている，正規格子型またはランダム・レギュラーネットワークである．これらのネットワーク（次数：$k=4$）の概観図を図 8.1 に示す．

(2) 拡散の最大化

有用な情報などを広く拡散するのに適しているのは，隣接行列の最大固有値が最大となるネットワークである．一般には，ネットワークの総リンク数が増加すると隣接行列の最大固有値も大きくなる．そして，最大固有値が最大のネットワークは，全てのノードが相互に連結されている全連結ネットワークである．

第8章　社会の最適化

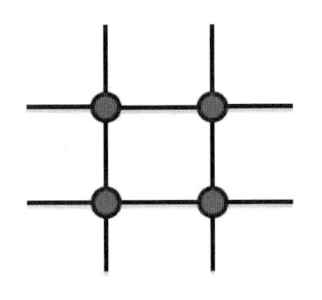

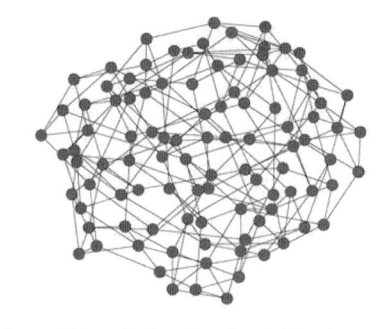

図8.1　正規格子型ネットワークとランダム・レギュラーネットワーク
（次数：$k=4$）

　一般には，リンク数の増加に伴いコストなどが発生することから，ネットワークの総リンク数（または各ノードの平均次数）が一定という条件の下，隣接行列の最大固有値が最大となるネットワークを求める．このとき，リンク数の多いコアノードとリンク数の少ない周辺ノードの二つのタイプのノードで構成され，ハブノード同士は相互に連結され完全部分グラフを形成し，周辺ノードはハブノードにリンクされ，他の周辺ノードには連結されていないネットワークとして求まる．このようなネットワークを，中核・周辺ネットワーク（core-periphery networks）という．

　確率的拡散を最大化するネットワークの概観図を，図8.2に示す．このようなネットワークでは，部分完全グラフを構成するハブノードから拡散が一気に広まる．隣接行列の最大固有値が最大となるネットワークのハブノード数は，ネットワークの総ノード数と総リンク数に関する制約式から求めることができる．

　図8.3には，いくつかのネットワーク上での拡散の様相を比較して示す．縦軸は，感染したノードの割合，横軸は，正規化された相対的伝搬率を表わす．スコア値は，相対的伝搬率を部分完全グラフで構成される中核・周辺ネットワークの最大固有値で割った値で，拡散を最適化する中核・周辺ネットワークのスコア値は1である．スコア値が小さく1に近いほど拡散が広まり易く，逆にスコア値が大きいとき，拡散し難いネットワークになる．

　図8.3より，スケールフリーネットワークは，感染拡散のための閾値が小さ

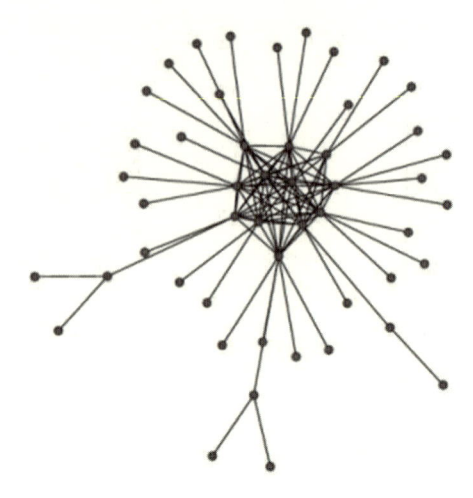

図 8.2 確率的拡散を最大化するネットワーク（$N=50$，$<K>=z=10$）

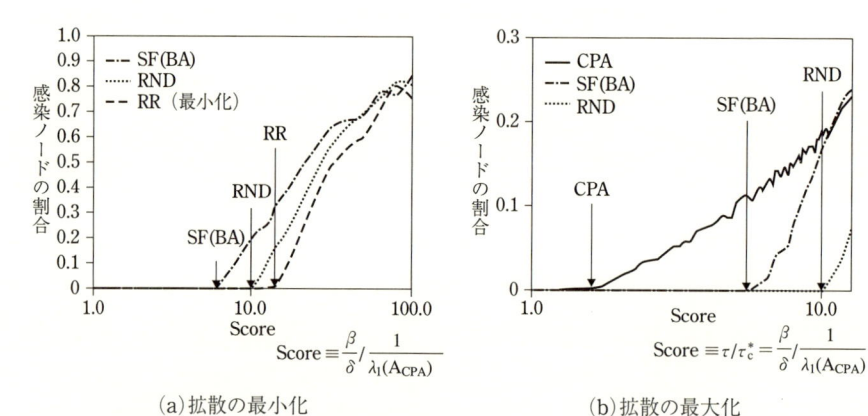

図 8.3 確率的拡散の比較（$N=500$，$<K>=4$）
（RR：ランダム・レギュラーネットワーク，RND：ランダムネットワーク，CPA：拡散を最大化するネットワーク，SF：スケールフリーネットワーク，$\lambda_1(A_{CPA})$：拡散を最大化するネットワークの最大固有値）

(a) 拡散の最小化　Score $\equiv \dfrac{\beta}{\delta}/\dfrac{1}{\lambda_1(A_{CPA})}$

(b) 拡散の最大化　Score $\equiv \tau/\tau_c^* \equiv \dfrac{\beta}{\delta}/\dfrac{1}{\lambda_1(A_{CPA})}$

く拡散し易いネットワークとして知られてはいるが，スコア値は約 4 であり，中核・周辺ネットワークの方がより拡散を最適化するのに適していることがわかる．一方で，ランダム・レギュラーネットワークのスコア値は約 20 と最も高く，拡散を最小化することがわかる．

第8章 社会の最適化

補足ノート 8-1　固有値の性質

(1) ラプラシアン行列　$L=D-A$

各ノードの次数を $K_i=\sum_j a_{ij}$ を対角要素にもつ対角行列 $D=\{k_i\}$ と隣接行列 $A=\{a_{ij}\}$ によって定義される以下の行列 L をラプラシアン行列という．

$$L=D-A \tag{1}$$

ラプラシアン行列 L の固有値は非負の実数値で，最小固有値 $\lambda_1(L)$ は 0 である．N 個の固有値を小さい順番に並べると以下の大小関係が成り立つ．

$$0=\lambda_1(L)\leq\lambda_2(L)\leq\ldots\leq\lambda_n(L)\leq 2k_{max} \tag{2}$$

孤立したノードをもたない全連結ネットワークの第2最小固有値 $\lambda_2(L)$ は正である（$\lambda_2(L)>0$）．また，最大固有値 $\lambda_N(L)$ は，最大次数（最大リンク数）k_{max} の2倍以下である．

また，$\lambda_2(L)\leq(N/N-1)k_{min}\leq(N/N-1)k_{max}\leq\lambda_N(L)\leq 2k_{max}$

いくつかの代表的なネットワークのラプラシアン行列 L の固有値は以下のように求まる．

(i) 全ノードが孤立した点の集まり

$$0=\lambda_1(L)=\lambda_2(L)=\ldots=\lambda_N(L) \tag{3}$$

(ii) 完全連結ネットワーク

$$k_{min}=k_{max}=N-1$$
$$0=\lambda_1(L), \lambda_2(L)=\lambda_3(L)=\ldots=\lambda_N(L)=N \tag{4}$$

(iii) 正規格子ネットワーク

$\lambda_2(L)$ はゼロに近い．

(iv) スターネットワーク（一個の中心ノードに他のノードがつながっている）

$$k_{min}=1,\quad k_{max}=N-1$$
$$0=\lambda_1(L), 1=\lambda_2(L)<\lambda_3(L)<\ldots<\lambda_N(L)=N \tag{5}$$

(v) 中心ノードが複数（k 個）のマルチスターネットワーク

$$0=\lambda_1(L), k=\lambda_2(L)<\lambda_3(L)<\ldots=\lambda_N(L)=N \tag{6}$$

(2) 隣接行列 A の固有値とラプラシアン行列 $L=D-A$ の固有値の関係

各ノードが同じ次数 k をもつレギュラーネットワーク（正規格子型やランダム・レギュラーネットワーク）の隣接行列 A の固有値とラプラシアン行列

$L=D-A$ の固有値の間に以下の関係式が成り立つ．
$$\lambda_i(L)=k-\lambda_i(A) \qquad i=1,2,\ldots,N \tag{7}$$

(3) 確率行列 $P=D^{-1}A$

対角行列 $D=\{k_i\}$ の逆行列と隣接行列 $A=\{a_{ij}\}$ の積 $P=D^{-1}A$ は，各行の要素の和は1で確率行列になるので，最大固有値は1で，N個の固有値を大きい順番に並べると
$$1=\lambda_1(P)\geq\lambda_2(P)\geq\ldots\geq\lambda_N(P) \tag{8}$$

(4) ラプラシアン行列 $L=D-A$ と確率行列 $P=D^{-1}A$ の関係

ラプラシアン行列 $L=D-A$ と確率行列 $P=D^{-1}A$ の固有値の間には以下の関係式が成り立つ．
$$\lambda_i(P)=\lambda_{N-i+1}(L) \qquad i=1,2,\ldots,N \tag{9}$$
すなわち，$\lambda_1(P)=\lambda_N(L)$, $\lambda_2(P)=\lambda_{N-1}(L)$, … $\lambda_{N-1}(P)=\lambda_1(L)$

(5) 固有値比

各ノードの状態値を交換し合う相互調整プロセスを離散時間で表わすとき，コンセンサスを得るまでの時間（収束性）は，離散時間ダイナミクスを規定する次の行列Pの性質によって求まる．
$$P=I-\alpha L=I-\alpha(D-A) \tag{10}$$
行列Pは各行の和が1で確率行列になる．αは小さな正の係数で，そしてコンセンサスを得るための収束時間が最も短いという意味で最適なαは，次式で与えられる．
$$\alpha^*=2/\{\lambda_2(L)+\lambda_N(L)\} \tag{11}$$
また，ラプラシアン行列Lの第2最小固有値 $\lambda_2(L)$と最大固有値 $\lambda_N(L)$の比
$$\gamma=\lambda_2(L)/\lambda_N(L) \tag{12}$$
が大きいほど，ネットワーク上でのコンセンサスの収束性が速いことが知られている．

補足ノート 8-2　最大固有値に着目した拡散の最適化

(1) ネットワークの隣接行列の最大固有値

代表的なネットワークの隣接行列の最大固有値は，次のように求まる．

　ア　全連結ネットワーク：$\lambda_1(A) = N-1$ （N：ネットワークのノード総数）
　イ　スター・ネットワーク：$\lambda_1(A) = \sqrt{k_{max}}$ （k_{max}：中心ノードの次数）
　ウ　スケールフリー・ネットワーク：$\lambda_1(A) \cong N^{1/4}$
　エ　ランダムネットワーク：$\lambda_1(A) = Np = <k>$ （p：任意の二つのノードの接続確率，$<k>$：平均次数）
　オ　レギュラー・ネットワーク：$\lambda_1(A) = k$ （全ノードが同じリンク数（次数）k をもつとき）

全連結ネットワークの最大固有値は最も大きいので，最も拡散し易い．一方で，レギュラー・ネットワークやランダムネットワークは，最大固有値は小さいので拡散し難い．

(2) 拡散の最小化に適したネットワーク

隣接行列 A の最小固有値 $\lambda_{min}(A)$ と最大固有値 $\lambda_{max}(A)$ の間で，フィッシャー・パンカレー（Fischer-Poincare）のミニ・マックス原理として知られている関係式が成り立つ．

$$\lambda_{min}(A) \leq \frac{(x, Ax)}{(x,x)} \leq \lambda_{max}(A) \tag{1}$$

この式の $\dfrac{(x, Ax)}{(x, x)}$ は，レイリー（Rayleigh）商として知られている項で，x は固有ベクトルである．このミニ・マックス原理より，最大固有値 $\lambda_{max}(A)$，平均次数 $<k>$，そして最大次数 k_{max} の間で以下の関係式が成り立つ．

$$<k> \leq \lambda_{max}(A) \leq k_{max} \tag{2}$$

また，最大固有値 $\lambda_{max}(A)$ と最小次数 k_{min}，そして最大次数 k_{max} の間で次の関係式が成り立つ．

$$k_{min} \leq \lambda_{max}(A) \leq k_{max} \tag{3}$$

各ノードが同じリンク数（次数）k をもつレギュラー・ネットワーク（正規格子型ネットワークとランダム・レギュラーネットワーク）の隣接行列 A の固有値

間には以下の大小関係が成り立つ．
$$k=\lambda_{\max}(A)\geq\lambda_2(A)\geq\ldots\geq\lambda_{\min}(A) \tag{4}$$
そして，次の関係式が成り立つとき，
$$\lambda_{\max}(A)=k_{\max}=k \tag{5}$$
したがって，隣接行列 A の最大固有値 $\lambda_{\max}(A)$ が最小なのは，レギュラー・ネットワークである．

したがって，総リンク数は一定という条件の下，感染症などの拡散を最小化するネットワークは，各ノードが同じ次数をもつレギュラー・ネットワーク（正規格子型ネットワークやランダム・レギュラーネットワーク）であることがわかる．

(3) 拡散の最大化に適したネットワーク

リンク総数に制約がなければ，すべてのノードが連結されている全連結ネットワークが最も大きい最大固有値をもつ．一方で，リンク総数に制約があるとき，最大固有値が最大のネットワークは，複数のハブノードが存在し，それらが部分完全グラフを構成し，その他の周辺ノードはハブノード，あるいはその他の周辺ノードに連結されているネットワークである．

ノード総数 N 個，各ノードの平均次数 $<k>=z$，リンク総数 $L=Nz/2$ の条件の下で，最大固有値が最大のネットワークは，$n\cong 1.5+\sqrt{N(z-2)}$ 個のハブノードを全連結し（ハブノード同士を結合するリンク数は $L'=N(z-2)/2$)，残り $N-n$ 個の周辺ノードは，残りのリンク数 $L-L'=Nz/2-N(z-2)/2=N$ を指数分布などで結合する方法で求める．このとき，ネットワークの最大固有値は，$\lambda_1(A)\cong n-1\cong\sqrt[4]{N(z-2)}$ と求まる．$N=50$，平均次数 $z=10$ とおいて求めたネットワークの外観図を図8.2に示す．

ハブノードは同じ次数をもつので均一分布，周辺ノードは指数分布などで表わされるので，最大固有値が最大のネットワークの次数分布は，均一分布と指数分布を重ね合わせた双峰分布（bimodal distribution）になる．

8.2 社会の合意の最適化

本節では，第6章の合意問題を取り上げ，合意に至るまでの意見の調整回数（ステップ数）を評価尺度にして，最も少ない調整回数で意見集約が可能なネットワーク，反対に，最も多くの調整回数を必要とするネットワークをそれぞれ求める．

まず，ネットワーク上での確率的拡散との相違点を見ていく．確率的拡散では，各ノードは感染または未感染の状態値をとり，未感染のノードは，感染ノードからの影響を受けて感染の状態に推移する．すなわち，各ノードの状態推移は一方向であり，時間の経過とともに未感染ノードは減少していき，感染ノードは単調に増加していく．

一方で，合意形成では，ノード間での情報の流れは双方向である．各ノードは，結合されている他ノードの状態値に基づき自らの状態値を修正する．このとき，各ノードの状態値を相互調整を繰り返しながら一定値に収束するとき，合意が得られたという．

合意形成に関する第6章の(6.25)式の収束性は，次式で定義される行列 P の固有値に依存して決まる．

$$P = (I - \varepsilon D) + \varepsilon A = I - \varepsilon(D - A) \equiv I - \varepsilon L \tag{8.1}$$

ε は，正の係数である．各ノードの次数を対角要素にもつ対角行列 D とネットワークの隣接行列 A で定義される次の行列 L を，ラプラシアン行列という．

$$L = D - A \tag{8.2}$$

そして，ラプラシアン行列 L の第2最小固有値と最大固有値の比（固有値比という）

$$\gamma = \lambda_2(L)/\lambda_N(L) \tag{8.3}$$

が大きいネットワークほど，合意形成に至るまでの調整回数が少なくてすむことが知られている．このことから，ラプラシアン行列 L の固有値比が最も大きいネットワークと，それとは反対に固有値比が最も小さいネットワークをそれぞれ求める．

ネットワークが分断されている非連結ネットワークでは，明らかに合意は得られない．そして，非連結ネットワークのラプラシアン行列の最小固有値と第2最小固有値は，それぞれ0になる．全てのノードの状態値が一定値に収束するためには，各ノードは連結されていなければならず，そして，連結ネットワークのラプラシアン行列の最小固有値は0で，第2最小固有値は正である．

総リンク数が増加すると連結ネットワークのラプラシアン行列の第2最小固有値は大きくなる．そして，全連結ネットワークのラプラシアン行列の第2最小固有値は最大となり，合意形成は最速となる．ここでは，リンク総数（または各ノードの平均次数）は一定という条件の下，合意を得るための調整回数が最も少なくてすむ連結ネットワーク，反対に，最も多くの調整回数を必要とする連結ネットワークを求める．

(1) **合意形成が最速のネットワーク**

ラプラシアン行列Lの固有値比が大きく合意形成が速いネットワークは，各ノードが同じ次数をもつレギュラーネットワークの部分クラスである，インドの数学者ラマヌジャン（S. A. Ramanujan）が発見したラマヌジャン・ネットワークであることが知られている．ここでは，さらに最速なネットワークを求める．

ラプラシアン行列Lの固有値比の逆数$\lambda_N(L)/\lambda_2(L)$と各ノードの平均次数$<k>$の重みつき平均値として定義される，次の目的関数を設定し，

$$E(\omega)=\omega(\lambda_N(L)/\lambda_2(L))+(1-\omega)<k> \tag{8.4}$$

この目的関数を最小にするネットワークを求める．$\omega(0\leq\omega\leq1)$は，固有値比の逆数と平均次数の間の重み係数である．重み係数が0に近いときは固有値比の最大化，1に近いときは平均次数の最小化を優先して最適なネットワークを求めることになる．

この最小化問題を解くことは一般には難しいことから，進化的な計算手法を使って最適なネットワークを近似的に求める．図8.4には，進化的な計算手法によりネットワークの最適化問題を解く方法の概略を示す．ネットワークのノード総数を固定して，(8.4)式の目的関数が小さくなる方向に，各ノードからのリンク先を変更する（隣接行列の要素を入れ替える）操作を繰り返し行う．

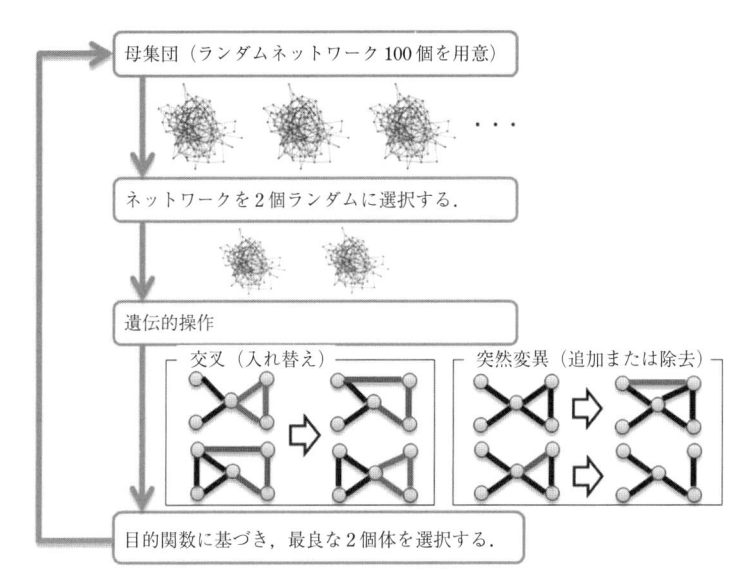

図 8.4 進化的手法による最適なネットワークの求め方

具体的には，ポアソン分布の次数分布をもつ一定のノード数（$N=500$）のネットワーク（ランダムネットワーク）を複数個生成し，これらのネットワークの集合を母集団とする．個々のネットワークの隣接行列の各要素を，遺伝子コードとして表わす．ネットワーク（遺伝子コード）の母集団の中から二つの遺伝子コードをランダムに選び，これらの間で交叉を行う（一つの遺伝子コードを二つに分け，それぞれの前半部分と後半部分を入れ替える）．この入れ替え操作により，四つの遺伝子コードが求まる．それぞれの遺伝子コードをもつネットワークのラプラシアン行列の固有値比を求め，(8.4)式の目的関数が最も低い二つの遺伝子コードを母集団に加え，残りの二つの遺伝子コードは棄却する．この処理を1世代として，新しい遺伝子コード（ネットワーク）の生成を繰り返すことで，(8.4)式を最小にするネットワークを求める．このような進化的手法で求めたネットワークは厳密な意味で最適ではないが，最適解に準ずるネットワークが求まる．

平均次数 $<k>=2$ のとき，固有値比が最大となるネットワークの概略図を図 8.5(a)に示す．複数の木構造ネットワークと木構造の頂点が一つのリング

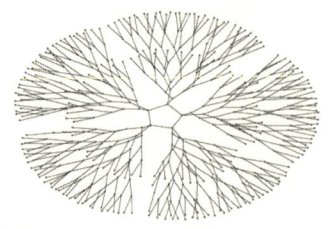

(a) 5つの木構造ネットワークと5個の頂点ノードのリングネットワーク

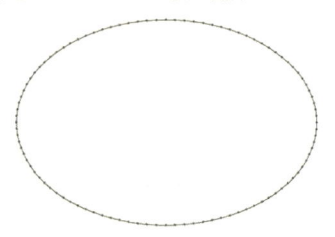

(b) 次数2のラマヌジャンネットワーク

図 8.5　平均次数：$<k=2>$ のとき，(a)固有値比が最大のネットワークと(b)ラマヌジャンネットワーク

で結合されたモジュール構造という特徴を有している．同じ平均次数のときのラマヌジャンネットワークを図 8.5(b)に示すが，各ノードが両隣のノードに結合された次数が2のリング構造のレギュラーネットワークである．

　図 8.6 に，合意形成の様相を示す．500 個のノードは，初期値として 1 から 500 の値を一様に与えたとき，各ノードの状態値の収束を示す．縦軸は時間経過の各ノードの状態値，横軸は調整回数（ステップ数）を表わす．進化的な方法で求めたネットワークは，ラマヌジャンネットワークと比較して合意形成は約 2 倍速い．

　一方で，平均次数をさらに高くして固有値比が最大のネットワークを求めると，各ノードのリンク数が等しいラマヌジャンネットワークとして求まる．したがって，連結ネットワークで次数が最も小さい平均次数 $k=2$ のとき，最適なネットワークは特異な特徴をもつことがわかる．

(2) **合意形成が最遅のネットワーク**

　合意を得るための調整回数を最も多く必要とするネットワークは，調整回数

(a) 5つの木構造ネットワークと5個の頂点ノードのリングネットワーク

(b) 次数2のラマヌジャンネットワーク

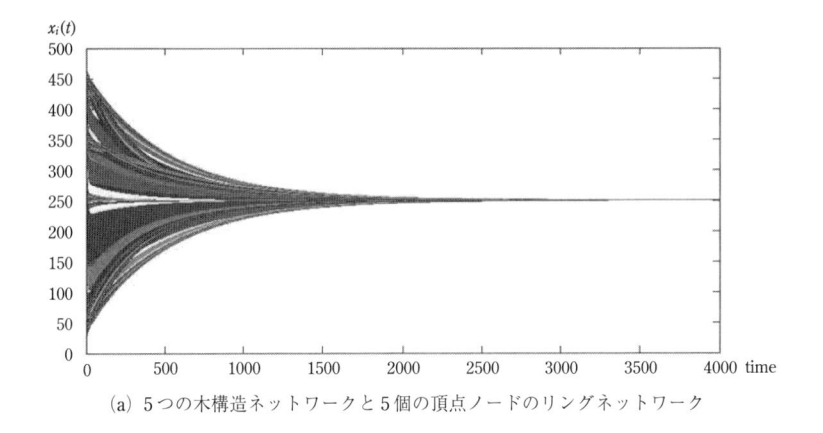

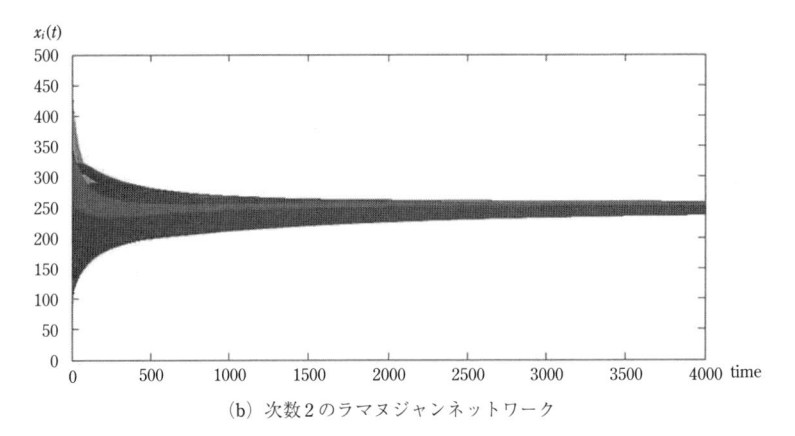

図8.6 ネットワーク上での合意形成の様相（初期値：$x_i(0)=i$, $1 \leq i \leq 500$）

が最も少ないネットワークを求める問題の裏返しである．すなわち，ラプラシアン行列Lの固有値比$\lambda_2(L)/\lambda_N(L)$と平均次数$<k>$の重みつき平均値を最小にするネットワークを求める．

$$E(\omega) = \omega(\lambda_2(L)/\lambda_N(L)) + (1-\omega)<k> \qquad (8.5)$$

同じように進化的手法を用いて，(8.5)式を最小にするネットワークを求める．合意形式が最遅となるネットワークの概略図を図8.7に示すが，重み係数に関係なく，部分完全グラフと一本のラインが結合されたネットワークとして求まる．このとき，部分完全グラフを構成するノード間では迅速に合意が得ら

図 8.7　合意形成が最遅のネットワークの概観図

れるが，ライン型のネットワークでは迅速な合意を阻害することで全体の合意は最遅になる．

　最速に合意が得られるネットワークでは，全ノードの状態が同じ値に急速に収束するために，多様性などの利点が失われかねない．そして，全員の意見が誤った方向に走るのを防ぐ役目を果たすのが，集団からは離れないが，誰とも徒党を組まない少数意見の持ち主である．

8.3　カスケード（連鎖現象）の最適化

　一部のノードで起きた小さな変化が連鎖反応によって広まり，やがてその影響がネットワーク全体に及ぶことを，カスケードという．第7章では，一部のノードの障害が連鎖してネットワーク全体に及ぶことや，ごく少数の人が始めた活動が社会全体に広まることなどを，カスケード現象として取り上げた．このとき，社会にとって望ましくない結果をもたらす場合と望ましい結果をもたらす場合とに分けられる．カスケード故障の連鎖などは広まらないことが望ましいが，社会に有意義な活動などはカスケードが起きて広まることが望ましい．

　本節では，カスケードが起こる条件を明らかにしながら，カスケードが最も広まり難いネットワークと最も広まり易いネットワークをそれぞれ求める．一

般には，ネットワークが次のような条件を満たすとき，カスケードは広まり難い．まず，分断された非連結ネットワークでは，カスケードは部分的である．連結されたネットワークでは，各ノードが密につながっているとき，カスケードは起き難い．各ノードの状態変化は結合されている他ノードの状態に依存して決まることから，多数のノードが連動して状態変化を起こさない限り，状態変化を起こさないためである．各ノードの閾値が高いときも，他ノードの影響を受けて状態変化を起こし難いため，カスケードは起き難い．

カスケードの大きさを，ごく少数のノードの状態変化の影響を受けて状態変化を起こすノードが占める割合によって定義する．状態変化を起こし易いノードを，感化され易い，あるいは脆弱なノードとよぶ．カスケードの大きさは，感化され易いノードがどのように結合されているかによって決まる．感化され易いノード同士が結合され大きなクラスター（ノード群）を形成しているとき，一部のノードが状態変化を引き起こすと大きなクラスターを形成している他の多くのノードに影響を及ぼし，大規模なカスケードに発展する．感化され易いノードがどのようなクラスターを形成するかは，各ノードの閾値とネットワークの平均次数との関係から求まる．

多くの人は，評判になっていることに高い関心をもっている．そして，一部の人たちが始めた活動が目立つ存在になると，関心が関心を呼ぶ構図ができ，社会全体に広まるようになる．しかしながら，現実にはカスケードは起き難い．例えば，多くの人が現状を変えなければと認識していたとしても，少数派として行動するのであればあまり効果は期待できず，先駆的な活動は無駄に終わると考える人が多い．また，自ら進んで行動を起こすことはリスクを伴うと考えて，誰も行動を起こそうとしないためにカスケードは起きず，何ら変わることなく旧態依然の状態が続く．このようなとき，どのような条件でカスケードは起きて社会を変える原動力に発展するのであろうか？

このことを調べるために，次のような状況を考える．ネットワーク結合されたN個のノードは個々に，次のAまたはBの状態をとる．

$$A：新しい状態, \qquad B：現状維持 \qquad (8.6)$$

各ノードの状態は，結合されている他ノードの状態に依存して推移する．この

とき，二つの状態間を次のルールで推移するとする．
　　(i) $p>\theta$ のとき，状態Aに推移
　　(ii) $p<\theta$ のとき，状態Bのまま
(8.7)

p は各ノードに結合しているノードで状態Aにあるノードの割合，θ は各ノードが状態を推移するための閾値を表わす．閾値 θ が高いときは，多くのノードが状態変化を起こさない限り，各ノードは現状維持（状態B）のままである．例えば，多くの人が現状の生活に満足しており，新規なものにあまり敏感ではないときには，カスケードは起きない．各ノードの閾値 θ が低くなると，他ノードの状態変化の影響を受けて状態Aに変化し易くなる．多くの人が新規なものに対して敏感になっているときなどは，このケースがあてはまる．

　ここで，カスケードが起こることを次のように定義する．最初は，全てのノードは状態Bにあり，ごく一部のノードが状態Aに変化したことの影響を受けて状態変化するノードが次から次へと増加し，やがて状態Bに代わって状態Aにあるノードが支配的になることをいう．カスケードが起こる各ノードの最小閾値 θ_c を，カスケード閾値として次式で定義する．
　　(i) $\theta<\theta_c$ のとき，多くのノードが状態Aに推移し，カスケードが起きる．
　　(ii) $\theta>\theta_c$ のとき，多くのノードは状態Bのままである． (8.8)

　ネットワーク構造によってカスケード閾値は異なる．7.3節では，カスケードが起こる領域（カスケードの窓）を，各ノードの閾値とネットワークの平均次数の関係から求めた．この関係を使ってカスケードの窓が最も小さいネットワークがカスケードが最も広まり難く，一方でカスケードの窓が最も大きいネットワークがカスケードが最も広まり易いネットワークとしてそれぞれ求める．

(1)　カスケードが最も広まり難いネットワーク

　7.4節の(7.42)式から，各ノードが同じ次数をもつレギュラーネットワークのカスケードの閾値は，次数の逆数として求まる．そして，各ノードが相互に連結されている全連結ネットワークは，カスケードは最も広まり難いことがわかる．

　ここでは，ネットワークの総リンク数（ネットワークの平均次数）が一定と

いう条件の下，進化的手法を使って，カスケードの窓が最も小さいネットワークを求めると，隣接行列の最大固有値が最大となるネットワークとして求まる．すなわち，少数のコアノードと多数の周辺ノードで構成され，コアノード同士は相互に結合された部分完全グラフを構成し，周辺ノードは主にコアノードに結合されている中核・周辺ネットワークが，カスケードが最も広まり難いネットワークとして求まる．

隣接行列の最大固有値が最大となるネットワークでは，感染症のような確率的な拡散を最も拡大させる．拡散が相互に結合されているコアノードから拡散が一気に広まる構造になっているからである．一方で，各ノードの状態が他ノードの状態に依存して決まるカスケードの場合，拡散の様相は大きく異なる．多数のノードの状態変化が連鎖反応的に起こるのが，カスケードである．コアノードは，非常に多くのノードに結合されているために状態変化は起き難い．そのために，一部のノードの状態変化が連鎖反応を起こすことを防止する役目を果たしている．一方で，周辺ノードがもつリンク数は少なく状態変化を起こし易いが，その多くはハブノードに結合されているために，コアノードにブロックされ，カスケードは広まらないことになる．

(2)　カスケードが最も起き易いネットワーク

2.4節では，イノベーションの普及を取り上げた．旧方式（B）よりも新方式（A）の方の便益が高いとき，全員が新方式（A）を採用することは全体にとっても最も望ましい．ところが，大多数の人が旧方式を維持しているとき，個々にとって望ましいのは旧方式である．一人ひとりに現状維持の力が強く働くために，全体にとって望ましい状態が実現しないことを見てきた．

3.2節の"合理的無知"も同じ構造になっている．個人にとって合理的なのは，全体の問題などにあまり関心をもたずに，自分のことや身近なことに時間と労力を使うことである．そして，多くの人がこのように考えて行動すると，全体的な問題は放置されたまま，あるいは先送りされ，合理的無知を招くことになる．

また，個人は少数派として行動することのリスクなどを避けるために，全体

として良い方向に向かうためのカスケードは起きない．個人が単独で行動を起こすには多大な努力を伴うときにも，その行動の必要性を認識していても，行動を起こす段階になると慎重になり尻込みをしてしまう人が多い．このとき，個人の慎重さは自分の行動を抑制するだけでなく，周りの人の行動を抑制する働きをする．そして，お互いにお互いの行動を抑制する構造となってカスケードは広まらない．

一部の先駆者の行動が大きな変化をもたらすためには，カスケードが起き易くすることである．例えば，イノベーションの普及において，旧方式（B）と新方式（A）の便益の比として求まる閾値 θ は，旧方式維持の方向に働く，一種の慣性力に相当する．このとき，新方式の便益が十分に大きく閾値が小さくなると，カスケードは広まり易くなる．また，周囲の変化に反応し易いノード（感化され易い人）同士が結合されて大きなクラスターを形成するとき，カスケードは広まり易くなる．

進化的手法を用いて，カスケードの窓が最も広いネットワークは，次数の多い複数のコアノードと次数の小さい多くのノードで構成されるネットワークとして求まる．このときのコアノードの次数は，一様分布に近い分布（次数の高い順に並ぶ階層構造）になる．

図 8.8 には，カスケードが最も広まり難いネットワークと最も広まり易いネットワークを対比させて示す．カスケードを最小化するネットワークは，周囲のノードの変化に反応し易い次数の小さいノードによる大きなクラスターは形成されていない．一方で，カスケードを最大化するネットワークは，次数の高い順にノードを並べると階層構造をしている．下位層には，次数が低く他ノードの状態変化に感化し易いノードが位置している．これらの感化し易いノード同士で大きなクラスターを形成し，一部のノードが状態変化を起こすと，他の多くの感化し易いノードの状態変化を引き起こしながら，より上位層にある比較的次数の高いノードの状態変化を引き起こす構造になっている．そして，ノードの状態変化は下の階段から上位の階段に一つ一つ上り螺旋状のように進むことで，大きなカスケードに発展する．

カスケードを最小化または最大化するネットワークの違いは，多くの次数を

第8章 社会の最適化

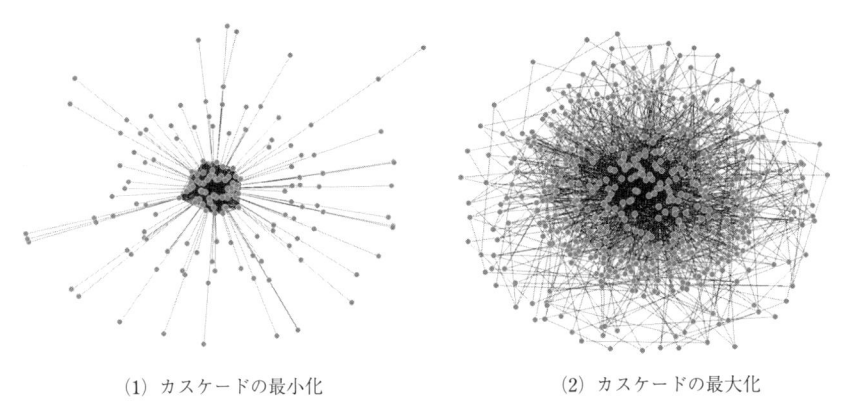

(1) カスケードの最小化　　　　　　(2) カスケードの最大化

図 8.8　カスケードが最も広まり難いネットワークと最も広まり易いネットワーク

もつコアノードのつながり方である．コアノード同士が相互に連結されて完全部分グラフを構成しているとき，カスケードが最も広まり難い．一方で，複数のコアノードを次数の大きさで並べると階層構造を形成しているとき，最下層にある感化し易いコアノードから上位のコアノードに向かって螺旋状的にカスケードが起き，カスケードが最大になる．

8.4　不確実性と最適化

社会システムの最適化を図るには，さまざまな困難性やパラドックスを伴う．パラドックス（paradox）とは，その時は理にかなうことが，後になってみると理に反するという，逆説のことである．例えば，最適化な計画を立て実行してきたことが，逆に最悪な結果をもたらすことがある．

「戦略にはパラドックス的な性格を伴う」と説いたのは，アメリカの歴史学者で軍事戦略家でもあるルトワック（E. Luttwak）である．つまり，綿密な戦略を立て今まで有利に進めても急に不利になってしまう状況が起こる，ということである．戦略を立て，それを実行していくうちに，時間の経過によって予想もしなかったことが起きて状況を大きく変化させてしまう．特に，予期し得ない不確実性の存在は，それまでの好調な流れを大きく変えてしまう．最適化を

図るために，周到な計画を立て実行するならば大きな成功の見込みは高まるが，最適な計画によって大失敗につながる可能性をも同時に高める矛盾が存在することを，最適化のパラドックスという．

アメリカでコンサルティング社を率いているレイナー（M. Raynor）は，著書『戦略のパラドックス』の中で，精緻で完璧な戦略を立案してきたことが，大きな状況の変化によって失敗に終わった数多くの事例を紹介している．未来がある程度，予測できるならば，何が最善なのか明確に定めることはできる．ところが，未来を正確に予測することは不可能である．戦略は，良くなる方向に将来を仕向けるための計画であるが，状況の変化によって，その計画がうまくいかなくなることは少なくない．また，将来が良くなることを目指して計画したことは，状況の変化に合わせて適応していくべきである．だが，計画したことが硬直化し，柔軟な対応を妨げることもある．綿密に立てた計画が状況の変化に適応する上で妨げになるとき，最適な戦略が大きな失敗を招くことになる．レイナーは著書の中で，戦略のパラドックスの問題をさまざまな角度から取り上げ，未知の将来のできごとにどのように対処していくべきか考察している．そのような中，不確実性がもたらす危険を回避するには，中核となる戦略以外に複数のシナリオを立て，大きな状況変化に対応できる複数の戦略上のオプションを備えておくべきであるとしている．

アメリカのネットワーク科学者ワッツ（D. Watts）は，『偶然の科学』の中で，なぜ内容の乏しい本でもベストセラーになるのか，小さな企業が有望企業として大きく成長するのかなど，事前に予測できないような話題を取り上げている．これらの事例に共通しているのは，"偶然の力の働き"である．しかしながら，私たちは偶然の力の働きを軽視していると述べている．

個人の選択上の誤りや優柔不断さなどをミクロレベルでの不確実性として，それらがカスケードの広まりに及ぼす影響について調べる．前節では，各ノードの状態変化は確定的な閾値ルールに基づくとしたが，各ノードの状態は確率的に推移する．各ノードの振る舞いに不確定性を伴うとき，カスケードが起こり易くなることを見ていく．

各ノードは，確率 $1-\varepsilon$ で，(8.7)式の確定的なルールに基づき，残りの確

率 ε でAまたはBのいずれかの状態にランダムに推移し，各ノードの推移は次の確率的な閾値ルールに基づくとする．

(1) 状態Bにあるノード
 (ⅰ) $P > \theta$ のとき，確率 $1-\varepsilon$ でAに推移し，確率 ε でAまたはBに推移．
 (ⅱ) $P \leq \theta$ のとき，確率 $1-\varepsilon$ でBにとどまり，確率 ε でAまたはBに推移．

(2) 状態Aにあるノード
 (ⅲ) $P \geq \theta$ のとき，確率 $1-\varepsilon$ でAにとどまり，確率 ε でAまたはBに推移．
 (ⅳ) $P < \theta$ のとき，確率 $1-\varepsilon$ でBに推移し，確率 ε でAまたはBに推移．
(8.8)

イノベーションの普及を例に取り上げると，各人は，B：現状維持（不採用），A：イノベーションの採用のどちらかを，以下のルールに基づき選択する．

〈状態Bにある未採用の人〉
 (ⅰ) 採用する人の割合が θ を超えるとき，確率 $(1-\varepsilon/2)$ で採用し，残りの確率 $(\varepsilon/2)$ で採用しない．
 (ⅱ) 採用する人の割合が θ よりも少ないとき，確率 $(1-\varepsilon/2)$ で採用しない．そして，残りの確率 $(\varepsilon/2)$ で採用する．

〈状態Aにある人〉
 (ⅲ) 採用する人の割合が θ を超えるとき，確率 $(1-\varepsilon/2)$ で採用を続け，残りの確率 $(\varepsilon/2)$ で採用をやめ，未採用に変わる．
 (ⅳ) 採用する人の割合が θ より少ないとき，確率 $(1-\varepsilon/2)$ で採用をやめて未採用に変わるが，残りの確率 $(\varepsilon/2)$ で採用を続ける．

(8.8)式の推移ルールは，次の確率的選択として表わすことができる．

$$q = \frac{1}{1-\exp\{-(p-\theta)/\lambda\}} \tag{8.9}$$

この式は第2章(2.1)式（図2.1）のロジット関数と同じである．θ は，各ノードが状態Aに推移する確率，p は状態Aにあるノードの割合，λ はパラメータである．状態Aにあるノードが増加し p が1に近づくとき，各ノードの状態推移は，(8.7)式の決定論的な閾値ルールに基づく．

各ノードの動作が確率的に決まるとき，カスケードの広まりにどのような影響があるのかを調べる．ノードの総数を $N=3,000$，各ノードの閾値を $\theta=0.25$，初期状態では，3個のノードが状態A，残りのノードは全て状態Bにあるとする．ごく少数のノードの状態変化が大多数のノードの状態変化を引き起こすかどうかについて調べる．

　各ノードの状態推移が確定的な閾値ルールに基づくとき（$\varepsilon=0$），7章の図7.4に示すように，カスケードが起こる領域（各ノードの閾値と平均次数の領域）が存在し，特に各ノードの閾値とネットワークの平均次数が高い領域ではカスケードは起こらない．また，ネットワークによって，カスケードが起こる領域（カスケードの窓の大きさ）は異なる．

　いくつかのネットワーク上でのシミュレーション結果を，図8.9に示す．各ノードの状態推移が確率的に決まるとき（$\varepsilon=0.001$），それぞれのネットワークでのカスケードの窓は大きくなり，状態Bにある大多数のノードが状態Aに推移していく．また，ネットワーク構造にはあまり依存しないで，大きなカスケードが起こる．このときのネットワーク構造による違いは，大多数のノードが状態BからAに推移するための速さである．

　イノベーションの普及の例を取り上げると，個人の合理的な選択が確定的に決まるとき，最初にイノベーションを採用する人が少なければ，たとえ優れたイノベーションでも普及することはない．一方で，小さな確率での個人の誤った選択や気まぐれな選択などがあるとき，カスケードが広まり，イノベーションなどは普及し易くなる．

　"ゆらぎ"など不確実な働きを積極的に利用することで望ましい解を求めるための方法は，広い分野で用いられている．特に，システムが複数の局所的に最適な解をもつとき，"ゆらぎ"を取り入れて，複数の候補の中から最適なものを求める方法は，確率的な最適化アルゴリズムとして知られている．

　カスケードを起こす"ゆらぎ"の意義について，次のように解釈できる．社会システムが局所的に最適な解に到達しても，ゆらぎの存在によって安定することなく，別の均衡状態へ移行していくダイナミズムが生まれる．そのような中で，システムが最も望ましい方向に推移していく可能性が生まれる．

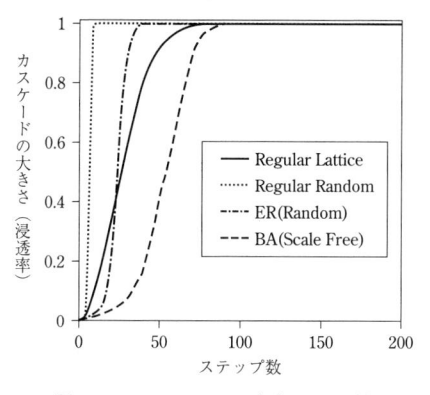

図 8.9　カスケードの大きさの比較

　ゆらぎは，外乱などシステムの外部から発生するものと構成要素の動作などのシステム内部から発生するものとがある．構成要素間の結びつきが弱いシステムでは，外生的あるいは内生的であれ，ゆらぎによる影響はシステム内部に吸収され，システムの挙動を変化させることにはならない．一方で，要素間の相互作用が強いシステムでは，ゆらぎによる影響は大きく，システム全体に大きな状態変化を引き起こす．一般に，ゆらぎの影響は次の三つのクラスに分類できる．

　〈クラス 1〉　ゆらぎの影響はシステム内部に吸収され，システムの挙動に大きな変化を与えない．このとき，システムは安定しているという．

　〈クラス 2〉　ゆらぎの影響を受けることで，システムの状態は新しい均衡状態（秩序）に向かう．このとき，システムは自己組織化されるという．

　〈クラス 3〉　ゆらぎの影響を受けて，システムの挙動は予測不可能になる．このとき，システムはカオス（混沌）的になる．

8.5　社会のレジリエンス

　私たちは，社会システムからさまざまなサービスを享受している．そのような中，相互に連結された社会システムの連鎖的なトラブルをいかにして防ぐかは，極めて重要な課題である．インディアナ大学のベスピグナニ（A.

Vespignani) は，2003年にイタリアで起こった大停電の原因を調べた．送電網は，コンピューター・ネットワークによって制御されていたが，停電時のデータを使って数学モデルと照合したところ，単独では障害耐性の高いネットワークが互いに接続し合うことで脆弱になり，壊滅的な障害を起こし易くなることを突き止めた．ネットワークが相互に接続されるとき脆弱になること以外に，障害の伝搬する速さにも特徴があった．ネットワークは徐々に壊れていくのではなく，壊滅的な障害が一気に起きたのである．

社会システムは相互に接続されることで，障害の制御や予測を困難にしている．費用対効果の観点から，社会システムの最適化が追求される．それ以外にも，さまざまなリスクやトラブルに遭遇した際に，

・リスクやトラブルをできるだけ小さくする，

・致命的な事態に発展することを防ぐ，そして，

・被害を受けてもできるだけ早く復旧する，

などの要件も求められる．これらの諸性質を社会システムが備えていれば，予知し得ないトラブルに遭遇しても，システムとして最低限の機能を保持し続けることができる．

東日本大震災やリーマンショックによる経済危機を経験した今日，社会に求められているのは，巨大な自然災害，世界的な経済金融危機などを含むさまざまな危機に対する社会全体のレジリエンス（resilience）をいかにして確保するかである．社会のレジリエンスとは，社会を一個の有機体と見なしたとき，その有機体が危機に直面しても維持し続けられる弾力性のある"しなやかさ"を指す．

レジリエンスとは，病気や不幸などからの回復力，立ち直る力，あるいは，しなやかさなどを意味し，外からの大きな力でダメージを受けた後，元の姿に戻っていく力をもつことである．さらには，強靱さや弾力性などの意味合いをもつ．心理学では，レジリエンスはリスクの存在や逆境にもかかわらず社会に適応すること，という意味で使われる．困難な状況に遭遇しても，うまく適応していける能力のことである．人間には本来，時間の経過とともに惨事から受けたストレスから回復していく能力がある．逆境から立ち直っていくためには，

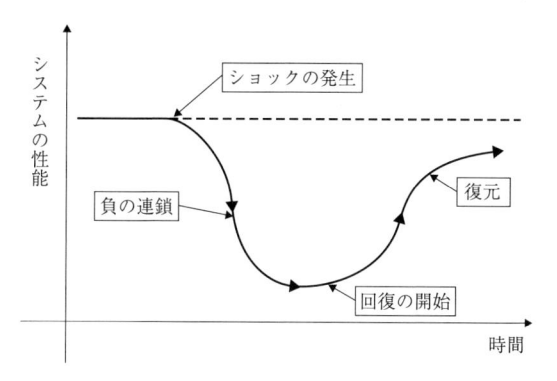

図8.10 レジリエンスの概念図

(図中ラベル：システムの性能、ショックの発生、負の連鎖、回復の開始、復元、時間)

強いメンタルが不可欠であるというよりも，いわば柳の枝のような"しなやかさ"が大事であるという意味でも使われる．図8.10に，レジリエンスの概念図を示す．

　レジリエンスに似た概念として，ロバストネス（robustness）がある．システムのロバストネスは，いろいろな攪乱に対して乱されることなく，システムとしての機能を維持できる能力のことをいう．藤井聡は，著書『列島強靱化論』で，ロバストネスを"弾力性のない強固"という言葉で表現し，レジリエンスとの違いを明確にしている．強固とは丸太棒のようなもので，このような堅い棒はなかなか折ることはできないが，ある程度の力を加えれば折れてしまって，二度と元には戻れない．また，強固な守りとは巨大な堤防を作るようなもので，被害を受けることは有り得ないように思われるが，堤防の許容を超える想定外ともいえる津波が来れば，それを防ぐことはできない．巨大な堤防に安心しきり，それ以外の対策をとらなければ，想定外のリスクによる被害は限りなく拡大してしまう．このことから，強固な守りとは，もしそれが崩れ去れば"脆弱な守り"となってしまうのである．

　それに対して強靱とは，弾力性に富んだ"柳の木"のようなもので，ある程度の力が加わると曲がってしまうが，強い力を加えてもなかなか折れることはない．また，外から加わる力がなくなれば，すぐに元通りになる性質をもつ．システムがレジリエンスをもつとき，外からどのような力が加わろうとも致命

傷となる事態は避けることができ，可能な限りその被害を最小化し，できるだけ迅速にシステム機能を回復することができる．

　生命体は，外的な環境に対してオープンなシステムであり，自らを自己組織化しながら新しいものを生み出していく．また，生命体はリスクを軽減する力をもっている．それを支えているのが，生命体としての恒常性を維持するためのホメオスタシス（homeostasis）という作用である．ホメオスタシスが働くことで生命体のリスクは軽減され，一部の機能が失われても時間の経過とともに自己修復していく．

　社会システムは，よほどうまく設計しない限り自己修復力をもつことはない．それとは反対に，予期しないリスクに直面したとき，リスクをさらに増長してしまう可能性が高い．このことから，故障しない頑強なシステムを追求するより，故障しても復旧不能点に達する前に正常状態に回復できるレジリエンスを追求することが望ましい．さまざまなトラブルが生じても連鎖させることなく局所化させ，また最小限の外部からの介入によって自己回復できるような性質を備えた社会システムの構築法を追求していく必要がある．レジリエンスを備えた社会システムは，システムとしての基本性質を保持した単位要素の結合体であり，異常発生時には個々の要素が適切な方法で対処することで，全体としての機能を保持し続けることができる．

　ノーベル経済学賞を受賞したサイモン（H. Simon）は，限定合理性の理論を提唱して経済学に偉大な貢献をした．経済学以外にも，コンピュータ科学，組織学，心理学，そして意思決定理論など広範な分野で多大な貢献をした．サイモンは，著書『システムの科学』の中で次のように述べている．システムは全ての要素が平面的に集合しているのではなく，関連が深い要素を集めた中間的なサブシステムが作られ，サブシステムとサブシステム間の関係により，システムが組織されている．このような性質を，"システムの準分解可能性"という．準分解可能性を有するシステムは，組織構造をもつことになる．サイモンは，全体と部分の関係を階層と呼び，階層構造がもつさまざまな役割を明らかにしている．

　人工的なシステムの多くは，各要素が他の全ての要素と関連し合うことはな

く，準分解可能性をもつ．自然界におけるシステムの多くは，準分解可能性をもつ．私たちが他の仲間と意見交換や意思疎通を図るための社会ネットワークも準分解可能性をもつ．システムが準分解可能性をもつとき，全体と部分の関係に着目して階層構造として表わすことができ，階層性は，準分解可能性をもつシステムの一形態のことである．

準分解可能性をもつシステムは，サブシステム間の相互作用は弱いが，サブシステムの内部では強い相互作用が働く．このとき，システムの構成要素をいくつかのサブシステムにグループ（モジュール）化できる．システムの能力を最大限に活用するために，モジュール化された複数のサブシステムでシステムを構成し，同じモジュール内での構成要素間のつながりを強くするという方法がある．より厳密には，モジュール間の接続ルールを規定してモジュール間の相互依存性を明確に定義し，全体システムを複数の下位システムに分解し，下位システムを独立的に設計する方法である．このとき，システムと下位システムの関係を再帰的に設定するとき，多重のモジュール構造をもつシステム構成になる．

大規模化したシステムをモジュールに分けることで，モジュール内部の働きをあまり考慮することなく，モジュール間の接続方法を操作することで，システムを制御することができる．一方で，モジュール化に対立する概念は，統合化である．統合化されたシステム構成は，要素間の結合関係によってサブシステム群に分類することはできない．いくつかのサブグループに分類しても，それらの間での接続ルールを規定することはできなくなる．

レジリエンスは，社会システムの持続性を考える上でも重要である．レジリエンスが大きければ，社会システムの脆弱性が減り，持続性を高めることになる．では，社会システムのレジリエンスを高めるには，どうすれば良いのであろうか？　その方策の一つは，モジュール化である．社会システムのレジリエンスは，複数の部分システムをいかにつなげるかに依存する．社会システムを連結するとき，モジュール性を無視して行うならば脆弱性を高めることになる．部分システム（モジュール）が最適なものでなければ，モジュール内部のつながり方などを変更して，より望ましい方向に是正する必要がある．つまり，つ

ながりのないところには新しいつながりを作り，意味のないつながりはなくすことによって，部分システムとしてのレジリエンスを強くすることである．その上で，複数のモジュールをうまく結合するならば，社会システムのレジリエンスを高めることにつながる．

参 考 文 献

第1章
[1] ワインバーグ，J.,『一般システム思考入門』, 松田武彦ほか（訳），紀伊國屋書店，1979.
[2] ベルタランフィ，L.,『一般システム理論』, 長野敬ほか（訳），みすず書房，1973.
[3] 勝又正直「社会システム論」(http://shakaigaku.exblog.jp/i8).
[4] ライク，C.,『システムという名の支配者』, 広瀬順弘（監訳），早川書房，1996.
[5] レズニック，M.,『非集中システム』, 山本厚人ほか（訳），コロナ社，2001.
[6] クリスタキス，N.,『つながり：社会的ネットワークの驚くべき力』, 鬼澤忍（訳），講談社，2010.
[7] 河野光男,『社会現象の数理解析』, 中央大学出版部，1995.
[8] アシュビー，W.,『サイバネティクス入門』, 篠崎武ほか（訳），宇野書店，1967.
[9] アシュビー，W.,『頭脳への設計：知性と生命の起源』, 山田坂仁ほか（訳），宇野書店，1967.
[10] 飯尾要,『システム思考入門』, 日本評論社，1986.
[11] 今田高俊,『自己組織性：社会理論の復活』, 創文社，1986.
[12] ルーマン，N.,『ニクラス・ルーマン論文集, 社会システムのメタ理論』, 土方昭（監訳），新泉社，1986.
[13] オムロッド，P.,『バタフライエコノミクス』, 塩沢由典（監修），早川書房，2001.
[14] 土場学ほか,『社会をモデルでみる』, 日本数理社会学会（監修），勁草書房，2004.
[15] 佐藤総夫,『自然の数理と社会の数理：微分方程式で解析する』, I・II，日本評論社，2008.
[16] 大澤光,『社会システム工学の考え方』, オーム社，2007.
[17] Ball, P., *Critical Mass*, Farrar, Straus, 2004.
[18] Barabási, A.-L., *Linked: The New Science of Networks*, Perseus Publishing, 2002.
[19] Bucharman, M., *The Social Atom: Why the Rich Get Richer, Cheaters Get Caught, and Your Neighbor Usually Looks Like You*, Bloomsbury, 2007.
[20] Chakravorti, B., *The Slow Pace of Fast Change: Bringing Innovations to Market in a Connected World*, Harvard Business School Press, 2003.
[21] Lazer, D. et al., "Computational social science", *Science*, Vol. 323, pp. 721-723, 2009.

第2章
[1] レヴィット，S.・ダブナー，S.,『やばい経済学』, 望月衛（訳），東洋経済新報社，2006.
[2] 新堂精士,「情報サーチと消費者行動：消費者はネット情報をどのように使っているのか」,『経営情報学会誌』, Vol. 11, 2002.

[3] 藤井聡,『認知的不共和』,文春新書, 2011.
[4] 四塚朋子,「大災害リスクのプレミアム・パズルについて」,『大阪大学経済学部』, Vol.57, 2008.
[5] アリエリー, D.,『予想どおりに不合理』,熊谷淳子（訳）,早川書房, 2008.
[6] サンスティーン, C.,『インターネットは民主主義の敵か』,石川幸憲（訳）,毎日新聞社, 2003.
[7] Arthur, W., "Competing Technologies, Increasing Returns, and Lock-In By Historical Events", *Economic Journal*, Vol.99, pp.116-131, 1989.
[8] Dzierzawa, M. and Omero, M., "Statistics of stable marriages", Physica A287, p.321, 2000.
[9] Omero, M., Dzierzawa, M., Marsili, M., and Zhang, Y., "Scaling Behavior in the Stable Marriage Problem", *J. Phys.I France*, Vol.7, 1997.
[10] Roth, A., and Sotomayor, M., "Two-Sided Matching-A Study in Game-Theoretic Modeling and Analysis", *Economic Society Monographs*, No.18, Cambridge University Press, 1990.
[11] Shapley, L., and Shubik, M., "The Assignment Game I: The core", Int. *Journal of Game Theory*, Vol.1, pp.111-130, 1972.
[12] Todd, P., "Searching for the next best mate", In Conte, R. et al. (eds.), *Simulating Social Phenomena*, Springer-Verlag, pp.419-436, 1997.
[13] Fuku, T., and Namatame, A., "Scaling properties of Two-sided Matching with Compromise", Agent-Based Approaches in Economic and Social Complex Systems IV, Springer, Vol.3, pp.121-128, 2006.

第3章

[1] ル・ボン, G.,『群衆心理』,桜井成夫（訳）,講談社, 1993.
[2] 中島純一,「ル・ボン, タルド, ジンメルにみる流行理論の系譜：集合行動論の観点から」,『東海大学文学部紀要』,第73輯, 53-68, 2009.
[3] ジンメル, G.,『社会学：社会化の諸形式についての研究』,居安正（訳）,白水社, 1994.
[4] ダウンズ, A.,『民主主義の経済理論』,古田精司（訳）,成文堂, 1980.
[5] オルソン, M.,『集合行為論』,依田博・森脇俊雄（訳）,ミネルヴァ書房, 1996.
[6] ミラー, P.,『群れのルール』,土方奈美（訳）,東洋経済新報社, 2010.
[7] 長谷川英祐,『働かないアリに意義がある』,メディアファクトリー, 2010.
[8] レイノルズ, C., Boids, http://www.red3d.com/cwr/boids/
[9] アシュビー, R.,『サイバネティクス入門』,篠崎武ほか（訳）,宇野書店, 1967.
[10] マトゥラーナ, H.R.・ヴァレラ, J.,『オートポイエーシス：生命システムとはなにか』,河本英夫（訳）,国文社, 1991.
[11] 小山英明・生天目章,「Random WalkとLevy Flightに基づく探索方法の比較」,『情報処理学会研究報告』, ICS, pp.19-24, 2008.
[12] Bagrow, J.P., Wang, D., and Barabási, A.-L., "Collective response of human

populations to large-scale emergencies", PLOSONE 6(3), 2011.
[13] Barabási, A.-L., "The origin of bursts and heavy tails in humans dynamics", *Nature*, Vol. 435, pp. 207-211, 2005.
[14] Brockmann, D., Hufnagel, L., and Geisel, T., "The scaling laws of human travel", *Nature*, Vol. 439, pp. 462-465, 2006.
[15] Kaizoji, T., Bornholdtb, S., and Fujiwara, Y., "Dynamics of price and trading volume in a spin model of stock markets with heterogeneous agents", Physica A316, pp. 441-452, 2002.
[16] Reynolds, C., "Flocks, Herds, and Schools: A Distributed Behavioral Model" (http://www.red3d.com/cwr/papers/1987/boids.html) 1987.
[17] Viswanathan, G. M. et al., "Levy flight search patterns of wandering albatrosses", *Nature*, Vol. 381, pp. 413-415, 1996.

第4章
[1] 林幸雄, 『噂の拡がり方』, 同人選書, 2007.
[2] 廣井脩, 『流言とデマの心理学』, 文春新書, 2001.
[3] グラッドウェル, M., 『ティッピング・ポイント』, 高橋啓（訳）, 飛鳥新社, 2000.
[4] 河内一樹,「流言の空間伝播モデルの進行波解」,『数理解析研究所講究録』, 1957巻, 2008.
[5] 高安美佐子・和泉潔・佐々木顕・杉山雄規, 『計算と社会』, 岩波書店, 2012.
[6] Bendor, J., Hubermanb, B., Wu, F., "Management fads, pedagogies, and other soft technologies", *Journal of Economic Behavior & Organzation*, Vol. 72, pp. 290-304, 2009.
[7] Colizza, B., Barrat, A., Barthelemy, M., and Vespignamic, D., "The role of the airline transportation network in the prediction and predictability of global epidemics", *Proceeding of National Academy of Sciences* (PNAS),Vol. 103, pp. 2015-2020. 2006.
[8] Festinger, L., "A theory of social comparison processes", *Human Relations*, Vol. 7, pp. 117-140, 1954.
[9] Iribarren, J. L., and Moro, E., "Information diffusion epidemics in social networks", arxiv. org. physics, 2007.
[10] Kaizoji, T., Bornholdtb, S., and Fujiwara, Y., "Dynamics of price and trading volume in a spin model of stock markets with heterogeneous agents", Physica A316, pp. 441-452, 2002.
[11] Kelley, S., "Rumors in Iraq: A guide to winning hearts and mind", MS Thesis, Naval Postgraduate School, 2004.
[12] Meyers, L., Pourbohloul, D., and Newman, M. E. J., "Network Theory and SARS: predicting outbreak diversity", *Journal of Theoretical Biology*, Vol. 232, pp. 71-81, 2005.
[13] Moreno, Y., Nekovee, M., and Pacheco, A. F., "Dynamics of rumor spreading in complex networks", Phys. Rev. E 69, 066103, 2004.

[14] Rogers, E., Media, U., Rivera, M., and Wiley, C., "Complex adaptive systems and the diffusion of innovations", *The Innovation Journal*, Vol. 10, pp. 1-26, 2005.
[15] Spielman, D. J., "Systems of innovation: models, methods, and future directions", *Innovation Strategy Today*, Vol. 2, pp. 55-66, 2005.
[16] Wang, Y., and Chakrabarti, D., "Epidemic spreading in real networks: an eigenvalue viewpoint", Proc. of 22nd Symposium on Reliable Distributed Computing, pp. 242-262, 2003.

第5章
[1] チャルディーニ, R., 『影響力の武器:なぜ人は動かされるのか』, 社会行動研究会 (訳), 誠信書房, 1991.
[2] クリスタキス, N., 『つながり:社会的ネットワークの驚くべき力』, 鬼澤忍 (訳), 講談社, 2010.
[3] サンスティーン, C., 『インターネットは民主主義の敵か』, 石川幸憲 (訳), 毎日新聞社, 2003.
[4] 生天目章, 「複雑系と集合知」, 『人工知能学会誌』, Vol. 18, No.6, pp. 723-732, 2003.
[5] Bettencout, L., "From boom to bust and back again: the complex dynamics of trends and fashions", arXiv:cond-mat/0212267, 2002.
[6] Easley, D., and Kleinberg, J., *Networks, Crowds and Markets: Reasoning about a Highly Connected World*, CambridgeUniversity Press, 2010.
[7] Hall, B., "Innovation and diffusion", In Fagerberg, J., D. Mowery, and R. R. Nelson (eds.), *Handbook of Innovation*, Oxford University Press, 2004.
[8] Leskovec, J., Adamic, L., and Huberman, B., "The dynamics of viral marketing", ACM Transactions on the Web (TWEB), Vol. 1, 2007.
[9] Wu, F., and Hubermanb, B., "Novelty and Collective Attention", *Proceeding of National Academy of Sciences* (PNAS), Vol. 104, pp. 17599-17601, 2007.

第6章
[1] 曽根泰教, 「討論型世論調査の可能性」, 橋本晃和編, 『21世紀パラダイムシフト』, 冬至書房, 2007.
[2] 生天目章, 『戦略的意思決定』, 朝倉書店, 2010.
[3] スロウィッキー, J., 『みんなの意見は案外正しい』, 小高尚子 (訳), 角川書店, 2006.
[4] ノエレ=ノイマン, E., 『沈黙の螺旋理論:世論形成過程の社会心理学』, 池田謙一 (訳), ブレーン出版, 1997.
[5] Janis, I. L., *Groupthink: Psychological studies of policy decisions and fiascoes*, Houghton Mifflin, 1982.
[6] DeGroot, M. H., "Reaching a consensus", *Journal of the American Statistical Association*, pp. 118-121, 1974.
[7] Namatame, A., "Adaptation and Evolution in Collective Systems", World Scientific,

2006.
[8] Olfati-Saber, R., Fax, J. A. and Murray, R. M., "Consensus and cooperation in networked multi-agent systems", *Proceedings of the IEEE*, **95**(1): pp. 215-233, 2007.
[9] Sole, R., Ferrrer-Cancho, P., Montota, and R. Selection, "Tinkering, and Emergence in Complex Networks", *Complexity*, Vol. 8, pp. 20-33, 2003.
[10] Watts, D., "Influentials, Networks, and Public Opinion Formation", *Journal of Consumer Research*, 2007.
[11] Xiao, L. and Boyd, S., "Fast linear iterations for distributed averaging", *Systems & Control Letters*, **53**(1): pp. 65-78, 2004.

第7章
[1] タレブ，T.,『ブラックスワン』(上・下), 望月衛（訳), ダイヤモンド社，2009.
[2] ベック，U.,『危険社会：新しい近代への道』, 東廉（翻訳), 法政大学出版局，1998.
[3] ナイト，F.,『競争の倫理』, 高哲男（訳), ミネルヴァ書房，2009.
[4] 池田信夫,「リスク不確実性およびセキュリティ」, 情報セキュリティガバナンス研究会シンポジウム，2007.
[5] 竹森俊平,『1997年：世界を変えた金融危機』, 朝日新聞出版，2009.
[6] シュナイアー，B.,『セキュリティはなぜやぶられたのか』, 日経BP社，2007.
[7] 前野義晴・森永聡・松島宏和・天谷健,「銀行ネットワークの破綻リスク」,『人工知能学会論文誌』, 第27巻6号，2012.
[8] 四塚朋子,「大災害リスクのプレミアム・パズルについて」,『大阪大学経済学部』, Vol. 57, 2008.
[9] Gai, P., and Kapadia, S., "Contagion in Financial Networks", *Proceeding of Royal Society Interface*, Vol. 466, 2010.
[10] Hines, P., O'Hara, B., Cotilla-Sanchez, E., and Danforth, C., "Cascading failures: extreme properties of large blackouts in the electric grid", SIAM Mathematics Awareness, Month theme essay, 2011.
[11] Lopetz-Pintado, D., "Contagion and coordination in random networks", Int. *Journal of Game Theory*, Vol. 34, pp. 371-382, 2006.
[12] May, R., and Arinaminpathy, N., "Systemic risk: the dynamics of model banking system", *Journal of Royal Society Interface*, Vol. 7, pp. 823-883, 2010.
[13] Nier, E., Yang, J., Yorulmazer, T., and Alentorn, A., "Network models and financial stability", *Journal of Economic Dynamics and Control*, Vol. 31, 2007.
[14] Watts, D., "A simple model of global cascades on random networks", Proc. Natl. Acad. Sci.(PNAS), Vol. 99, pp. 5766-5771, 2002.

第8章
[1] レイナー，M.,『戦略のパラドックス』, 桜井裕子（訳), 翔泳社，2008.
[2] ワッツ，D.,『偶然の科学』, 青木創（訳), 早川書房，2012.

[3] ライク,C.,『システムという名の支配者』,広瀬順弘(訳),早川書房,1995.
[4] 藤井聡,『列島強靱化論』,文春新書,2011.
[5] サイモン,H.,『システムの科学』3版,稲葉元吉他(訳),パーソナルメディア,1999.
[6] Buldyrev, S. et al., "Catastrophic cascade of failures in interdependent networks", *Nature*, Vol. 464, 2010.
[7] Luttwak, E., *Strategy: The logic of war and peace*, Harvard Univ. Press, 1987.
[8] Vespignani, A., "Complex networks: The fragility of interdependency", *Nature*, Vol. 464, 2010.

人名索引

ア行

アクセルロッド, R. 19
アシュビー, W. 8
アロウ, K. 172
イジング, E. 74
ヴァレラ, J. 8
ウィーナー, N. 7
オルテガ, I. 176

カ行

勝又正直 7
グラウバー, R. 80
グラッドウェル, M. 116
グラノベッター, M. 69
クリスタキス, N. 14, 144
クレインベルグ, J. 161
ケインズ, J. 26
河野光男 18

サ行

サイモン, H. 270
サンスティーン, C. 164
シェフ, T. 12
ジャニス, I.L. 175
シャブリー, R. 58
ジンメル, G. 65
スロウィッキー, J. 181
ソクラテス 24

タ行

ダウン, A. 67
トッド, P. 56

ナ行

永井路子 169
ノエレ＝ノイマン, E. 191

ハ行

ハイゼンベルク, W. 11
バス, F. 114
長谷川英祐 96
パーソンズ, T. 7
バラバシ, A. 95
パレート, V. 7
ビスワナサン, G. 94
フィシュキン, J. 176
フェスティンガー, L. 120
フッサール, E. 12
ブラウン, R. 83
フロイト, S. 11
ブロックマン, D. 95
ベスピグナニ, A. 267
ベテンコウト, L. 165
ベルタランフィ, L. 6
ベンドル, J. 120
ポパー, K. 17

マ・ヤ行

マトゥラナ, R. 8
マートン, R. 162
ミラー, P. 96
四塚朋子 44

ラ・ワ行

ラザースフェルド, P. 113
ラスキン, R. 177
ラマヌジャン, S.A. 254
ルトワック, E. 263
ル・ボン, G. 63
ルーマン, N. 8
レイナー, M. 264
レイノルズ, C. 97
レヴィット, S. 27
レズニック, M. 9
ロス, A. 58
ワッツ, D. 264

事項索引

A-Z

α-中心性　210
HOT　231
KISS 原理　23
S 字曲線　122
SIR モデル　100
SIS モデル　103
win-win の関係　57

ア 行

悪循環　163
悪循環の作用　37
アーリー・アダプター　115
アーリー・マジョリティ　115
安定マッチング　58
暗黙の圧力　174
閾値現象　102
閾値モデル　66, 69, 217
意見集約　177, 187
異常拡散　94
イジングモデル　74
遺伝子コード　255
イノベーション　41
イノベーター　115
インセンティブ　26
氏　30
エージェントモデル　108
演繹的推論　16, 19
オッカムの剃刀　23
オートポイエーシス　7
オピニオン・リーダー　113

カ 行

階層性　271
外的な動機　26
回復率　203
外部資産　225
外部性　34

　正の——　34
　負の——　36
外部性効果　71, 73
回遊行動　93
下位を切り捨てるマッチング　60
拡散現象　2
拡散の閾値　205
拡散の最小化　246
拡散の最大化　246
確率的な最適化アルゴリズム　266
カスケード　44, 216
　——現象　44
　——故障　216
　サイバー・——　48, 164
　情報——　44
カタストロフリスク　236
勝ち馬に乗ろうとする心理　160
頑強かつ脆弱性　220
感情に基づく行為　24
感情の伝染　144
感染　64
感染者　101
感染症の拡散　99
感染症の伝染　144
感染爆発　104, 203
感染率　101
ガンベル関数　25
ガンベル分布関数　29
危機　235
木構造ネットワーク　255
帰納的推論　16, 19
規範的影響　41, 131
基本再生産数　102
強磁性　137
極化現象　160
局所的な相互作用　10
距離　149
木を見て山を見ず　20
金融市場　224

空気感染　64
口コミ　113
グーテンベルク・リヒター則　229
グラウバー・ダイナミクス　80
グラウバーモデル　29
クラスター　219
クラスターサイズ　150
クリティカル・マス　116
クレジット・デフォルト・スワップ　237
グローバリゼーション　224
群衆行動　63
経験則　16
経済危機の連鎖　224
経済的インセンティブ　27
ケパーホワイトモデル　204
幻想　4
限定合理性　30
原理　23
合意形成　254
合意問題　253
高関与の商品　31
好循環　163
好循環の作用　37
行動ファイナンス　76
合理性の限界　30
合理性の無知　164
効率性　40
効率的金融市場仮説　140
合理的な行為　24
個々の知性　172
個人効用の最大化　34
個人の行為　24
個人の習慣　32
個体間の相互作用　10
個別釣り合い　81, 243
固有値に関するミニ・マックス原理　246
固有値比　250
固有ベクトル　179, 203

　　　　　　サ　行

最小固有値　246
最小多様度の原理　8
最大固有値　203, 247
最適化のパラドックス　264
最適化モデル　7
最適停止問題　55
最適な接種率　214
サイバネティクスモデル　7
債務不履行　226
サイレント・マジョリティ　191, 192
思考実験　19
自己回帰性　136
事後確率　49
自己資本　225
自己組織化モデル　7
自己組織化臨界　230
自己組織性　6
自己統治　174
事実　23
市場の効率説　140
次数　146
次数相関関数　147
次数分布　146
システミック・リスク　200
事前確率　49
自然則　16
社会現象　19
社会システム論　6
社会的インセンティブ　27
社会的影響力　40, 42
社会的感染　64
社会的絆　12
社会的手抜き　174
社会的統制　174
社会的比較過程理論　120
社会的皮膚　13, 66
社会的補償　174
社会ネットワーク　14, 143
社会の極化　160
社会の原子　19
社会の合意　172, 253
社会の縮図　177
社会の脆弱性　200
社会の選択　42

社会のトレンド 164
社会の普及 112
社会物理学 18
集合行為 11, 63, 66
集合心 11
集合知 172, 173
集合的なリスク 236
集団思考 175
集団分極化現象 164
朱に染まれば赤くなる 34
循環的な相互作用 14
循環の輪 8
準分解可能性 271
常磁性 137
消費者価値 72
消費者余剰 72
情報的影響 41, 131
初期ショック 226
新型肺炎 204
進化論 31
信念 45
推論 46
スケールフリーネットワーク 148, 151
スター・ネットワーク 185
砂山モデル 229
正規格子ネットワーク 148
脆弱なノード 208, 219, 259
正のフィードバック 8, 36
正の連鎖 2
ゼロ・サム 136
選好の形成 30
全体の最適解 38
全体の最適性 40, 216
全体の知性 172
全連結ネットワーク 147, 205, 246
相対的な感染率 102
相対的抑圧確率 109
相転移 75, 82, 138
創発現象 10
双峰分布 252
育ち 30

タ 行

貸借関係 225
大数の法則 181
大停電 216
妥協に基づくマッチング 60
単純接触効果 32
中核・周辺ネットワーク 247
中心極限定理 236, 241
治癒者 101
治癒率 101
超拡散 94
調和 7
沈黙の螺旋階段 191
月並みの国 231
壺モデル 141
低関与の商品 31
ティッピング・ポイント 116
伝達確率 108
テント分布 136
伝搬率 203
同時確率 49
到達可能 146
同調 44
同調現象 12
道徳的インセンティブ 27
討論型世論調査 176

ナ 行

内的な動機 26
長い尾 152
雪崩の規模 230
ナッシュ均衡 39
二次感染者数 103
二者の関係 6
人間の行為モデル 7
認知的ケチ 30
認知的不協和理論 32
ネットワークのアキレス腱 217
ノイジー・マジョリティ 192
ノードの回復率 211
ノードの中心性 210

ハ 行

パートナー探し 55
バケツリレー 144
バスモデル 114
果ての国 231
母関数 221
バランスシート 225
パレート最適 7
反証可能性 17, 23
パンデミック 99
バンドワゴン 64
美人投票ゲーム 26
ヒステリシス効果 74
人々の関心事 1
一人勝ち現象 163
一人も落ちこぼれを出さない 27
費用対効果 232
平等性 40, 216
非連結ネットワーク 246
不可能性定理 172
負荷分散方式 237
普及速度 123, 124
普及率 42, 124
複雑適応系 10
負のフィードバック 8, 38
負の連鎖 2
不平等性の問題 163
平均距離 146
ベイズの定理 46, 49
べき分布 151
ページランク 86
ペスト 206
方法論的個人主義 24
ホメオスタシス 270
ボラティリティ 135

マ 行

マクロ 3
マーケット通 116
マタイ効果 162
マッチング問題 57
マネーゲーム 26
マルチンゲール 84, 134, 139
　優── 139
　劣── 139
未感染者 101
ミクロ 3
ミクロ-マクロ・ループ 9, 14
無向グラフ 146
群れ 10, 96
群れ行動 97
メカニズム 16
メゾ・スコピック 16
モジュール 271
モチベーション 26
モデリング・シミュレーション 18

ヤ 行

有向グラフ 146
ゆらぎ 267
要素還元主義 6
抑圧確率 109

ラ・ワ 行

ライン型のネットワーク 258
ラガード 115
ラチェット効果 48
ラプラシアン行列 249, 250, 253
ラマヌジャンネットワーク 254, 256
ランダムウォーク 83, 94
ランダムネットワーク 148
リスク 235
　──対策 208
　──の共有 235, 237
　──の伝染 224
リスク・ファイナンス 236
リスク・マネージメント 236
利他的な行為 24
流言の伝播 107
流行 1
流動性選好 225
臨界状態 2
隣接行列 184, 205

累積優位性　121
レイト・マジョリティ　115
レイリー商　251
レギュラーネットワーク　205
レジリエンス　268
レバレッジ　236
レビーフライト　94

連結　146
連鎖型リスク　199
ロジステック関数　122
ロジットモデル　29
ロバスト性　216
ロバストネス　269
ワクチンの接種　212

〈著者紹介〉
生天目 章（なまため・あきら）
　1950年　福島県生まれ
　1973年　防衛大学校卒業（応用物理学専攻）
　　　　　航空自衛隊勤務
　1976-79年　スタンフォード大学大学院修士および博士課程修了
　　　　　　（システム・経済学専攻）
　1979-86年　ジョージメイソン大学客員助教授
　現　在　防衛大学校情報工学科教授，Ph. D（スタンフォード大学）
　著　書　『マルチエージェントと複雑系』（森北出版，1998）
　　　　　『戦略的意思決定』（朝倉書店，2001）
　　　　　『ゲーム理論と進化ダイナミクス：人間関係に潜む複雑系』（森北出版，2004）
　　　　　『うそつきは得をするのか：新ゲーム理論で読み解く人間関係の裏事情』（ソフトバンククリエイティブ，2008）
　　　　　Adaptation and Evolution in Collective Systems（World Scientific, 2006）
　　　　　ほか

社会システム
──集合的選択と社会のダイナミズム──

2013年10月30日　初版第1刷発行　　　　　　〈検印省略〉

定価はカバーに
表示しています

著　者　　生　天　目　　章
発　行　者　　杉　田　啓　三
印　刷　者　　田　中　雅　博

発行所　株式会社　ミネルヴァ書房
　　　607-8494　京都市山科区日ノ岡堤谷町1
　　　　　　　　電話（代表）（075）581-5191
　　　　　　　　振替口座　01020-0-8076

Ⓒ生天目章，2013　　　　　創栄図書印刷・藤沢製本

ISBN978-4-623-06712-1
Printed in Japan

つきあい方の科学 バクテリアから国際関係まで
――――――― R. アクセルロッド著，松田裕之訳　四六判　272頁　本体2600円
●生物界に見られる多くの「つきあい」には，いろいろな利害対立がある。そのなかで「協調か裏切りか」というジレンマ状況を，ゲーム理論でとりいれた進化生物学の視点から解く。

政策研究のためのゲームの理論
――――――――――――― 竹内俊隆著　Ａ５判　392頁　本体4000円
●「ゲームの理論って難しそう」と敬遠している文系学生，あるいは公共政策学に興味のある理系学生も，面白みを感じながらゲームの理論を学べる，公共政策学とゲームの理論の間に橋を架ける初のテキスト。

シリーズ社会システム学
●「シリーズ社会システム学」は，従来の社会システム論の枠をこえて，文理融合の新しい形のリベラルアーツの構築をめざす試みである。「生きている」システムの論理の解明に向けて，それは自然科学や社会科学の成果だけでなく，さらに人文科学の成果をも貪欲に取り込もうとする。

2　欲望するシステム　黒石　晋著　四六判　332頁　本体3000円
「欲望するヒト」が編制する社会とは――「欲望のプッシュ力」が社会的スケールで集合したさいの動的秩序形成のプロセスとメカニズム。プリゴジンの散逸構造論や複雑系理論の知見を吸収し，社会学的集合行動論を新たな視点から見直すなど，マクロ社会システム論への斬新大胆な提案。

3　熱狂するシステム　中井　豊著　四六判　342頁　本体3000円
自己組織化する流行社会のシミュレーション。戦時中の軍国主義や20世紀末のバブル経済から身近なヒット曲やファッションまで，人々の人生は至るところで，熱狂に振り回される。後から振り返れば理由が見つからない熱狂の不思議さ。本書は，人工社会上に流行を再現し，熱狂の生成と崩壊の謎を解き明かすとともに，現代社会を自己組織化する熱狂社会として読み解いてゆく。

4　進化するシステム　中丸麻由子著　四六判　342頁　本体4000円
本書は，エージェントベースシミュレーション，なかでも進化ゲームや進化ダイナミクスを用いて「進化」という観点からどこまで社会を説明できるのかについてこれまでの研究を整理し，今後の研究へと架橋する。

別巻　社会システム学をめざして　今田高俊・鈴木正仁・黒石　晋編　四六判　300頁　本体3500円
別巻は，「ミクロ-マクロ」問題や「ゆらぎと創発性」問題などをめぐって，執筆者たちの「社会システム学」に寄せる熱い思いを語り合った座談会と，関連する論文を収録した，いわば社会システム学のマニフェストの書。

―――――――― ミネルヴァ書房 ――――――――
http://www.minervashobo.co.jp/